基础设施和房地产投融资

法律实务与案例解析

魏济民◎主　编
周礼仙◎副主编

中国法制出版社
CHINA LEGAL PUBLISHING HOUSE

编委会

英文简称释义

本书中，除非文义另有所指，下述词语分别具有以下含义：

英文简称	英文全称与中文解释
REITs	Real-Estate-Investment-Trust，即不动产投资信托基金
ABO	Authorize-Build-Operate，即授权－建设－运营模式
EOD	Ecology-Oriented-Development，即以生态环保为基础，引入特色产业为支撑的生态发展模式
TOD	Transit-Oriented-Development，即以公共交通枢纽为导向的发展模式
EPC	Engineering-Procurement-Construction，即工程总承包，设计－采购－施工的组合
F+EPC	Finance + Engineering-Procurement-Construction 即融资＋设计－采购－施工
ABS	Asset-Backed Securitization，即资产支持证券化
CMBS	Commercial Mortgage Backed Securities，即商业抵押担保证券
BOT	Build-Operate-Transfer 即建设－经营－转让
BT	Build-Operate-Transfer，即建设－移交
IMF	International Monetary Fund 即国际货币基金组织
SPV	Special-Purpose-Vehicle，即特殊目的公司，又称作项目公司
IPO	Initial Public Offering，即首次公开募股
EIPO	Electronic Initial Public Offering，即电子首次公开募股方式
MC	Management Contract，即管理合同
O&M	Operations & Maintenance，即委托运营
TOT	Transfer-Operate-Transfer，即转让－运营－移交
ROT	Rehabilitate-Operate-Transfer，即改建－运营－移交
DBFOT	Design-Build-Financing-Operate-Transfer，即设计－建设－融资－经营－移交
BOO	Build-Own-Operate，即建设－拥有－运营
LPR	Loan Prime Rate，即贷款市场报价利率
LP	Limited Partner，即有限合伙人

GP	General Partner，即普通合伙人
VIE	Variable Interest Entities，即可变利益实体，也称协议控制
CA	Certificantion Authotity，即平台数字证书
WFOE	Wholly Foreign Owned Enterprise，即外商独资企业
QFLP	Qualified Foreign Limited Partner，即合格境外有限合伙人
QDLP	Qualified Domestic Limited Partner，即合格境内有限合伙人
QDII	Qualified domestic institutional investor，即合格境内机构投资者
PMC	Project Management Consultancy，即项目管理咨询
BLM	Building Lifecycle Management，即建筑全生命周期管理
BIM	Building Information Modeling，即建筑信息模型或建筑资讯模型

序一

受国际形势影响，出口存在不稳定因素；受新冠肺炎疫情影响，消费较之前也有所下降。在这种情况下，一方面，“大基建”被提上了日程；另一方面，政策对房地产企业亦有所倾斜。

于2021年年底12月8日至10日举办的中央经济工作会议提出：2022年要推动经济实现质的稳步提升和量的合理增长。宏观政策要稳健有效，适度超前开展基础设施投资。结构政策要着力畅通国民经济循环，因城施策促进房地产业良性循环和健康发展。于2022年4月29日举办的中央政治局会议再次强调，要全面加强基础设施建设，促进房地产市场平稳健康发展。

基础设施投资将会是新风向，“两新一重”的投资增长将进一步加速。而近期低迷的房地产企业融资有望逐渐回暖，房地产企业的合理融资需求将逐步得到满足。

广东华瑞兴律师事务所立足房地产、建设工程，专注公司、金融、涉外业务，在基础设施和房地产投融资法律实务方面具备丰富的实践经验。华瑞兴律师事务所凭借对政策动态敏锐的嗅觉，在“不动产投资信托基金（REITs）”鲜为人知之际，已捕捉到了国家积极探索并开发该类产品的“信号”。该所多名律师已成为国内早期研究不动产投资信托基金法规政策的一批法律专业人士。

尽管基础设施及房地产投融资业务的需求量较大，但天然的知识壁垒导致市面上针对该类融资业务的法律实务书籍并不多。本书的出版解了燃眉之急。在此我向关注基础设施和房地产投融资的各位读者诚挚地推荐本书。本书从基础设施和房地产投融资两大方面展开阐述，实用性较强，十分适合对基础设施建设类或房地产投融资业务感兴趣的法律服务工作人员以及工程地产领域相关者阅读。

北京大学经济学院　教授

冯科

序二

在新冠肺炎疫情、经济转型升级、国际形势动荡等复杂因素叠加的影响下，我国经济发展面临需求收缩、供给冲击、预期转弱三重压力。尽管如此，我们仍然要保持乐观的心态，以积极行动谋求新的机会。

广东省高速公路发展促进会作为经广东省民政厅核准注册登记的非营利社会组织，接受广东省交通运输厅的业务指导和广东省民政厅的监督管理，深耕高速公路行业十余载，已发展会员单位近百家，遍布广东及香港、澳门地区从事高速公路投资、建设、经营、运输等相关的机构和企事业单位。华瑞兴律师事务所既是本促进会的会员单位，也是本促进会的常年法律顾问单位。华瑞兴律师事务所的魏济民主任凭借专业能力，带领华瑞兴团队在工程地产领域法律服务专业化的道路上稳步前进，为协会发展和协会高速公路工作提供了宝贵的法律事务经验。除传统的工程地产法律服务外，华瑞兴律师事务所在政府和社会资本合作（PPP）领域也有着丰富的从业经验，魏济民律师更被评为财政部 PPP 法律专家；在政府发债领域，华瑞兴律师事务所副主任周礼仙律师也有着多年专业实操经验，承揽了广州市多个区域的政府发债项目；与此同时，华瑞兴律师事务所紧跟时代步伐，积极拓展基础设施公募不动产投资信托基金（REITs）法律服务。

随着国家投融资体制改革的不断深入，逐步形成了以“防风险、稳增长”为主线，基建和房地产依然是我国经济发展的两条重要脉络。当前，工程地产的投融资体制还需要不断地创新，在合法合规的体系内，寻求新的路径，并保持相对的稳定。这离不开业界专业人士出谋划策，贡献力量。

本书基于华瑞兴律师事务所的实践案例，对基础设施和房地产投融资方面的法律问题进行了梳理和总结，特别是对其中争议较大、难以解决的部分地区的投融资操作模式和前沿法律问题展开了深入的研究和分析。这体现出华瑞兴律师事务所对行业的高度敏感性和洞察力。本书内容很有参考价值和借鉴价值。

我们期待有越来越多像本书作者一样的专业人士一起来探索，一起来推动和加快基础设施和房地产的发展，在发展的过程中，注重投资的有效性，并始终保持合法合规，做好风险预警，不忘国家“防风险、稳增长”的主旋律。

广东省高速公路发展促进会　会长

曾洪岸

序三

新冠肺炎疫情发生以来，我国坚持人民至上、生命至上，坚持外防输入、内防反弹，坚持动态清零、严防严控，疫情防控取得重大战略成果。这次疫情不仅给人民的日常出行及生活带来影响，更严重的是，给一些行业按下了“暂停键”，影响了一些企业的发展。2021 年 12 月中央经济工作会议提出“适度超前开展基础设施投资”，基建投资作为我国长期以来托底经济、稳固经济增长的主要抓手，一直被寄予厚望与期待。除基建外，2022 年政府工作报告指出未来房地产金融政策将精准收放，改善融资环境，房地产市场预期回稳。但基建和房地产金融防风险并未放松，2022 年 5 月 18 日，财政部官网发布《关于地方政府隐性债务问责典型案例的通报》，表明地方政府隐性债务的“红线”不容突破，同样的“房住不炒”亦是基调，“坚持不将房地产作为短期刺激经济的手段”。基建与地产的利好政策频出，以及配套的风险防范和监管规范，显现基建与地产作为经济发展引擎的重要使命，任重而道远。

华瑞兴律师事务所是一家成立近 20 年的公司化管理的综合性律师事务所，在基建与地产投融资领域颇有建树。永道工程咨询公司是一家专注从事项目策划、资金筹措、建设立项至竣工决算、运维管理、数据信息的“建设项目全程管理”咨询企业，其中包括：前期咨询、采购招标、投资咨询、PMC 项目管理、PPP 项目咨询和 BLM 投资管理、建筑成本控制、结算评审、项目代建、BIM 技术咨询、多层级智慧管控软件，以及工程索赔、工程经济纠纷鉴定与调解。华瑞兴律师事务所与永道工程咨询公司建立了长期的战略合作关系，双方在基建与地产投融资领域合作颇多。华瑞兴律师事务所凭借丰富的基建与地产投融资领域法律服务实践经验，助力永道载誉前行，拓展永道全过程工程咨询服务疆界，谋划永道全产业链咨询服务，推进了全过程工程咨询与法律服务一体化。

华瑞兴律师事务所撰写的《基础设施和房地产投融资法律实务与案例解析》是对基建与地产投融资领域法律服务的实践总结，对基建与地产投融资领域的实践也具有指引作用。华瑞兴律师事务所团队以其实务案例反映了基建与地产投融资中的问题，结合基建与地产投融资的法规政策，为基建与地产投融资规范提供专业建议。该书从基建与地产投融资实务操作角度出发，以基建与地产投融资概述、法律实务、融资方式、案例分析及示范文本指引，系统地介绍了基建与地产投融资，并对基建与地产投融资案例有针对性地进行了分析与解剖，指引“基建人与地产人”合法合规地做好基建与地产投融资领域的服务工作。

永道工程咨询有限公司　董事长

赖铭华

序四

中央经济工作会议，历来被认为是对国家经济政策研判的重要窗口，其中“适度超前开展基础设施投资”就是一个重要信号。在稳增长的背景下，基础设施建设是重要的抓手之一。除基础设施外，房地产政策的进一步松绑也是可预见的，特别是2021年房地产“三道红线”和系列的监管政策的出台，对房地产行业的影响颇深。在“房住不炒”的基调下，房地产的软着陆才是以后房地产发展的主策略，可预见未来房地产企业的融资方式会得到相应的支持，资产证券化的推进步伐会进一步加快，房地产企业的资产流动性也会得到进一步的加强。

基建和房地产，并不是一个选择题，而是一个一荣俱荣、一损俱损的共同体，是一个系统性问题。基础设施和房地产依然是我国的“两条腿”，要让其与经济发展这个身体协调并行，就不能走得太快，会造成重大债务性隐患，也不能走得太慢，会阻碍经济的复苏与发展。基础设施和房地产不再是一个短期与局部的地方政策，而是一个长期与全局的平衡工具。

华瑞兴律师事务所成立于2002年，专注工程地产法律服务领域，在工程地产领域积累了丰富的法律服务经验。本人作为一名执业二十多年专注建筑地产、PPP项目、城市更新（三旧改造）的老律师，再次回归华瑞兴的核心业务方向，在传统的工程地产服务对象基础上，横向拓宽服务领域，不仅提供了工程地产除勘察、设计、招标、施工、监理等专业服务，还为基础设施房地产的投融资领域提供法律服务，最终实现工程地产全过程法律服务目标。

《基础设施和房地产投融资法律实务与案例解析》主要包括基础设施和房地产两个领域，体系健全，跨度大，紧跟前沿，含基础设施投融资的概述、基础设施投融资法律服务、基础设施投融资模式分析、基础设施投融资案例分析、房地产投融资的概述、房地产投融资法律服务、房地产投融资模式分析、房地产投融资案例分析共八个章节和两个附件，向大家分享华瑞兴近二十年中的涉及工程地产法律服务的典型案例。本书出版旨在帮助工程房地产商解决融资困难，工程地产融资模式亟待合规的创新模式，特别向大家推荐不动产投资信托基金（REITs）项目融资模式。

华瑞兴律师事务所创始合伙人已出版六本专业书籍《建设工程法律实务与案例精选》《房地产法律实务与案例解析》《中国特色 PPP 法律实务与案例精选》《法国 PPP 的立法与实践》《建筑地产专业律师公司化改革之路》《城市更新法律实务与政策研究》。即将出版的《基础设施和房地产投融资法律实务与案例解析》是第七本书。目前，华瑞兴律师事务所致力于打造中国公司化管理的综合性律师事务所。作为华瑞兴从专业律师事务所转型综合性律师事务所的过渡期，本书为华瑞兴的梦想实现增加了新的力量源泉。我代表华瑞兴律师事务所感谢周礼仙专业合伙人作为牵头人组织全体公司化团队的辛苦付出，同时也感谢为本书作序的北京大学经济学院冯科教授、广东省高速公路发展促进会曾洪岸会长、永道工程咨询有限公司赖铭华董事长。

《基础设施和房地产投融资法律实务与案例解析》是献给华瑞兴律师事务所 20 岁生日的宝贵礼物，同时也祝愿华瑞兴同人及各位关心与支持华瑞兴的朋友们万事顺遂。

华瑞兴律师事务所

管委会主任

魏济民

2022 年 5 月 19 日

目录

上篇 基础设施投融资法律实务与案例解析

上　篇

基础设施投融资法律实务与案例解析

CHAPTER 1

第一章

基础设施投融资的概述

基础设施项目一般是具有公益性、保障民生特征且政府负有提供责任的项目。基础设施项目建设作为固定资产投资的组成部分，是中国经济发展的重要引擎。除了宏观把握投资方向和规模，基础设施始终是政府投资重要领域，政府（或授权政府融资平台）往往直接主导投资建设，投资资金来源大部分是政府预算资金。大量的基础设施投入，使得既有的预算资金远远满足不了基础设施的投资需求，举债加杠杆成为加速投资建设的方式之一，但随着债务量的抬高，造成明显的债务风险。因此，我国基础设施投融资在“举债—防债—化债”的道路上不断探索。

我国基础设施投融资经历了“政府直接投资—政府融资平台举债—地方政府产业基金—政府和社会资本合作（PPP）—地方政府专项债券—不动产投资信托基金（REITs）”的发展历程，每一种模式的探索都是“基建人”创新的结晶，这其中充满“发展”“成就”与“喜悦”，但也有一些需要改进的地方。随着国家投融资体制改革的不断深入，逐步形成了以“防风险、稳增长”为主线，寻找平衡、长远的基础设施投融资发展之路。特别是基础设施公募REITs的提出、试行及完善，可以有效地盘活我国基础设施存量资产并将募集的资金作为新基础设施项目或在建基础设施项目的资金来源，形成一个基础设施发展“投资—运营—退出—再投资”的良性闭环。

一、我国基础设施投融资内涵与概念

（一）基础设施

基础设施最早是工程术语，是指建筑物的基础部分，即基础承重部分的构造和设施。1943年，奥地利学派经济学家保罗·罗森斯坦·罗丹（Paul Rosenstein-Rodan）在对东欧国家的开创性研究中，应用“基础设施”一词描述那些为社会生产提供一般条件和服务的部门和行业，从而使得基础设施从单纯的工程术语演变为一个重要的经济术语。在世界银行所著的《1994年世界发展报告：为发展提供基础设施》中，城市基础设施包括经济基础设施和社会基础设施，其中经济基础设施[①]被定义为“永久性的工程

① 经济基础设施主要有电信、电力、公共卫生、自来水、排污等公共设施，公路、灌溉、排水等公共工程设施，以及城际轨道、城市公路、水路交通和机场等其他交通设施。

建筑、设备、设施和他们所提供的为居民所用和用于经济生产的服务”。根据我国《城市规划基本术语标准》，城市基础设施被定义为城市生存和发展所必须具备的工程性基础设施和社会性基础设施的总称。工程性基础设施，是指能源供应、给水排水、交通运输、邮电通信、环境保护、防灾安全等工程设施。社会性基础设施则包括文化教育、医疗卫生、科技体育等设施。党的十九大报告第五章“贯彻新发展理念，建设现代化经济体系”的第一节“深化供给侧结构性改革”指出，要“加强水利、铁路、公路、水运、航空、管道、电网、信息、物流等基础设施网络建设”。

新基建①，是指以新发展理念为引领，以技术创新为驱动，以信息网络为基础，面向高质量发展需要，提供数字转型、智能升级、融合创新等服务的基础设施体系。包括信息基础设施、融合基础设施和创新基础设施三个方面。信息基础设施主要是指基于新一代信息技术演化生成的基础设施，如以5G、物联网、工业互联网、卫星互联网为代表的通信网络基础设施，以人工智能、云计算、区块链等为代表的新技术基础设施，以数据中心、智能计算中心为代表的算力基础设施等。融合基础设施则是指深度应用互联网、大数据、人工智能等技术，支撑传统基础设施转型升级，进而形成的融合基础设施，如智能交通基础设施、智慧能源基础设施等。创新基础设施主要是指支撑科学研究、技术开发、产品研究的具有公益属性的基础设施，如重大科技基础设施、科教基础设施、产业技术创新基础设施等。

与基础设施一词相类似的还有“公用事业”“市政基础设施”“市政公用事业”等，但本质上都体现了“基础性”“公益性”“公用性”等特征。

本书重点讨论的是具有经济性、工程性的基础设施，包括传统的基础设施和新基建。

（二）预算②

预算由预算收入和预算支出组成。政府的全部收入和支出都应当纳入预算。预算包括一般公共预算、政府性基金预算、国有资本经营预算、社会保险基金预算。一般公共预算是对以税收为主体的财政收入，安排用于保障和改善民生、推动经济社会发展、维护国家安全、维持国家机构正常运转等方面的收支预算。政府性基金预算，是指依照法律、行政法规的规定在一定期限内向特定对象征收、收取或者以其他方式筹集的资金，

① 资料来源:《“新基建”怎么定义？发改委权威解释来了》，载人民网 people.com.cn，最后访问时间为 2022 年 6 月 3 日。

② 本部分内容来自《中华人民共和国预算法》。

专项用于特定公共事业发展的收支预算。国有资本经营预算是对国有资本收益作出支出安排的收支预算。社会保险基金预算是对社会保险缴款、一般公共预算安排和其他方式筹集的资金，专项用于社会保险的收支预算。

（三）政府投资①

政府投资，是指在中国境内使用政府财政预算安排的资金进行固定资产投资建设活动，包括新建、扩建、改建、技术改造等。政府投资资金应当投向市场不能有效配置资源的社会公益服务、公共基础设施、农业农村、生态环境保护、重大科技进步、社会管理、国家安全等公共领域的项目，以非经营性项目为主。政府投资资金按项目安排，以直接投资方式为主；对确需支持的经营性项目，主要采取资本金注入的方式，也可以适当采取投资补助、贷款贴息等方式。

（四）项目资本金②

对各种经营性投资项目，包括国有单位的基本建设、技术改造、房地产开发项目和集体投资项目，试行资本金制度，投资项目必须首先落实资本金才能进行建设。在投资项目的总投资中，除项目法人（依托现有企业的扩建及技术改造项目，现有企业法人即为项目法人）从银行或资金市场筹措的债务性资金外，还必须拥有一定比例的资本金。投资项目资本金，是指在投资项目总投资中，由投资者认缴的出资额，对投资项目来说是非债务性资金，可以用货币出资，也可以用实物、工业产权、非专利技术、土地使用权作价出资。项目法人不承担这部分资金的任何利息和债务；投资者可按其出资的比例依法享有所有者权益，也可转让其所有者权益，但不得以任何方式抽回。

投资者以货币方式认缴的资本金，其资金来源有：

- 各级人民政府的财政预算内资金、国家批准的各种专项建设基金、“拨改贷”和经营性基本建设基金回收的本息、土地批租收入、国有企业产权转让收入、地方人民政府按国家有关规定收取的各种规费及其他预算外资金；
- 国家授权的投资机构及企业法人的所有者权益（包括资本金、资本公积金、盈余公积金和未分配利润、股票上市收益资金等）、企业折旧资金以及投资者按照国家规定从资金市场上筹措的资金；

① 本部分内容来自《政府投资条例》。

② 本部分内容来自国务院《关于固定资产投资项目试行资本金制度的通知》（国发〔1996〕35号）。

• 社会个人合法所有的资金；

• 国家规定的其他可以用作投资项目资本金的资金。

（五）城投公司

城投公司，是城市建设投资公司的简称，是全国各大城市政府投资融资平台，是指地方政府及其部门和机构等通过财政拨款或注入土地、股权等资产设立，承担政府投资项目融资功能，突出了融资平台的地方国企属性，以及承担政府公益性或准公益性投资项目融资的职能并拥有独立法人资格的经济实体，包括各类综合性投资公司以及行业性投资公司。

此类城投公司大多是不具备盈利能力的，属于事业单位或者国有独资公司性质，他们是通过政府补贴的方式实现盈利，属于带有政府性质的特殊市场经营体。1991年，上海率先成立城投，之后，重庆、广东等地区也相继成立。这段时间的操作模式，政府投融资平台只是个载体，其自身并无资产。当时的城投公司主要由财政部门、建委共同组建，公司资本金和项目资本金由财政拨款，其余以财政担保向银行贷款。1995年，国家《担保法》出台后，这种模式难以为继：财政不能担保，而这类公司没有自己的资产，债务上升，举步维艰。2008年下半年，4万亿元投资的刺激政策出台后，2009年3月中国人民银行联合原银监会发布的《人民银行　银监会关于进一步加强信贷结构调整促进国民经济平稳较快发展的指导意见》（银发〔2009〕92号）、2019年10月财政部下发的《关于加快落实中央扩大内需投资项目地方配套资金等有关问题的通知》（财建〔2009〕631号），提出支持有条件的地方政府组建投融资平台，发行企业债、中期票据等融资工具，拓宽中央政府投资项目的配套资金融资渠道。各家商业银行纷纷宣布积极支持国家重点项目和基础设施建设。

目前主要的城投公司类型有城市基础设施建设类、公用事业类、土地整理与开发类、国有资产运营类、棚改类、园区开发类等。

随着政府债务清理开始步入隐性债务清理后，融资平台作为地方政府隐性债务的主要载体，剥离其与地方政府的担保关系是化解地方政府债务的主要任务之一。近三年，许多平台公司宣布退出平台，也即不再承担地方政府举债融资职能。这个退出目前有两种途径：一种是依靠地方政府发表声明；另一种是退出银保监会名单，后者比前者的程序要严格得多。

（六）地方政府隐性债务

一般认为，地方政府隐性债务，是指地方政府在法定政府债务限额之外直接或者承诺以财政资金偿还，以及违法提供担保等方式举借的债务，其主要包括：国有企事业单位等替政府举借，由政府提供担保或财政资金支持偿还的债务；政府在设立政府投资基金、开展政府和社会资本合作（PPP）、政府购买服务等过程中，通过约定回购投资本金、承诺保底收益等形成的政府中长期支出事项债务、承担政府未来支付义务的棚改政府购买方服务等。

根据财政部数据，截至2020年年底，中国政府债务为46.55万亿元，负债率为45.8%。其中，中央政府债务余额20.89万亿元，地方政府债务余额25.66万亿元，均控制在全国人大批准的限额之内。与政府关系紧密的城投债余额为10.76万亿元，占政府债务的近四分之一。[①]至于地方政府隐性债务规模目前没有准确的数据，官方也未公布相关数据，多是估算数据。根据国际货币基金组织（IMF）测算，2019年我国地方政府隐性债务规模达42.17万亿元。[②]目前各地区对政府债务化解已进行了一些探索和尝试，包括借助政策性银行，通过债务重组，主动作为，缓解存量压力；聚焦行业，通过以企业为主体的市场化手段，推动债务化解；立足国资国企改革，通过整合重组，谋求平台市场化转型等；发行债券筹集的资金可用于置换原先已安排用途的资金，将置换出来的资金用于偿付隐性债务。

二、我国基础设施投融资模式

（一）银行贷款模式

以金融机构贷款为主的间接融资特点：融资成本相对较高，风险主要由提供贷款的金融机构承担，储户获得存款的固定收益；事实上，由于政府融资平台以政府信用背书，金融机构承担的风险很低，政府才是债务风险的主要承担者。而在经济高速发展阶段，较高的通货膨胀和快速增加的财政预算收入能良性地缓解债务压力，适度举债不会对政府造成较大的风险。但2008年后，如《国务院办公厅关于当前金融促进经济发展的若干意见》（国办发〔2008〕126号）文件指出，为应对国际金融危机的冲击，落实适

① 《加强和完善地方政府专项债券管理国务院政策例行吹风会文字实录》，载财政部官网，http://www.mof.gov.cn/zhengwuxinxi/caizhengxinwen/202112/t20211216_3775680.htm，最后访问时间为2022年4月26日。

② 《加强和完善地方政府专项债券管理国务院政策例行吹风会文字实录》，载财政部官网，http://www.mof.gov.cn/zhengwuxinxi/caizhengxinwen/202112/t20211216_3775680.htm，最后访问时间为2022年4月26日。

度宽松货币政策的传导机制，调动银行信贷资金支持经济增长。

（二）政府融资平台发行企业（公司）债券模式

《国务院关于推进资本市场改革开放和稳定发展的若干意见》（国发〔2004〕3号）文件指出，大力发展资本市场是一项重要的战略任务，对我国实现21世纪头20年国民经济翻两番的战略目标具有重要意义：一是有利于完善社会主义市场经济体制，更大程度地发挥资本市场优化资源配置的功能，将社会资金有效转化为长期投资；二是有利于国有经济的结构调整和战略性改组，加快非国有经济发展；三是有利于提高直接融资比例，完善金融市场结构，提高金融市场效率，维护金融安全。《国务院办公厅关于当前金融促进经济发展的若干意见》（国办发〔2008〕126号）文件指出："为应对国际金融危机的冲击……（十三）扩大债券发行规模，积极发展企业债、公司债、短期融资券和中期票据等债务融资工具……"政府融资平台通过发行企业（公司）债进行直接融资。该融资方式是面向资本市场发行债券的直接融资，融资主体是发行债券的企业（公司），对融资主体信用评级要求较高，属于企业（公司）信用融资。

（三）PPP模式

《财政部关于推广运用政府和社会资本合作模式有关问题的通知》（财金〔2014〕76号）是有关PPP模式的重要文件。该文件指出，为贯彻落实党的十八届三中全会关于"允许社会资本通过特许经营等方式参与城市基础设施投资和运营"精神，拓宽城镇化建设融资渠道，促进政府职能加快转变，完善财政投入及管理方式，尽快形成有利于促进政府和社会资本合作模式（Public-Private Partnership，PPP）发展的制度体系。但是，随着PPP项目的一哄而上，以及参与人员的一知半解，没能实现政府债务向企业债务转化的初衷，实施方案中关于风险的合理分配往往没有体现在PPP合同条款及其绩效考核办法中，而股和债的区别核心就在于"风险"。况且，国有企业，尤其是央企在PPP项目中占有绝对份额。如果把国有资产经营预算当成预算的组成部分，那么，对于政府来说，风险不过是在"左口袋"和"右口袋"之间分配，并没有太大的实际意义。随着PPP模式的降温，通过"债权融资转向股权融资"的方式进行控债，显得比较艰难，但毕竟PPP模式的方向是正确的，需要以时间换空间来规范发展，而且就PPP模式的持续性发展来说，还需要解决社会资本的退出问题。

（四）地方政府专项债券

根据《国务院关于加强地方政府性债务管理的意见》（国发〔2014〕43号）文件，对地方政府债务实行规模控制和预算管理。地方政府债务规模实行限额管理，地方政府举债不得突破批准的限额。地方政府债务分为一般债务、专项债务两类，分类纳入限额管理。一般债务通过发行一般债券融资，纳入一般公共预算管理。专项债务通过发行专项债券融资，纳入政府性基金预算管理。经国务院批准，地方政府性基金预算为有一定收益的公益性事业发展可举借专项债务，地方政府专项债务规模纳入限额管理。

中共中央办公厅、国务院办公厅印发《关于做好地方政府专项债券发行及项目配套融资工作的通知》指出："坚持疏堵结合。坚持用改革的办法解决发展中的矛盾和问题，把'开大前门'和'严堵后门'协调起来，在严控地方政府隐性债务（以下简称隐性债务）、坚决遏制隐性债务增量、坚决不走无序举债搞建设之路的同时，加大逆周期调节力度，厘清政府和市场边界，鼓励依法依规市场化融资……"一般债务和专项债务首先都是政府举债的合法方式，都属于预算管理的范畴。但具体规模控制和分类管理时，分属于一般公共预算和政府性基金预算，发债操作中前者可编列赤字；后者则要求项目收益自平衡。

专项债在实践过程中发现存在很多问题，如为了争抢有限的额度，项目仓促包装，部分无收益的项目会包装到有收益的项目中；前期工作不够，有些项目连立项文件都没有，仅凭政府会议纪要作为项目支撑文件；基本建设程序不到位，部分项目并未能按合规的基建审批程序开展；资金自平衡测算粗糙，甚至弄虚作假。上述问题导致项目落地时间不确定，使得争取到的大量专项债资金闲置，不能发挥应有的效果，增加项目的实际成本。

（五）REITs模式

中国证监会、国家发展改革委于2020年联合印发的《关于推进基础设施领域不动产投资信托基金（REITs）试点相关工作的通知》（证监发〔2020〕40号）提出："为贯彻落实党中央、国务院关于防风险、去杠杆、稳投资、补短板的决策部署，积极支持国家重大战略实施，深化金融供给侧结构性改革，强化资本市场服务实体经济能力，进一步创新投融资机制，有效盘活存量资产，促进基础设施高质量发展……"

从政策来看，推行REITs的目的很明显，即防风险、去杠杆、稳投资、补短板，也就是要解决近10年来一直想要解决的"防风险"和"稳增长"的冲突。我国REITs专指向基础设施。同时明确将酒店、商场、写字楼、公寓、住宅等房地产项目排除在外。本质上，政府关注的是解决政府自身负有提供责任的基础设施的投融资问题，实现了在基础设施领域打通“投资—运营—退出—再投资”的完整链条，形成投融资闭环。

（六）其他投融资模式

目前，除前面分析的几种投融资模式外，各地方普遍存在BT（已经明令禁止）、F+EPC、片区开发、连片开发、ABO、TOD及EOD等模式。与F+EPC天然是一种投融资模式不一样，片区开发、连片开发、ABO、TOD等模式本身不是投融资模式，而是开发建设模式，但因开发建设过程中基于地方政府融资需求而被动赋予投融资的功能，并一度被直接认定为投融资模式。基于此，本书对这些模式的实操亦开展合规及风险性分析。

1. BT和F+EPC

在防止违规举债的大背景下，BT已经被法规政策明文禁止，以往利用BT模式进行融资并建设移交的模式已经不再适用。

BT具备投融资功能和建设功能，F+EPC亦是，它们在投融资时均具有刚性兑付、收益固定的债务性融资特点。但是F+EPC的融资主体比BT广，F+EPC既可以是政府作为融资主体，也可以是企业作为融资主体。如果是政府作为融资主体，其与BT模式差别不大，存在涉及政府违规举债的问题；如果是企业作为融资主体，如果政府不提供任何担保或者回购或者保底承诺，则是市场化模式，遵守相关规则要求即可。BT与F+EPC除融资主体存在区别外，在开发建设模式上，BT一般是特许经营项目，需要经过政府授权后，采用EPC、施工总承包或是代建制方式，而F+EPC就是EPC方式。

目前，市场上已很少见BT模式，但F+EPC模式依然活跃在各个地区，特别是在一些财政相对吃紧的地区或者政府债务高发的地区，通过延时付款的F+EPC模式来既达到发展基建和公用事业的需求又解决资金短缺的困境。或者通过企业投资项目替代政府投资，规避政府投资条例要求下禁止违规垫资及违规举债的问题。

2. 片区开发、连片开发、ABO

片区开发、连片开发、ABO模式基本上在综合的大范围区域开发中使用，该类开发主要特点在于开发面积大、复杂程度高、投资金额大、牵涉主体多等，往往涉及商业、房地产、市政道路、环境治理、招商引资等整体统筹规划。片区开发、连片开发、ABO模式原本上只是区域的综合开发模式，整个项目中存在营利性的商业地产子项目，也存在非营利性的市政基础设施和环境治理等项目，当非营利性的市政基础设施和环境治理等项目投资金额大于营利性的商业地产项目收入时，就存在项目投资成本无法覆盖的情形。此时，地方政府在片区开发、连片开发、ABO模式交易结构中会设置项目中政府以本项目预期对应的土地出让收入作为本项目未来还款保障，从而不可避免的出现违规举债的问题。除了将预期土地出让金作为项目未来收益的保障外，部分地区的片区开发、连片开发、ABO模式的项目，将项目直接授权给地方国企作为业主实施，以期脱离政府债务问题。但结合整个项目的交易结构及穿透项目的还款来源，实际上难以回避违规举债。

3. TOD及EOD

TOD及EOD模式，两者都是开发建设模式，一个是以交通为导向的开发建设模式，一个是以生态环境为导向的开发建设模式，但它们本身也不是一种投融资模式。在“净地出让”的原则下，TOD及EOD模式在土地的二级开发过程中能够产生比较良好的效应，并且对于大部分的TOD及EOD模式在市政配套上会有要求，这对于解决TOD及EOD项目所涉交通配套和环境治理有一定作用，且政府无需对这一部分基建出资，某种意义上具有一定的融资效能。但是TOD及EOD模式却不能解决土地一级开发中征地拆迁七通一平等支出内容的资金来源问题。

因此，在其他投融资模式中，除BT模式是政策明确禁止的，对于F+EPC、片区开发、连片开发、ABO、TOD及EOD等模式，政策既没有像PPP或地方政府专项债这样明确推行并规范指引，也没有直接禁止。财政部于2021年8月20日发布《财政部对十三届全国人大四次会议第9528号建议的答复》（财金函〔2021〕40号），回应全国人大代表相关建议。答复中指出，ABO和F+EPC存在隐性债务风险隐患。作为法律服务者，我们都知道风险隐患不代表直接定性，财政部这一表述反映出目前地方政府推进的ABO等模式是存在风险的，不是国家鼓励的投融资模式。财政部没有直接将这些模式定性为违规举债，也是考虑到地方“发展”和“风险”防范中寻求暂时平衡，不至于“一刀切”，造成大规模的“半吊子”工程。但这绝不意味着各地方可以不顾经济发展实际大肆开干，或者违反程序，违规举债。

综上，基础设施投融资模式在发展过程中，呈现出以下几个趋势或特点：

第一，为降低融资成本，间接融资减少，直接融资上升。

第二，为降低杠杆，以债务为主的融资模式向以股权融资的模式创新，控制债务总规模，特别是REITs的推行。

第三，为实现融资的持续与良性循环，盘活存量，通过存量再融资，减少增量融资。

第四，为避免系统性风险，以传统的连带责任、担保融资等向项目自身融资的转变，隔离债务风险。

第五，合法合规的基础设施投融资模式外还游离着一些法规政策“灰色”边缘的模式，需待国家出具相关政策予以明晰或指引或约束控制。

CHAPTER 2

第二章

基础设施投融资法律服务

一、提供基础设施项目投融资架构法律服务

基础设施存在投资金额大、周期长、参与主体多、审批流程复杂、政策性强等特点，基础设施项目投融资架构是基础设施项目服务中重要的一环，也是基础设施项目投融资的纲领性安排。在提供基础设施项目投融资架构法律服务时，主要围绕以下几个关键点进行开展：

第一，分析、了解项目背景及项目基本情况，选择可适用的融资交易结构，在合法合规的基础上，可以进行创新，从而减少资金使用成本。

第二，提供基础设施项目投融资架构的合法合规性依据，确保基础设施项目投融资架构可在现行有效的法规政策环境中开展，从多维度分析潜在的风险、权利义务分担及风险防控机制。

第三，协助搭建基础设施项目投融资结构，包括但不限于融资主体搭建、融资方式搭建、融资流程搭建、资金投入路径分析、融资资金管理、融资资金退出等，切实做好融资资金的“募”“投”“管”“退”。

第四，提供基础设施项目投融资交易结构可行性论证，从多维度分析潜在的阻碍及问题，是否会影响项目的后续开展。

第五，参与基础设施项目投融资架构会议谈判，听取各方交易主体的诉求，在合法合规的基础上，维护委托方在交易结构中最大的利益。

二、提供基础设施项目尽职调查或合规性审查法律服务

基础设施项目的合规性是项目投融资的基础，也是投资人关注的重点，基础设施项目合规应当是项目全流程的合规性，包括但不限于基础设施项目立项、招投标、用地、建设施工、运营、移交等。提供基础设施项目尽职调查或合规性审查法律服务，主要围绕以下几个关键点开展：

1.审查基础设施项目是否按照法定程序获得相关主管部门批复的立项文件。

2.审查基础设施项目是否按照法定程序获得相关主管部门批复的用地许可、规划许可、施工许可、环评等审批、核准、备案、登记的手续情况及取得固定资产投资管理等

其他依据法律法规应当办理的手续齐备情况。

3. 审查基础设施项目是否按照法定程序获得土地使用的权利，土地获取的方式是否合规，土地如果是划拨的，是否符合划拨目录，土地如果是招拍挂出让的，是否按照招拍挂程序缴纳土地出让金，是否已经办理土地使用相关权证。

4. 审查基础设施项目是否按照法定程序开展招投标程序，审查招投标文件的合规性，招投标程序的合规性。

5. 提供基础设施项目建设施工合规性审查法律服务

（1）提供建设工程合同主体信息审查法律服务

• 审查建设工程合同主体的资质；

• 审查建设工程合同主体的资格；

• 审查建设工程合同主体的履约能力；

• 审查建设工程合同主体的资信状况；

• 对建设工程合同主体的关联关系进行梳理。

（2）提供建设工程项目合作开发方案审核法律服务

• 审查合作对象的资质；

• 审查合作对象的资信状况；

• 审查合作对象的资格；

• 审查合作对象的履约能力；

• 起草和修改合作合同文件。

（3）提供勘察、设计、监理法律服务

• 审查（勘察、设计）承包人从业资质和资格；

• 审查分包工程承包人的从业资质和资格；

• 代为起草或审查勘察合同；

• 代为起草或审查设计合同；

• 代为起草或审查分包合同；

• 代为起草或审查监理合同；

• 参与或代理合同谈判；

• 协助合同管理事务；

• 审查勘察设计合同，设置违约责任条款；

• 协助将施工图设计文件报建设行政主管部门或其他有关部门审查；

• 为项目管理人员进行法律实务培训；

- 协助项目管理制度、合同及工程档案资料管理制度的建立和健全。

（4）提供施工、设备安装法律服务

- 审查建筑工程施工、设备安装承包人从业资质与资格；
- 审查分包工程的承包人从业资质与资格；
- 起草或者审查施工合同；
- 起草或者审查设备安装合同；
- 起草或者审查设备采购合同；
- 起草或者审查总承包合同；
- 起草或者审查分包合同；
- 起草或者审查监理合同；
- 起草或者审查材料采购合同；
- 起草或者审查设备租赁合同；
- 起草或者审查分包合同；
- 起草或者审查内部承包合同；
- 参与或代理合同审判；
- 协助开展合同管理事务；
- 审查建设单位向施工单位、工程监理单位提供的与建设工程有关的原始资料（勘察成果文件、经过审查的施工设计图文件）及其真实性；
- 协助建设单位在领取施工许可证或者开工报告前，按照国家有关规定办理工程质量监督手续；
- 对建设单位采购的建筑材料、建筑构配件和设备进行质量文件审查；
- 协助处理采购材料质量纠纷；
- 审查工程洽商变更、签证文件的法律风险；
- 跟踪施工过程中的索赔与反索赔，加强索赔管理；
- 协助处理工程造价争议；
- 代理对有争议工程造价审核、委托鉴定及诉讼、仲裁工作；
- 协助委托单位对涉及工程价款变更、工程质量问题、工期变化、设计变更、工程量变化、恶劣气象的发生、未预见的地质条件等方面出现的问题进行证据收集、固定和保全；
- 参加重要的施工协调会，协助委托单位发表意见、整理会议纪要；
- 围绕工程项目，协助客户建立和完善工程质量监督制度，协助处理因建设工程质量问题而产生的争议，参与工程质量事故的调查和分析，为事故处理提出法律意见；

- 安全与文明施工管理，协助建设各方建立安全生产责任制度，参与安全事故的分析和处理；
- 协助监督施工单位施工的建设工程的施工质量；
- 协助客户对监理单位的工作进行监督；
- 协助委托人与政府工程造价管理部门沟通联系；
- 代理开展工程质量的评定、鉴定及诉讼、仲裁工作。

6.提供基础设施项目建设竣工验收、结算合规性审查法律服务

（1）协助提供竣工验收法律服务

- 协助组织参与工程初验的工作；
- 参与工程竣工的验收工作，并对竣工验收报告进行审核；
- 出具验收工作法律意见书；
- 协助组织设计、施工、工程监理等有关单位进行竣工验收；
- 协助并及时办理质量备案手续；
- 组织、参加验收主体的验收的工作，工程资料的汇总、整理，并按有关部门要求装订成册向有关部门做好竣工验收备案工作；
- 协助客户在质量通过验收后应向政府主管部门备案并及时办理质量备案手续。

（2）提供工程款结算阶段法律服务

- 协助客户对工程竣工结算造价进行审查；
- 对审价单位出具的审价报告合法性、合规性审查；
- 对竣工结算进行跟踪审查；
- 对现场签证效力进行审查；
- 对竣工结算依据进行审查；
- 对结算文件的审查及出具意见；
- 协助或代表企业参与决算阶段的各种结算谈判、工程会议等。

（3）提供工程保修阶段法律服务

- 处理竣工验收后的保修责任；
- 协助客户建立切实有效的工程保修体系；
- 协助处理工程质量问题纠纷；
- 协助工程质量缺陷责任追偿与处理。

7.提供基础设施项目运营合规性审查法律服务（如有）

（1）提供项目运营绩效评价法律服务

• 协助项目建立事前事中事后全生命周期的绩效管理机制；
• 在项目实施方案中明确运营期绩效目标，并在招标文件、项目合同中设立相应的条款；
• 协助制定基础设施项目运营服务绩效标准/绩效指标，并就具体标准条款提供法律意见；
• 协助建立绩效监控，解答监管方的跟踪、监测和管理过程中的各种法律问题；
• 协助查找项目绩效运行偏差问题，并提出合规改进建议；
• 以专家身份协助配合实施机构对项目绩效评价工作进行评审。

（2）提供项目临时接管及提前终止法律服务

• 协助建立项目运营期合理的临时接管及提前终止机制；
• 对项目合同关于运营期临时接管及提前终止条件及移交标准进行审核；
• 审核项目是否触发临时接管及提前终止条款并提供法律意见；
• 协助或代表企业参与运营期临时接管或提前终止相关纠纷会议等。

8.提供基础设施项目移交法律服务（如有）

• 移交时，审查是否存在权利负担，包括但不限于留置权、抵押、担保或任何种类的其他请求权，如果存在权利负担，应当解除后再移交；
• 审查场地清理情况，是否按照协议相关约定完成场地清理，是否完成对移交后接手人员的技术指导，以保证移交后设施设备的正常运转；
• 审查相关合同的移交条款及期限，移交方在与第三方签订运营维护合同、设备合同及其他合同有效期届满日是否不超过本项目合作期限届满日，如在移交日前，移交方签订运营维护合同、设备合同及其他合同，且该等合同在本项目合作期届满后仍为有效的，应当签订权利（责任）承担协议；
• 审查移交清单，协助接收人员按照清单内容逐项核对，以免后期混淆不清，由此引发纠纷；
• 明晰移交后的法律风险，在移交清单中明确原则上转移后让接收方承担的风险，但移交日前项目设施的全部或部分损失或损坏的风险除外。

三、提供基础设施项目投融资协议草拟、修改法律服务

项目协议是基础设施项目实施的关键和基础保障，基础设施项目的特点决定了基础

设施不是单一的协议，而是贯穿基础设施全流程的系列协议，其中融资协议是本书着重关注的，其他协议在投融资尽职调查过程中也至关重要。

（一）提供草拟、修改基础设施项目投融资相关协议的法律服务

根据委托方的意思表示，草拟基础设施投融资相关协议，包括但不限于投融资主体信息、投资方式、资金使用限制、投资回报机制、投资退出、项目公司治理、违约责任、担保机制、争议解决机制等重要核心条款的设置和安排。

通常基础设施项目投融资涉及金额较大，不会一次性就确定最终版协议，需要结合尽职调查报告或者合规性审查意见，经各方的几轮沟通与谈判后才能确定。在各方风险充分考虑清楚后，对协议进行修改，把相关核心利益经各方无异议后有效地落实到协议条款中去。

（二）跟踪基础设施项目相关投融资协议的履行，并提供法律服务

结合项目的进展程度，关注项目协议的履行状况，履行的重要关注点包括是否按照之前已经签订的协议履行，履行过程中是否出现争议或纠纷，是否有协议没约定但实际履行过程中出现的问题等。协议履行过程中出现的问题可以通过协商沟通、备忘录、签订补充协议、风险提示、收集证据、诉讼、仲裁等方式予以解决。

四、提供基础设施项目投融资会议谈判法律服务

（一）代表相关方参与重大谈判会议

基础设施项目投资阶段的谈判，涉及政府部门、事业单位较多，基于基础设施的公益性属性，因此在谈判过程中不仅要考虑项目的商业条件，还要考虑项目的公益性。

律师代表相关投资主体进行项目谈判前，应当提前与其进行充分沟通，进行法律可行性分析及提供合理性建议。因基础设施项目的建设不仅存在法律问题，还可能会涉及财务、税务、工程等事项，必要时，应配合并参与委托人召开相关专业部门工作协调会，与财务、工程等相关人员共同梳理、确认相关问题，并就事实情况、专业问题等项征求专业部门意见，并在事前初步沟通谈判方案。

在充分沟通、会议讨论后，律师应当与委托方一并设定最低谈判目标，代表委托方利益与合同相对方进行磋商谈判，与委托方共同争取最佳谈判结果。

（二）针对基础设施项目建设运营过程中发生的新问题，启动再谈判机制

基础设施建设投资时间较长，无法避免在项目建设运营过程中可能会存在各种情况变化而导致项目受到影响，如在投项目建设过程中遇到工期、质量、安全、文明、材料价格波动等问题，运营过程中遇到运营标准变化、重大维修、绩效考核不合格等问题，这都有可能导致投融资双方最先预期的投资测算收益发生变化。针对前述问题，项目参与各方应积极启动再谈判机制，明确好项目变化后各方的权利义务，合理地进行项目风险分配，实现长期合作共赢，推动项目健康发展，而不是任由项目向恶性方向发展。

再谈判机制是为了解决项目运行过程中针对新出现问题而进行的有效沟通，核心就在于平衡各方的利益，推动项目继续推进，通过各方再谈判把各自利益进行调整、把权利义务进行明确。但也要注意是否会涉及招标投标法及实施条例规定的不得变更招标的实质性内容的问题。

（三）就重要事项向委托人汇报情况或召集相关主体组织会议

当项目出现合规性问题或风险时，应在整理项目问题及初步形成解决方案后主动向委托人汇报情况、提示风险，必要时出具法律意见，就可能面临的重大风险协助组织召集会议进行讨论，商议解决方案，提供防范风险的建议。

（四）根据会议结果起草备忘录或会议纪要，并跟踪会议执行情况

根据各方主体会议商议内容起草备忘录或会议纪要并邮件发送委托方，以文字形式对项目解决方案的工作内容或计划予以明确，会后将同步跟进会议执行结果，推动项目进展。

3

CHAPTER

第三章

基础设施投融资模式分析

第一节 REITs

基础设施公募REITs，是指依法向社会投资者公开募集资金形成基金财产，通过基础设施资产支持证券等特殊目的载体持有基础设施项目，由基金管理人等主动管理运营上述基础设施项目，并将产生的绝大部分收益分配给投资者的标准化金融产品，REITs本质上是“资产的IPO”。按照《公开募集基础设施证券投资基金指引（试行）》的规定，我国基础设施公募REITs在证券交易所上市交易。

基础设施资产支持证券，是指依据《证券公司及基金管理公司子公司资产证券化业务管理规定》等有关规定，以基础设施项目产生的现金流为偿付来源，以基础设施资产支持专项计划为载体，向投资者发行的代表基础设施财产或财产权益份额的有价证券。

目前已经发行的REITs如下：

表 3-1 已经发行的 REITs

批次	代码	名称	基础设施项目类型	项目性质	项目估值（亿元）	封闭期（年）	基金管理人
首批	180101.SZ	博时招商蛇口产业园 REIT	产业园	产权	25.28	50	博时基金
	180201.SZ	平安广交投广河高速 REIT	高速公路	特许经营权	96.74	99	平安基金
	180301.SZ	红土创新盐田港 REIT	仓储物流	产权	17.05	36	红土创新基金
	180801.SZ	首钢绿能	公共设施	特许经营权	12.49	21	中航基金
	508000.SH	华安张江光大园 REIT	产业园	产权	14.70	20	华安基金
	508001.SH	沪杭甬杭徽 REIT	高速公路	特许经营权	45.63	20	浙商证券
	508006.SH	富国首创水务封闭式 REIT	污水处理	特许经营权	17.46	26	富国基金

续表

批次	代码	名称	基础设施项目类型	项目性质	项目估值（亿元）	封闭期（年）	基金管理人
首批	508027.SH	东吴苏园产业REIT	产业园	产权	33.50	40	东吴基金
	508056.SH	普洛斯仓储REIT	物流园	产权	53.46	50	中金基金
第二批	508099.SH	建信中关村产业园REIT	产业园	产权	30.73	45	建信基金
	180202.SZ	华夏越秀高速公路REIT	高速公路	特许经营权	22.86	50	华夏基金
第三批	508018.SH	华夏中国交建高速REIT	高速公路	特许经营权	98.32	40	华夏基金

一、公募REITs的基本架构

基础设施基金的结构一般为“基础设施基金+资产支持专项计划+项目公司”的交易架构，包括三层，第一层是基础设施基金，第二层是资产支持专项计划，第三层是项目公司，即基础设施基金将从投资人募集的资金用于购买资产支持专项计划的份额，资产支持专项计划进而持有项目公司100%股权，并通过项目公司持有基础设施项目权益。基金管理人与资产支持专项计划管理人存在实际控制关系或为同一控制人控制。但具体项目情况可能有所差异，如有的项目在资产支持专项计划和项目公司中间可能还存在一层特殊目的公司，但实质仍然是资产支持专项计划全资持有特殊目的公司，再通过特殊目的公司全资持有项目公司，如已经发行注册的华安张江光大园封闭式基础设施证券投资基金，就多了特殊目的公司和项目公司这一层级。

二、公募REITs的发行领域

根据《国家发展改革委办公厅关于做好基础设施领域不动产投资信托基金（REITs）试点项目申报工作的通知》（发改办投资〔2020〕586号），基础设施REITs项目主要集中在交通基础设施、能源基础设施、市政基础设施、生态环保基础设施、仓储物流、园区基础设施、保障性租赁住房等行业，政策特别强调酒店、商场、写字楼等商业地产项目不属于试点范围。具体如下：

表 3-2　公募 REITs 的发行领域

序号	发行领域	具体内容
1	交通基础设施	收费公路、铁路、机场、港口项目
2	能源基础设施	包括风电、光伏发电、水力发电、天然气发电、生物质发电、核电等清洁能源项目，特高压输电项目，增量配电网、微电网、充电基础设施项目，分布式冷热电项目
3	市政基础设施	包括城镇供水、供电、供气、供热项目，以及停车场项目
4	生态环保基础设施	包括城镇污水垃圾处理及资源化利用环境基础设施、固废危废医废处理环境基础设施、大宗固体废弃物综合利用基础设施项目
5	仓储物流基础设施	应为面向社会提供物品储存服务并收取费用的仓库，包括通用仓库以及冷库等专业仓库
6	园区基础设施	位于自由贸易试验区、国家级新区、国家级与省级开发区、战略性新兴产业集群的研发平台、工业厂房、创业孵化器、产业加速器、产业发展服务平台等园区基础设施。其中，国家级与省级开发区以《中国开发区审核公告目录》（2018 年版）发布名单为准，战略性新兴产业集群以国家发展改革委公布名单为准
7	新型基础设施	包括数据中心类、人工智能项目，5G、通信铁塔、物联网、工业互联网、宽带网络、有线电视网络项目，智能交通、智慧能源、智慧城市项目
8	保障性租赁住房	包括各直辖市及人口净流入大城市的保障性租赁住房项目
9	其他基础设施领域	（1）具有供水、发电等功能的水利设施；（2）自然文化遗产、国家 AAAAA 级旅游景区等具有较好收益的旅游基础设施，其中自然文化遗产以《世界遗产名录》为准

三、基础设施公募REITs发行条件

根据《关于做好基础设施领域不动产投资信托基金（REITs）试点项目申报工作的通知（发改办投资〔2020〕586号）》，基础设施REITs项目应成熟稳定，具体要求如下：

表 3-3　基础设施公募 REITs 发行条件

序号	发行条件	具体内容
1	基础设施项目权属清晰、资产范围明确	发起人（原始权益人）依法合规直接或间接拥有项目所有权、特许经营权或经营收益权。项目公司依法持有拟发行基础设施 REITs 的底层资产

续表

序号	发行条件	具体内容	
2	土地使用依法合规	对项目公司拥有土地使用权的非 PPP（含特许经营）类项目	如项目以划拨方式取得土地使用权，土地所在地的市（县）人民政府或自然资源行政主管部门应对项目以 100% 股权转让方式发行基础设施 REITs 无异议
			如项目以协议出让方式取得土地使用权，原土地出让合同签署机构（或按现行规定承担相应职责的机构）应对项目以 100% 股权转让方式发行基础设施 REITs 无异议
			如项目以招拍挂出让或二级市场交易方式取得土地使用权，应说明取得土地使用权的具体方式、出让（转让）方、取得时间及相关前置审批事项
2	土地使用依法合规	对项目公司拥有土地使用权的 PPP（含特许经营）类项目	发起人（原始权益人）和基金管理人应就土地使用权作出包含以下内容的承诺：项目估值中不含项目使用土地的土地使用权市场价值，基金存续期间不转移项目涉及土地的使用权（政府相关部门另有要求的除外），基金清算时或特许经营权等相关权利到期时将按照特许经营权等协议约定以及政府相关部门的要求处理相关土地使用权
		对项目公司不拥有土地使用权的项目	应说明土地使用权拥有人取得土地使用权的具体方式、出让（转让）方和取得时间等相关情况，土地使用权拥有人与项目公司之间的关系，以及说明项目公司使用土地的具体方式、使用成本、使用期限和剩余使用年限，分析使用成本的合理性，并提供相关证明材料
3	基础设施项目具有可转让性	发起人（原始权益人）、项目公司相关股东已履行内部决策程序，并协商一致同意转让	
		如相关规定或协议对项目公司名下的土地使用权、项目公司股权、特许经营权、经营收益权、建筑物及构筑物转让或相关资产处置存在任何限定条件、特殊规定约定的，相关有权部门或协议签署机构应对项目以 100% 股权转让方式发行基础设施 REITs 无异议，确保项目转让符合相关要求或相关限定具备解除条件	
		对 PPP（含特许经营）类项目，PPP（含特许经营）协议签署机构、行业主管部门应对项目以 100% 股权转让方式发行基础设施 REITs 无异议	
4	基础设施项目成熟稳定	项目运营时间原则上不低于 3 年。对已能够实现长期稳定收益的项目，可适当降低运营年限要求	
		项目现金流投资回报良好，近 3 年内总体保持盈利或经营性净现金流为正	
		项目收益持续稳定且来源合理分散，直接或穿透后来源于多个现金流提供方。因商业模式或者经营业态等原因，现金流提供方较少的，重要现金流提供方应当资质优良，财务情况稳健	
		预计未来 3 年净现金流分派率（预计年度可分配现金流 / 目标不动产评估净值）原则上不低于 4%	

续表

序号	发行条件	具体内容
5	资产规模符合要求	首次发行基础设施 REITs 的项目，当期目标不动产评估净值原则上不低于 10 亿元
		发起人（原始权益人）具有较强扩募能力，以控股或相对控股方式持有、按有关规定可发行基础设施 REITs 的各类资产规模（如高速公路通车里程、园区建筑面积、污水处理规模等）原则上不低于拟首次发行基础设施 REITs 资产规模的 2 倍
6	发起人（原始权益人）等参与方符合要求	优先支持有一定知名度和影响力的行业龙头企业的项目
		发起人（原始权益人）、项目公司、基金管理人、资产支持证券管理人、基础设施运营管理机构近 3 年在投资建设、生产运营、金融监管、市场监管、税务等方面无重大违法违规记录。项目运营期间未出现安全、质量、环保等方面的重大问题或重大合同纠纷

四、公募REITs相关法律文件及主要内容

1.招募说明书

基金管理人在申请募集基础设施基金时应当编制招募说明书，对所有可能对投资人投资判断有重大影响的信息予以披露，充分披露投资基金的风险。招募说明书须由交易所审核，确保其内容符合一般规定，且不存在未向投资人披露的相关情形。招募说明书的基本架构如下：

目　录

2. 基金合同

基金合同的签署方为基金管理人和基金托管人，属于契约式基金的一般合同签署方式，且由于基金投资人众多，基金合同生效后适用于每个基金投资人。基金合同的主要内容如下：

3. 托管协议

托管协议是明确基金管理人和基金托管人之间在基金财产保管、投资运作、净值计算、收益分配、信息披露及相互监督等有关事宜中的权利、义务及职责，以确保基金财产的安全，保护基金份额持有人的合法权益。托管协议的主要内容如下：

目　录

4. 股权转让协议

股权转让协议是资产支持专项计划管理人（代表专项计划）从原始权益人受让SPV公司或项目公司100%股权的主要交易文件，签署方包括转让方即原始权益人、受让方资产支持专项计划管理人（代表专项计划）及目标公司即SPV公司或项目公司。

从股权转让角度来看，股权转让协议作为股权转让的主要交易文件，与一般的股权并购交易在基本条款设置方面是一致的，条款主要包括定义与解释、股权转让与交易步骤、转让价款和支付、转让价款支付条件、陈述与保证、违约责任、终止与解除及其他条款。

但从基础设施基金角度来看，股权转让协议与一般的股权并购交易中的股权转让协议相比还是存在一些特殊点，需要予以关注。

第一，交割日。一般的股权并购交易中将标的股权的工商变更登记设定为交割日；但基础设施基金中则将专项计划设立日作为标的股权交割日，从该日起标的股权的全部权利和义务均由资产支持专项计划管理人享有和承担。

基础设施基金募集资金用于认购基础设施资产支持专项计划，专项计划管理人应在资产支持证券缴款截止日后的第一个工作日将认购资金（不含利息）全部划转至已开立的专项计划账户并在该日完成验资，完成验资的当日即为专项计划设立日。

第二，转让价款支付。基础设施基金中的股权转让价款分为预计转让价款和经交割审计后调整的股权转让价款。其中，预计转让价款一般是SPV公司或项目公司的净资产金额，专项计划管理人先在满足首笔付款条件后向原始权益人支付预计转让价款的90%作为第一笔付款；而后进行交割审计，交割审计完成后，各方根据交割审计的结果对股权转让价款进行调整和确认，并根据调整后的股权转让价款向原始权益人支付尾款。

尾款的支付条件一般包括SPV公司或项目公司已经变更为专项计划管理人的全资公司的工商变更登记，即专项计划已变更为SPV公司或项目公司的唯一股东。当然，由于具体交易的情况不同，关于转让价款支付的约定也会有所不同。

第三，生效日。由于股权转让价款来源于基础设施基金对基础设施资产支持专项计划的资产支持证券的认购款，而该认购款又来源于基础设施基金能否募集成功，所以股权转让价款是存在或然性的。

因此，股权转让协议的生效条件是经各方有效签署之日成立，自专项计划设立日起生效。这种生效日设置避免了专项计划未能有效设立时股权转让协议已生效的情形下专项计划必买及原始权益人必卖的情形。

5. 运营管理协议

“我们的金融机构，包括公募基金、证券公司是有比较强的资本运作能力，但是对资产的管理缺乏尝试，各行各业差的很大。”证监会原主席肖钢认为，对于我们国家来讲怎么把两者结合好是新的探索，我们在试点当中发现问题，怎样既要落实好基金管理人的职责，又充分发挥好原始权益人的战略管理和专业运营能力，这是一个难题。

运营管理协议是基金管理人委托运营管理机构对基础设施项目提供运营管理服务的主要协议，签署方一般包括基础设施基金管理人、运营管理机构、项目公司。

运营管理协议的基本条款包括定义、委任、陈述和保障、运营管理服务内容、各方权利和职责、权利与义务、管理监督、管理费、考核安排、报告和告知、运营管理机构的解聘和更换、违约责任、终止和解除、适用法律及争议解决及其他条款。

从本质上来讲，基础设施基金管理人应当对基础设施项目进行运营管理，但是根据中国证监会、国家发展改革委《关于推进基础设施领域不动产投资信托基金（REITs）试点相关工作的通知》等相关规定，基金管理人也可以由其子公司或者委托第三方运营管理机构对基础设施项目进行运营管理，但是这种委托并不免除基金管理人的应有管理义务或责任。因此，运营管理协议重点应解决如下相关问题：

第一，明确委托运营管理的范围，纳入运营管理范围的内容将由运营管理机构具体负责，对此基金管理人将起到监督管理的作用。

第二，明确委托运营管理的费用及考核机制，运营管理机构收取管理费是提供运营管理服务的应有之义，但同时，基金管理人也可以设置一定的考核指标，并将考核指标和运营管理收费相挂钩，更好地促进和刺激运营管理机构提供服务。

第三，明确运营管理机构的解聘和更换程序，基于对投资人负责的考虑，如果运营管理机构无法满足运营管理的要求，甚至对于基础设施项目的运营管理起到负面作用，那么基金管理人应启动解聘和更换程序，并通过召开基金份额持有大会作出相应的决议，同时履行相应的信息披露义务。

第四，做好项目信息保护，防止信息不必要扩散。运营管理机构提供运营管理服务，但其并非基础设施项目的所有人，所有人是基金管理人所代表的基础设施基金。在运营管理机构提供运营管理的过程中，不可避免地将接触到基础设施项目的各类经营信息，并向运营管理机构的股东进行必要的汇报。因此，为了防止基础设施项目经营信息的不必要扩散，运营管理机构应承担保密责任和义务，并在其股东层面圈定相应的知情人范围，如果存在因信息扩散而侵害投资人利益的情形，也便于追究相关人员责任。

五、公募REITs申报、审查流程

（一）公募REITs申报

公募REITs项目需符合发行要求，准备好相关材料，按照以下程序申报：

1.各地发展改革委组织发起人（原始权益人）等有关方面选择优质项目，纳入全国基础设施REITs试点项目库。

2.发起人（原始权益人）选择符合条件的入库项目，向项目所在地省级发展改革委报送试点项目申报材料。未纳入全国基础设施REITs试点项目库的项目不得申报。

3.发起人（原始权益人）拟整合跨地区的多个项目一次性发行基础设施REITs产品的，应向注册地省级发展改革委报送完整的项目申报材料，并分别向相关省级发展改革委报送涉及该地区的项目材料；发起人（原始权益人）注册地省级发展改革委对本地区项目和基础设施REITs发行总体方案审查把关，其他相关级发展改革委对本地区项目审查把关。发起人（原始权益人）为中央企业的跨地区打包项目，有关中央企业可将申报请示文件和项目申报材料直接报送国家发展改革委，同时须附项目所在地省级发展改革委意见。对于项目收益是否满足试点基本条件，需以打包后项目整体收益进行判断。

4.对本地区符合相关条件、拟推荐开展试点的项目，省级发展改革委向国家发展改革委上报项目申报请示文件和项目申报材料，或为有关中央企业出具意见。项目申报请示文件或省级发展改革委为中央企业出具的意见中，需包含“经初步评估，所推荐项目符合国家重大战略、发展规划、宏观调控政策、产业政策、固定资产投资管理法规制度，以及试点区域、行业等相关要求，推荐该项目开展基础设施REITs试点”的表述。

5.国家发展改革委根据项目申报材料，对项目进行综合评估后，确定拟向中国证监会推荐的项目名单。国家发展改革委推荐项目时一并将有关项目材料转送中国证监会。

（二）公募REITs审查

公募REITs审查，主要审查是否符合宏观管理政策要求、是否依法依规取得固定资产投资管理相关手续、PPP（含特许经营）类项目是否完成了相应的审批程序等方面的审查。审查过程中需要补充材料或者对相关问题进行解释的，应予以材料补充和问题解释。公募REITs审批流程图如下：

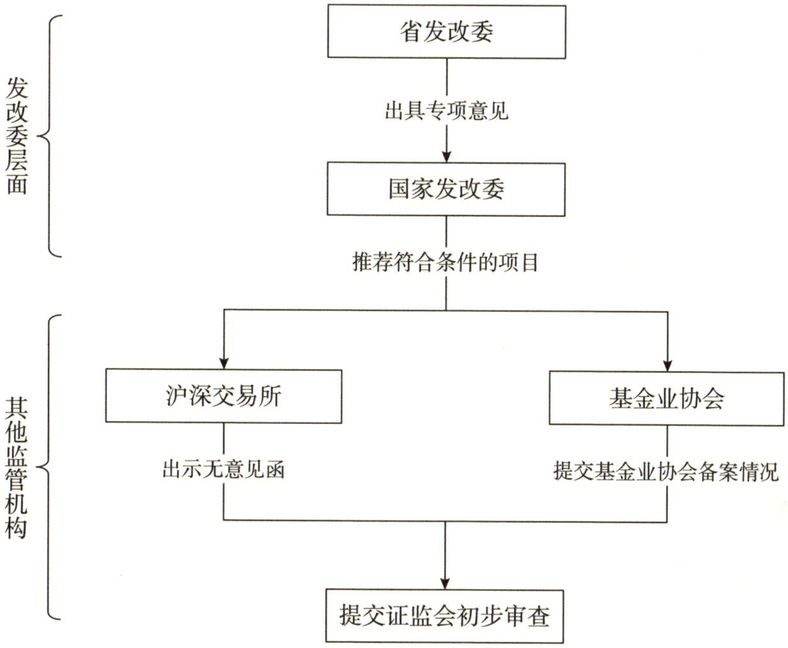

图3-1　公募REITs审批流程

六、公募REITs的发售、上市及运营管理

本部分将结合基础设施公募REITs政策，深圳证券交易所（以下简称深交所）、上海证券交易所（以下简称上交所）的业务规则和业务指南，以及已注册发行基础设施公募REITs，对其发售、上市、运营管理及其他相关事项进行简要总结。

（一）公募REITs的发售

基础设施基金的发售业务主要依据是上交所和深交所分别制定和发布的发售业务指引。基金发售流程大致可分为发售前工作、询价、定价、认购、基金成立、基金份额配售和锁定管理、特殊情况处理等内容。公募REITs的发售流程图如下：

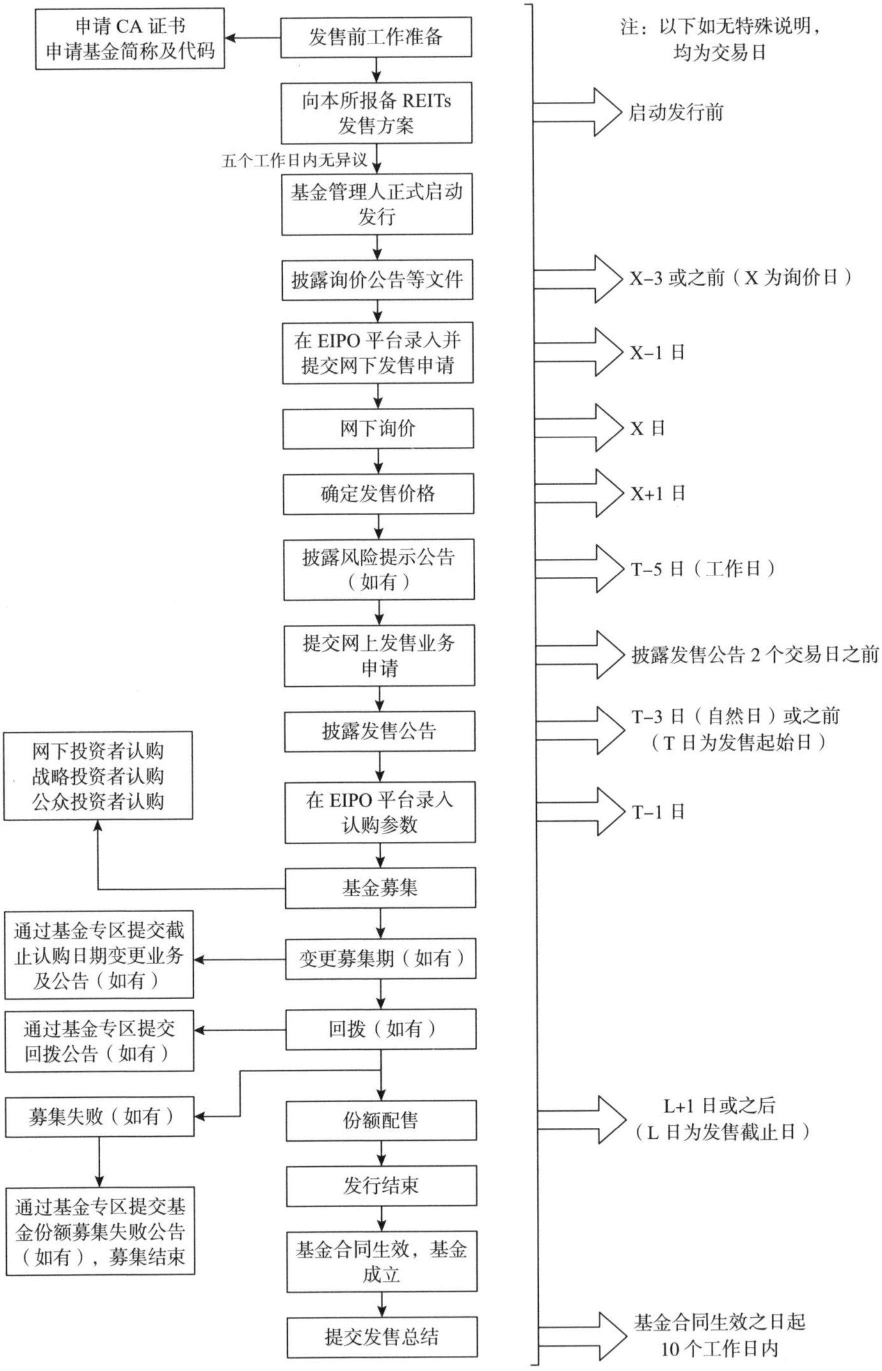

图 3–2　公募 REITs 的发售流程

备注：来源于《深圳证券交易所公开募集基础设施证券投资 基金业务指南第 1 号——发售上市业务办理》。

1. 发售前主要有三个工作：一是基金管理人、财务顾问申请网下发行电子平台（以下简称EIPO平台）的CA证书；二是网下投资者申请EIPO平台的CA证书；三是基金管理人申请基金业务专区CA证书。

2. 询价工作，是指基础设施基金首次发售的，基金管理人或财务顾问通过向网下投资者询价的方式确定基础设施基金份额的认购价格，即基金管理人或财务顾问让网下投资者报价，在此基础上由基金管理人或财务顾问最终确定价格。网下投资者，是指为证券公司、基金管理公司、信托公司、财务公司、保险公司及保险资产管理公司、合格境外机构投资者、商业银行及银行理财子公司、政策性银行、符合规定的私募基金管理人，以及其他符合中国证监会及投资者适当性规定的专业机构投资者。全国社会保障基金、基本养老保险基金、年金基金等可根据有关规定参与基础设施基金网下询价。一般X为询价日，T日为募集期首日，流程为报备发售方案—披露《询价公告》—提交网下发售申请—网下投资者询价。

3. 定价工作，就基础设施基金而言，是指在询价的基础上，基金管理人或财务顾问根据网下投资者报价的中位数和加权平均数，结合公募证券投资基金、公募理财产品、社保基金、养老金、企业年金基金、保险资金、合格境外机构投资者资金等配售对象的报价情况，审慎合理确定的基础设施基金的认购价格。

4. 认购工作，包括战略投资者的认购、网下投资者认购、公众投资者认购。

（1）战略投资者的认购

战略配售，是指基础设施项目原始权益人或同一控制下的关联方，以及符合相关条件的机构投资者，可以参与基础设施基金的战略配售。参与战略配售的投资者不得参与该基金份额的网下询价，但依法设立且未参与本次战略配售的证券投资基金、理财产品和其他资管产品除外。战略配售的特点是定量不定价，即在基础设施基金份额的价格通过网下询价和定价之前，参与战略配售的主体就已向基金管理人认购一定的基金份额，待定价后，参与战略配售的主体就必须按照认购的份额及份额定价认购相应的份额。

参与战略配售的主体又可以具体分为两类，一类是原始权益人或其同一控制下的关联方，对于这类主体，监管要求其必须认购不少于20%的基础设施基金拟发售份额，具体份额数待发售份额数确定后即可确定。对于原始权益人或其同一控制下的关联方参与战略配售20%以内的份额，限售期为60个月，在此期间该等份额不得转让或质押；20%以外的份额，限售期为36个月，在此期间该等份额不得转让或质押。另一类符合条件的专业投资者，没有具体战配份额的限制，但也同样有限售期，限售期为12个月，在此期间不得转让或质押。

根据基础设施基金发售完成后在交易所网站公布的《战略投资者专项核查报告》，对九只首批发行基金的战配情况进行了统计。

表 3–4　九只首批发行基金的战配情况

序号	基金名称	战配份额比例	原始权益人或同一控制下的关联方比例	其他专业投资者比例
1	华安张江光大园 REIT	55.33%	20%	35.33%
2	富国首创水务 REIT	76%	51%	25%
3	沪杭甬杭徽 REIT	74.3%	58.94%	15.36%
4	中金普洛斯 REIT	72%	20%	52%
5	东吴苏园产业 REIT	60%	30%	30%
6	中航首钢生物质 REIT	60%	40%	20%
7	博时招商蛇口产业园 REIT	65%	32%	33%
8	平安广交投广河高速 REIT	78.97%	51%	27.97%
9	红土创新盐田港 REIT	60%	20%	40%

基金管理人、财务顾问应当在招募说明书及询价公告中披露战略投资者选取标准、向战略投资者配售的金额份额数量、占本次基金发售数量的比例及限售期安排。基金管理人应当与战略投资者事先签署战略配售协议。募集结束前，战略投资者应当在约定的期限内，以认购价格认购其承诺认购的基金份额数量。

（2）网下投资者认购询价日次一交易日（X+1 日），基金管理人、财务顾问（如有）根据询价结果，确定发售价格、有效报价配售对象名单及最终的网下发售份额数量

网下投资者及其配售对象应在询价日前一交易日12时前在中国证券业协会完成注册。交易所从证券业协会获取网下投资者及其配售对象的相关信息。基金管理人或财务顾问对网下投资者的资格进行审核，并向网下发行电子平台确认拟参与该次网下发售的网下投资者及配售对象的相关信息。

网下询价的时间原则上为1个交易日。询价期间，网下投资者及其管理的配售对象的报价应当包含每份价格和该价格相对应的拟认购数量，但填报的拟认购数量不得超过网下初始发售总量，且同一网下投资者全部报价中的不同拟认购价格不得超过3个。

网下投资者提交的拟认购数量合计低于网下初始发售总量的，基金管理人、财务顾问应当中止发售，并发布中止发售公告。报价截止后，基金管理人或财务顾问应当根据事先确定并公告的条件，剔除不符合条件的报价及其对应的拟认购数量。

剔除不符合条件的报价后，基金管理人、财务顾问应当根据所有网下投资者报价的中位数和加权平均数，并结合公募证券投资基金、公募理财产品、社保基金、养老金、企业年金基金、保险资金、合格境外机构投资者资金等配售对象的报价情况，审慎合理确定认购价格。也就是最终的定价由基金管理人、财务顾问决定。但结合实操情况，对于最终定价交易所也将给予一定的建议。

基金管理人、财务顾问确定的认购价格高于中位数和加权平均数的孰低值的，基金管理人、财务顾问应至少在基金份额认购首日前5个工作日发布投资风险特别公告，并在公告中披露超过的原因，以及各类网下投资者报价与认购价格的差异情况，同时提请投资者关注投资风险，理性作出投资决策。

（3）公众投资者认购，募集期内，公众投资者可以通过场内证券经营机构或基金管理人及其委托的场外基金销售机构认购基金份额

募集期届满，公众投资者认购份额不足的，基金管理人和财务顾问可以将公众投资者部分向网下发售部分进行回拨。一般意义上的回拨机制，是指基金募集期满，根据战略投资者缴款、网下发售及公众发售认购情况，基金管理人对战略配售、网下发售和公众发售数量进行调整。但就基础设施基金来讲，仅存在网下发售和公众发售之间的调整。

网下投资者认购数量低于网下最低发售数量的，不得向公众投资者回拨。网下投资者认购数量高于网下最低发售数量，且公众投资者有效认购倍数较高的，网下发售部分可以向公众投资者回拨。回拨后的网下发售比例，不得低于本次公开发售数量扣除战略配售部分后的70%。因此，对于扣除战略配售后的部分，网下认购的比例不能够低于70%，但并没有约定上限。

根据交易所网站[①]公告显示，上交所的“富国首创水务REIT”采用了回拨机制。回拨机制启动前，该基金网下初始发售份额为9600万份，公众初始发售份额为2400万份。网下发售占扣除战配部分后份额的80%。由于公众投资者有效认购倍数较高，且网下投资者认购数量高于网下最低发售量，基金管理人决定启动回拨机制，将1200万份基金份额由网下回拨至向公众投资者发售。回拨后，网下发售8400万份，公众投资者发售3600万份，网下发售占扣除战配部分后份额的70%。

上交所发行中金普洛斯REIT和东吴苏园产业REIT，以及深交所发行的博时招商蛇口产业园REIT、中航首钢生物质REIT、平安广交投广河高速REIT也都适用了回拨机

① 上交所网站http://www.sse.com.cn/disclosure/fund/announcement/c/new/2022-06-08/508006_20220608_3_A4SnOu5U.pdf。

制。除东吴苏园产业REIT适用回拨机制后，扣除战配部分后的份额中，网下发售占比为75%、公众投资者发售占比25%外，其余几只基金在适用回拨机制适用后，扣除战配部分后的份额中，网下发售占比均为70%，公众投资者发售占比均为30%。通过适用回拨机制，也是在符合监管规定的前提下，在一定程度上满足了公众的申购需求。[①]

5.基金成立，基金管理人将募集情况上报中国证监会证券基金机构监管部备案。获取《关于××基金备案确认的函》后，通过基金业务专区中的“业务办理→信息披露→基金募集→基金合同生效”发起信息披露流程，提交基金合同生效公告，次日在中国证监会规定的媒介及本所网站上刊登基金合同生效公告。

6.基金份额配售和锁定管理

基金管理人负责提供REITs限售和锁定相关数据，在发起上市申请前及时完成场内份额限售、场外份额锁定；若上市申请前无法完成限售或锁定完整流程，请推迟上市申请日期。场外已锁定生效的份额不能转托管至场内。战略投资者有限售期的场外份额如需转托管至场内，则应在基金管理人提交限售/锁定申请前完成转托管。

7.特殊情况

（1）中止发售

若出现网下投资者提交的拟认购数量合计低于网下初始发售份额数量或约定的中止发售情形时，基金管理人应于询价日前一交易日（含当日）通过基金业务专区的“业务办理→信息披露→基金募集→中止发售公告（REITs）”向本所提交中止发售公告和申请，经本所核对后，次日在中国证监会规定的媒介及本所网站上刊登公告。

（2）募集失败

基金募集结束后，若出现下列情形之一的，则募集失败：

- 基金份额总额未达到准予注册规模的80%；
- 募集资金规模不足2亿元，或投资人少于1000人；
- 原始权益人或其同一控制下的关联方未按规定参与战略配售；
- 扣除战略配售部分后，网下发售比例低于本次公开发售数量的70%；
- 导致基金募集失败的其他情形。

基金管理人通过基金业务专区中的“业务办理→信息披露→基金份额募集失败”发起信息披露流程，提交基金募集失败公告和基金募集失败的情况说明。

---

① 张涛:《公募REITs系列实务解读——发售、上市及运营管理》，载https://xueqiu.com/7906205776/200117663，最后访问时间为2022年6月1日。

（二）公募REITs的上市

根据《公开募集基础设施证券投资基金指引（试行）》（中国证券监督管理委员会公告〔2020〕54号，以下简称54号公告）第十四条的规定，基础设施基金拟在证券交易所上市的，基金管理人应当同步向证券交易所提交相关上市申请。证券交易所同意基础设施资产支持证券挂牌和基础设施基金上市的，应当将无异议函在产品注册前报送中国证监会。根据54号公告第二十七条的规定，基础设施基金应当采取封闭式运作，符合法定条件并经证券交易所依法审核同意后，可上市交易。基础设施基金作为证券投资基金，在经交易所审核同意后，可上市交易。上市的流程图如下：

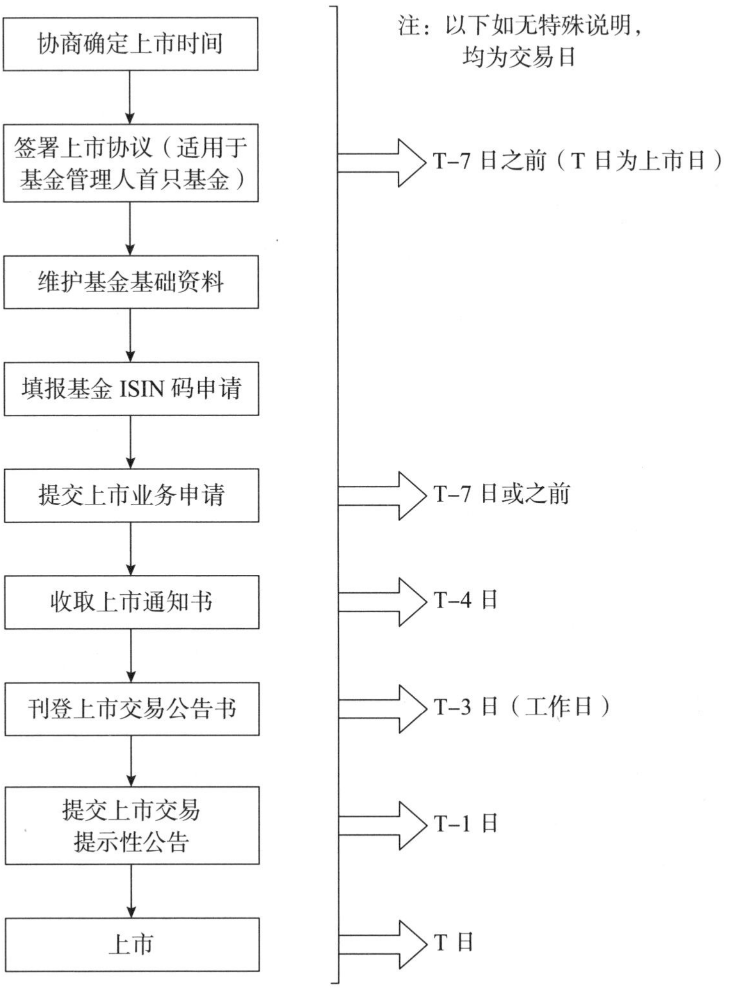

图3-3　上市流程

备注：来源于《深圳证券交易所公开募集基础设施证券投资基金业务指南第1号——发售上市业务办理》。

1. 协商确定上市时间

基金合同生效且完成全部战略配售投资者份额锁定后，基金管理人应根据《基金合同》的约定与本所协商确定上市时间（T日）。

2. 签署上市协议

若公募REITs为基金管理人在交易所的首只上市基金，上市时间确定后（T–7日之前），基金管理人应与本所基金管理部联系签订《基金上市协议》，若基金管理人在交易所已有上市基金，则不需要再次签署上市协议。

3. 维护基金基础资料

提交上市申请前，基金管理人应通过基金业务专区中的"业务办理—基础资料维护—基金基础资料"维护基金当前规模等基础信息。

4. 填报基金ISIN码申请

基金基础资料维护后，基金管理人通过基金业务专区中的"业务办理→基金上市→ISIN码申请"提交基金ISIN码申请。

5. 提交上市业务申请

上市时间（T日为上市首日）确定后，基金管理人应在T–7交易日前，通过基金业务专区中的"业务办理—基金上市—基金上市"提交上市业务申请。上市申请材料包括：

（1）《上市申请书》（基金管理人盖章扫描件）；

（2）基金募集资金验资报告（扫描件）；

（3）中国证监会对基金备案的确认文件（扫描件）；

（4）基金上市交易公告书（必备要素参考附件4–5）；

（5）T–5日基金持有人结构申报表（中国结算盖章扫描件）；

（6）深圳结算出具的T–5日基金场内证券持有人名册；

（7）上市交易公告书中财务部分（含投资组合）（经托管人确认的盖章件）；

（8）已生效的公募REITs认购基础设施资产支持证券的认购协议（基金管理人盖章扫描件）；

（9）公募REITs所投资专项计划的成立公告；

（10）公募REITs所投资专项计划已生效的基础资产买卖协议（基金管理人盖章扫描件）；

（11）持有份额10%及以上基金持有人情况表；

（12）发售后至上市前发生的可能对基础设施基金投资价值及投资决策判断有重大影响事项的说明（如适用）。

6.基金管理人收取《上市通知书》

7.发起《基金上市交易公告书》信息披露流程

8.发起《基金上市交易提示性公告》信息披露流程

（三）基础设施基金的运营管理

基础设施基金发行及上市后，就会进入存续期，存续期的运营管理涉及很多方面，如信息披露、份额持有人大会、解除限售/锁定、购入新项目、扩募等。信息披露在前面已有论述，主要是针对基金重要事项、基本情况而发布的临时报告和定期报告，下面主要介绍其他存续期运营管理可能涉及的事项。

1.份额持有人大会

份额持有人大会之于基础设施基金，如同股东会之于有限责任公司，股东大会之于股份有限公司，合伙人会议之于有限合伙企业。份额持有人大会由持有基础设施基金份额的投资人组成，是基础设施基金的最高权力机构，并有权就基础设施基金的重大事项作出决议。

根据54号公告的规定，份额持有人大会的表决机制区分重要程度有以下两种情形。

（1）应当经参加大会的基金份额持有人所持表决权的二分之一以上表决通过的情形包括：第一，金额超过基金净资产20%且低于基金净资产50%的基础设施项目购入或出售的；第二，金额低于基金净资产50%的基础设施基金扩募的；第三，基础设施基金成立后发生的金额超过基金净资产5%且低于基金净资产20%的关联交易的；第四，除基金合同约定解聘外部管理机构的法定情形外，基金管理人解聘外部管理机构的。

（2）应当经参加大会的基金份额持有人所持表决权的三分之二以上表决通过的情形包括：第一，对基础设施基金的投资目标、投资策略等作出重大调整；第二，金额占基金净资产50%及以上的基础设施项目购入或出售；第三，金额占基金净资产50%及以上的扩募；第四，基础设施基金成立后发生的金额占基金净资产20%及以上的关联交易。

基金份额持有人与表决事项存在关联关系的，应当回避表决，其所持份额不计入有表决权的基金份额总数。

2.解除限售/锁定

公募REITs解除限售/锁定业务办理时间的流程图如下：

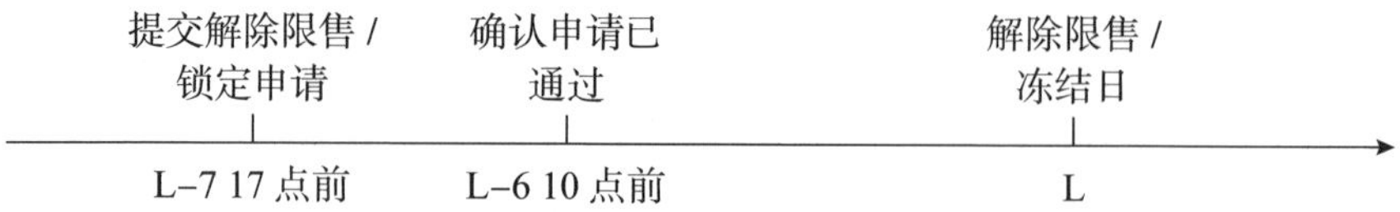

图3-4 公募REITs解除限售/锁定业务办理时间

备注：来源于《上海证券交易所公开募集基础设施证券投资基金（REIT）业务指南第2号--存续业务》（上证函〔2021〕1033号）。

投资者持有的公募REITs战略配售份额符合解除限售/锁定条件的，基金管理人应当最晚于T-7日（T日为解除限售/锁定日）通过本所基金业务专区中的“业务办理→信息披露”提交解除限售/锁定申请，具体材料包括：

（1）基金份额解除限售/锁定申请，包括全部或者部分解除限售/锁定的理由和相关证明文件；

（2）基金份额解除限售/锁定申请表；

（3）基金份额解除限售/锁定的提示性公告；

（4）本所要求的其他文件。

3.基础设施基金购入新项目

在基础设施基金存续的运营管理期间，基础设施基金可能会购入新的基础设施项目，对于基金份额持有人而言，新的基础设施项目购入属于重大事项。基础设施基金在存续期间新购入基础设施项目，应当满足下列要求：

（1）基金要求

- 符合《中华人民共和国证券投资基金法》《公开募集证券投资基金运作管理办法》、54号公告、《基础设施基金业务办法》及相关规定的要求；
- 基础设施基金投资运作稳健，运作时间原则上满12个月，运营业绩良好，治理结构健全，不存在运营管理混乱、内部控制和风险管理制度无法得到有效执行、财务状况恶化等重大经营风险；
- 持有的基础设施项目运营状况良好，现金流稳定，不存在对持续经营有重大不利影响的情形；
- 会计基础工作规范，最近1年财务报表的编制和披露符合企业会计准则或者相关信息披露规则的规定，最近1年财务会计报告未被出具否定意见或者无法表示意见的审计报告；最近1年财务会计报告被出具保留意见审计报告的，保留意见所涉及事项对基金的重大不利影响已经消除；
- 中国证券监督管理委员会和本所规定的其他条件。

（2）机构要求

- 基金管理人最近2年内没有因重大违法违规行为受到行政处罚或者刑事处罚；
- 基金管理人最近12个月内未受到证券交易所公开谴责，不存在其他重大失信行为；
- 基金管理人现任主要负责人员不存在最近3年内受到中国证监会行政处罚，或者最近1年内受到证券交易所公开谴责，或者因涉嫌犯罪正在被司法机关立案侦查，或者因涉嫌违法违规被中国证监会立案调查的情形；
- 基金管理人不存在擅自改变基础设施基金前次募集资金用途未作纠正的情形；
- 基金管理人、持有份额不低于20%的第一大基础设施基金持有人最近1年内不存在未履行向本基金投资者作出公开承诺的情形；
- 基金管理人、持有份额不低于20%的第一大基础设施基金持有人最近3年内不存在严重损害基础设施基金利益、投资者合法权益、社会公共利益的重大违法行为；
- 中国证监会和本所规定的其他条件。

（3）项目要求

- 基础设施基金存续期间拟购入基础设施项目的标准和要求与基础设施基金首次发售一致，中国证监会认定的情形除外；
- 基金管理人应当遵循基金份额持有人利益优先的原则，根据拟投资基础设施项目评估值及其市场公允价值等有关因素，合理确定拟购入基础设施项目的交易价格，按照规定履行必要决策程序。交易价格应当公允，不存在损害基金份额持有人合法权益的情形。

此外，如果基础设施基金新购入基础设施项目涉及扩募的，还要履行扩募的相关要求。

4.基础设施基金的扩募

根据交易所的指引，基础设施基金是可以扩募的，基础设施基金扩募的，可以向不特定对象发售，也可以向特定对象发售（以下简称定向扩募）。

（1）向原持有人配售

向原持有人配售的，应当向权益登记日登记在册的持有人配售，且配售比例应当相同，拟配售基金份额不超过本次配售前基金份额总额的50%。

基金管理人、财务顾问（如有）应当遵循基金份额持有人利益优先的原则，根据基础设施基金二级市场交易价格和新购入基础设施项目的市场价值等有关因素，合理确定配售价格。

（2）公开扩募

基础设施基金公开扩募的，可以全部或者部分向权益登记日登记在册的原基础设施基金份额持有人优先配售，优先配售比例应当在发售公告中披露。公开扩募的发售价格应当不低于发售阶段公告招募说明书前20个交易日或者前1个交易日的基础设施基金二级市场均价。

（3）定向扩募

基础设施基金定向扩募的，发售对象应当符合基金份额持有人大会决议规定的条件，且每次发售对象不超过35名。“发售对象不超过35名”，是指认购并获得本次向特定对象发售基金的法人、自然人或者其他合法投资组织不超过35名。证券投资基金管理公司、证券公司、合格境外机构投资者、人民币合格境外机构投资者以其管理的2只以上产品认购的，视为一个发售对象。信托公司作为发售对象，只能以自有资金认购。

定向扩募的定价基准日为基金发售期首日。定向扩募的发售价格应当不低于定价基准日前20个交易日基础设施基金交易均价的90%。

定向扩募的基金份额，自上市之日起6个月内不得转让；发售对象属于《公开募集基础设施证券投资基金（REITs）业务指引第3号——新购入基础设施项目（试行）》（以下简称《本指引》）第四十六条第二款规定情形的，其认购的基金份额自上市之日起18个月内不得转让。发售对象属于新购入基础设施项目的原始权益人或者其同一控制下的关联方情形的，应当符合本指引第三十六条的相关要求。

应当讲，扩募对于基础设施基金而言是有必要的，而且有利于基础设施项目的持续发展。为此，最新的国家发展改革委《关于进一步做好基础设施领域不动产投资信托基金（REITs）试点工作的通知》也强调了，资产规模要符合要求，原始权益人要具有较强扩募能力，以控股或相对控股方式持有、按有关规定可发行基础设施REITs的各类资产规模（如高速公路通车里程、园区建筑面积、污水处理规模等）原则上不低于拟首次发行基础设施REITs资产规模的2倍。这说明从监管部门角度来看，已经从项目筛选和试点角度为后续基础设施扩募做了相应的准备。

基础设施基金拟进行扩募，可以向原基金份额持有人配售份额，也可以向不特定对象或特定对象发售，具体取决于基础设施基金二级市场交易价格和拟投资项目市场价格等因素。扩募的份额数量、发售价格、定价方式等均需经份额持有人大会通过。

同时，基础设施基金进行扩募的，基金管理人还应当取得证监会同意变更注册的批准或者备案文件，并向交易所提交该等批准或备案文件、扩募发售方案、扩募发售公告等。经审核无异议的，基金管理人才能启动扩募发售工作。

第二节　地方政府专项债券发行

一、概述

根据《关于印发〈地方政府债券发行管理办法〉的通知》（财库〔2020〕43号）的相关规定，地方政府债券，是指省、自治区、直辖市和经省级人民政府批准自办债券发行的计划单列市人民政府（以下简称地方政府）发行的、约定在一定期限内还本付息的政府债券。地方政府债券分为一般债券和专项债券。一般债券是为没有收益的公益性项目发行，主要以一般公共预算收入作为还本付息资金来源的政府债券；专项债券，是指为有一定收益的公益性项目发行，以公益性项目对应的政府性基金收入或专项收入作为还本付息资金来源的政府债券。一般债券和专项债券的区别如下：

表 3–5　一般债券与专项债券的区别

序号	区别	一般债券	专项债券
1	用途不同	范围更广，投资更多元化	具有固定的投资方向和投资项目
2	偿还途径和收益不同	一般是地方政府以本地区的财政收入作为担保	以项目建成后取得的收入作为保证
3	承担风险不同	偿还来源是财政收入，收益安全性更高	偿还来源是项目收益、政府性基金收入，安全性较一般债券来讲较低

地方政府专项债券为封闭运行管理、纳入政府预算及可以实现融资自求平衡的债券，其特点就在于：一是以项目收益为基础，债券要与项目资产、收益相对应，与地方政府及政府的其他债务保持相对独立；二是项目产生的现金流应当反映为政府性基金或专项收入，纳入政府性基金预算管理；三是项目收入要大于为该项目筹集资金所发行的债券的本金和产生的利息费用，实现收益覆盖本息。

二、地方政府债券发行现状

根据中国地方政府债券信息网、政府债务研究和评估中心的相关数据，我国地方政府债券发行情况如下：

表 3–6　全国地方政府债券发行额（年度）[①]

单位（亿元）

范围	2021 年	2020 年	2019 年	2018 年	2017 年	2016 年	2015 年
全国	74898	64438	43624	41652	43581	60458	38351

单位（亿元）

指标名称	2021 年	2020 年	2019 年	2018 年	2017 年	2016 年	2015 年
0302 新增债券发行额	43709	45525	30561	21705	15898	11699	5912
030201 新增一般债券发行额	7865	9506	9073	8177	7961	7662	4953
030202 新增专项债券发行额	35844	36019	21487	13527	7937	4037	959
0304 再融资债券发行额	31189	18913	11484	6817	0	0	0
030401 再融资一般债券发行额	17804	13528	8045	5459	0	0	0
030402 再融资专项债券发行额	13385	5386	3439	1358	0	0	0

注：部分数据因四舍五入原因，存在合计与分项合计不等的情况。

地方政府专项债于2015年开始发行，当年全国发行额度已达959亿元。2016年发行额度是2015年发行额度的4倍，2017年发行额度已达到7937亿元，2018年发行额度超过1万亿元，2019年的发行额度已超过2万亿元，2020年发行额度则迅速扩张到3.6万多亿元，2021年依然保持3.5万多亿元的发行额度。地方政府专项债券作为近年来财政金融的一个重大创新，已经快速发展成为中国资本市场上的重要的债券品种，也成为积极财政政策的重要手段，在稳投资、稳经济、促发展中发挥了重要的作用，但是也存在着诸多问题，如地方政府对债券发行相关政策的理解与解读不同、为获得额度包装不合规的项目、发行主体范围小、实际操作指引的不健全、发行品种不规范、披露信息不完整或延迟披露等问题。

---

① 数据信息来源于中国地方政府债券信息公开平台（http://www.celma.org.cn/ndsj/index.jhtml），以及政府债务研究和评估中心并经汇总、整理。

三、地方政府专项债发行相关法律依据

通过国务院、财政部等官网查询与地方政府专项债券有关的法规政策有19部，具体如下：

表 3–7　地方政府专项债发行相关法律法规依据

序号	名称	发布年份	发布部门
1	国务院《关于加强地方政府性债务管理的意见》（国发〔2014〕43号）	2014年	国务院
2	《中华人民共和国预算法》	2015年、2018年修改	全国人大常委会
3	《地方政府专项债券发行管理暂行办法》（财库〔2015〕83号）（已经废止）	2015年	财政部
4	《地方政府专项债务预算管理办法》（财预〔2016〕155号）	2016年	财政部
5	《关于进一步规范地方政府举债融资行为的通知》（财预〔2017〕50号）	2017年	财政部　发展改革委　司法部　人民银行　银监会　证监会
6	《地方政府土地储备专项债券管理办法（试行）》（财预〔2017〕62号）	2017年	财政部 国土资源部①
7	《关于坚决制止地方以政府购买服务名义违法违规融资的通知》（财预〔2017〕87号）	2017年	财政部
8	《关于试点发展项目收益与融资自求平衡的地方政府专项债券品种的通知》（财预〔2017〕89号）	2017年	财政部
9	《地方政府收费公路专项债券管理办法（试行）》（财预〔2017〕97号）	2017年	财政部 交通运输部
10	《关于做好2018年地方政府债务管理工作的通知》	2018年	财政部
11	《关于印发〈试点发行地方政府棚户区改造专项债券管理办法〉的通知》	2018年	财政部 住房城乡建设部②
12	《关于完善市场约束机制　严格防范外债风险和地方债务风险的通知》（发改外资〔2018〕706号）	2018年	国家发展改革委 财政部

① 现为自然资源部。

② 现为住房和城乡建设部。

续表

序号	名称	发布年份	发布部门
13	《关于印发〈地方政府债务信息公开办法（试行）〉的通知》（财预〔2018〕209号）	2018年	财政部
14	《关于做好地方政府专项债券发行及项目配套融资工作的通知》（厅字〔2019〕33号）	2019年	中共中央办公厅 国务院办公厅
15	《关于进一步做好地方政府债券发行工作的意见》（财库〔2020〕36号）	2020年	财政部
16	《关于加快地方政府专项债券发行使用有关工作的通知》（财预〔2020〕94号）	2020年	财政部
17	《关于印发〈地方政府债券发行管理办法〉的通知》（财库〔2020〕43号）	2020年	财政部
18	《关于印发〈地方政府专项债券项目资金绩效管理办法〉的通知》（财预〔2021〕61号）	2021年	财政部
19	《关于印发〈地方政府专项债券用途调整操作指引〉的通知》（财预〔2021〕110号）	2021年	财政部

通过对前述法律法规政策进行整理和研究，我们发现目前地方政府专项债券发行政策的主要发布主体为财政部，上位法不多且较多原则性的规定，亦存在其他部门配合财政部发布少许政策。在前述整理的政策中，对地方政府专项债券发行明确需要法律意见的，是《关于做好2018年地方政府债务管理工作的通知》（财预〔2018〕34号）规定“发行专项债券应当重点披露本地区及使用债券资金相关地区的政府性基金预算收入、专项债务风险等财政经济信息，以及债券规模、利率、期限、具体使用项目、偿债计划等债券信息，发行项目收益专项债券还应当披露债券投向的公益性项目概况、投资规模及分年投资计划、建设资金来源、项目投融资平衡方案、潜在风险评估等信息，以及由第三方专业机构出具的财务审计报告、信用评级报告、法律意见书等”。以及《关于印发〈地方政府债务信息公开办法（试行）〉的通知》（财预〔2018〕209号）规定“（六）第三方评估信息。包括财务评估报告（重点是项目预期收益和融资平衡情况评估）、法律意见书、信用评级报告等”。而对于法律意见书具体服务范围和服务方式目前没有相关政策指引，律师事务所及律师通常是通过整理地方政府专项债券相关法规政策并根据委托人要求及同行业类似法律服务进行参考制定法律意见书格式及需要发表意见的内容，但是因律师执业经验及执业领域的差异，实操中不同区域的地方政府专项债券仍存在较大的差异。

四、地方政府专项债券运作流程

地方政府专项债券运作流程图如下：

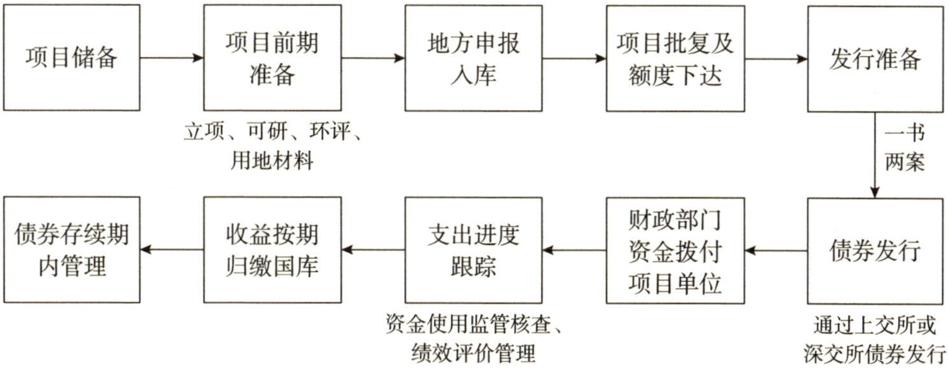

图 3-5　地方政府专项债券运作流程

（一）项目申报审批流程

1.项目储备

根据《关于申报2022年新增专项债券项目资金需求的通知》（财办预〔2021〕209号文）的规定，2022年专项债券资金重点投向领域为交通基础设施、能源、农林水利、生态环保、社会事业、城乡冷链等物流基础设施（含粮食仓储物流设施）、市政和产业园区基础设施、国家重大战略项目、保障性安居工程等领域。符合条件的项目可以录入省项目管理库，财政部地方政府债务信息系统，国家发改委重大建设项目库。

另外，《地方政府专项债券资金投向领域禁止类项目清单》（财预〔2021〕115号）明确地方政府专项债券负面清单，其中包括全国通用禁止类项目：楼堂馆所、形象工程和政绩工程、房地产等其他项目；同时高风险地区[①]禁止类项目另外增加：城市轨道交通；除卫生健康（含应急医疗救治设施、公共卫生设施）、教育（学前教育和职业教育）、养老外的其他社会事业项目；除供水、供热、供气外的市政基础设施项目；棚户区改造新开工项目。因此，各项目部门在申报项目前，应当着重审核项目内容。

① 高风险地区，是指上年度地方政府债务（含法定债务和隐性债务）风险等级评定为红色的省本级、市本级和县区。

2. 项目前期准备

项目前期准备需由项目主管部门或项目组织实施单位负责项目申报后；一般由实施单位聘请咨询公司着手编制项目可行性研究报告，并交由发改部门进行项目批复工作，同时由土地部门、规划部门、环保等部门出具项目相应批复文件，此外，如涉及占用基本农田，还需上报中央审批。

3. 地方申报入库

申报单位分别向同级发改部门、财政部门申请纳入“国家重大建设项目库”“地方政府债券项目库”，应逐级上报国家发改委、财政部审核。

4. 项目批复及额度下达

国家发展改革委、财政部审核通过后反馈至地方，财政部根据国家发改委项目清单核定下达专项债券额度，省财政厅会同省发改委核定下达各市县债券额度。

（二）发行与偿还流程

1. 发行准备

储备库中项目按照当年政策重点支持方向、债务限额等要求，开展自下而上的筛选，最终入选项目纳入当年财政预算及债券资金安排，并经全国人大常委会审议批准。入选的项目实施单位编制《实施方案》（一般《实施方案》由咨询机构或者银行协助编制），并聘请第三方会计师事务所、律师事务所编制《项目收益与融资自求平衡专项评价报告》、项目法律意见书（俗称“两评一案”）。新建项目需经过专家评审后，通过项目纳入储备项目库经过筛选后，才进入债券发行准备环节。

2. 债券发行及债券期限

债券前期准备完成后，根据财政部下发额度及选定发行窗口，由省财政厅统一安排发行。由省财政厅委托信用评级机构做信用评级，并在中国债券信息网公示专项债券信息披露文件工作，在中国债券信息网发布专项债招投标信息后由承销商投标与承销。

此外，根据《地方政府债券发行管理办法》（财库〔2020〕43号），新增债券、再融资债券、置换债券发行规模不得超过财政部下达的当年本地区对应类别的债券限额或发行规模上限。

根据2020年11月《关于进一步做好地方政府债券发行工作的意见》（财库〔2020〕36号），地方债券期限为1年、2年、3年、5年、7年、10年、15年、20年、30年。允许地方结合实际情况，采取到期还本、提前还本、分年还本等不同还本方式。

3.资金拨付后尽快形成实物工作量

中标结果公示后，省财政厅将对应的资金转贷至市财政部后下拨至项目实施单位。项目单位应当依法合规加快支出进度，尽快形成实物工作量，避免资金闲置。同时对资金使用进行监管核查、绩效评价管理。

4.还本付息

专项债券还本付息及费用支出应当根据当年到期专项债券规模、利率、费率、对应专项收入等因素列入年度政府性基金预算统筹安排。项目单位建立还本付息台账。债券还本付息前，项目单位应按规定时限足额将当年专项债券利息和实际发生的发行费用上缴。

（三）存续期信息公开

地方各级时政部门应当组织开展本地区和本级专项债券存续期信息公开工作，督促和指导使用专项债券资金的部门不迟于每年的6月底公开上一年度专项债券资金使用情况，以及建设、运营情况、专项债券项目收益及资产情况等。

第三节　片区开发

一、概念

片区开发在我国现行的政策法规中没有明确的定义，一般是指在符合国家、地方规划下，对具有一定规模、相对成片的区域进行系统性改造、投资、建设、运营和维护。

与片区开发相类似且容易混淆的概念是成片开发，根据《自然资源部关于印发〈土地征收成片开发标准（试行）〉的通知》（自然资规〔2020〕5号）的规定，成片开发，是指“在国土空间规划确定的城镇开发边界内的集中建设区，由县级以上地方人民政府组织的对一定范围的土地进行的综合性开发建设活动”。片区开发与成片开发区别如下：

表 3–8　片区开发与成片开发区别

序号	区别	片区开发	成片开发
1	针对客体不同	1. 地方政府委托给社会资本进行投资建设运营的活动 2. 侧重将生地开发为熟地的过程，以及与此同时进行的基础设施建设和产业导入等营商环境建设	1. 成片开发的主体是地方政府； 2. 侧重将农村集体所有土地征用为国有建设用地的程序； 3. 自然资规〔2020〕5号文的征收行为是一种不可向社会资本委托的行政行为
2	地理范围不同	1. 不一定涉及征用农村土地或涉及征地成片开发 2. 在城乡接合部进行的片区开发，会涉及征用农村土地进行成片开发	成片开发标准不适用于现有城市国有建设用地的开发工作
3	目标导向不同	社会资本投资人的目标是获取投资收益，禁止政府方违规举债，在片区内最终实现“区域自平衡”	促进社会福祉，不得违反土地管理法，不得侵占耕地或侵害农民权益
4	阶段时序不同	根据土地一级开发的时序安排进行征地、拆迁、安置、补偿，并进行市政配套设施建设，达到“三通一平”或“五通一平”或“七通一平”建设条件，成为“熟地”，再对熟地进行有偿出让或转让	地方政府在策划片区开发项目之前就安排农地指标、出让计划等计划

二、片区开发的现状

经近几年宏观经济政策调整，地方政府正在逐步探索全面向人口、土地、基础配套设施、公共服务、产业、税收等方面区域协调综合发展转变。目前片区开发仍然是重要的开发模式之一。片区开发包括大范围旧城改造、新城建设、产城一体、旅游综合开发、地铁上盖物业或综合体、高铁站及周边区域的TOD模式、传统工业园区、经济开发区等。片区开发项目普遍表现为投资额巨大、合作周期长、参与主体众多、子项目数量多而且复杂，就其整体实施的复杂性、系统性来说比传统单一的基建项目所要求的项目合规性、投融资问题及合作期限的要求更高。

1.片区开发项目投融资渠道问题

《财政部、国土资源部、中国人民银行、银监会关于规范土地储备和资金管理等相关问题的通知》（财综〔2016〕4号）严格规范了土地储备实施的筹资方式、使用范围、收支预决算管理等内容。《财政部关于推进政府和社会资本合作规范发展的实施意见》（财金〔2019〕10号）明确“新签约项目不得从政府性基金预算、国有资本经营预算安排PPP项目运营补贴支出”。《银行保险机构进一步做好地方政府隐性债务风险防范化解工作的指导意见》（银保监发〔2021〕15号）明确“不得违法违规提供实际依靠财政资金偿还或者提供担保、回购等信用支持的融资。……不得提供以预期土地出让收入作为企业偿债资金来源的融资”。因此，在禁止地方政府新增隐形债务等政策频出的背景下，如何合规融资、拓展资金渠道并合规地开展片区开发工作、实现对项目建设内容进行合理有序的“排列组合”需要更多的思考与摸索。

2.片区开发时序问题

实践中，如政府处于完全主导地位下，过度强调快速建设，而忽视开发时序导致的资金、资源配置问题及各利益主体的平衡问题，又因盲目建设和资金使用效率低下，导致各参与具体项目社会资本的利益冲突最终导致项目投入多产出少而停滞；如片区开发全部由社会资本主导，资本逐利性选择投资回报更快更多的楼盘开发等经营性建设项目，导致高社会效益却无投资回报的公益性项目建设滞后，从而影响片区开发整体协调和区域内功能的实现，并且影响项目周边社会效益。

三、片区开发的融资模式

1. 片区特许开发模式或ABO模式

由地方政府通过竞争性方式授予国有企业特许开发权，由其作为项目业主向政府方提供投融资、建设及运营等，由政府方按照约定给予一定财政资金支持。项目业主（本级国企或社会资本成立的项目公司）为项目提供投资、开发建设（土地整理、“七平一通”）及运营等整体服务。

政府方按照特许开发授权协议约定履行制定规则、绩效考核等职责，并根据项目建设及运营维护成本，在运营期内每年支付相关费用，合作期满后，由社会资本方将项目设施无偿移交给政府指定机构。

2. 投资+EPC模式

地方政府通过招标方式选择投资人，投资牵头人与设计单位、施工单位组成联合体参与投标，并在中标后与政府的平台公司组建项目公司，负责区域内项目策划、投融资、建设运营等。征拆费用及工程建设成本经审计后纳入总投资，地方政府以合作区域内新增土地出让收入、税收收入等支付社会资本的投资成本及收益。一般项目资本金以及融资事项主要由社会资本方出资、负责。

3. F+EPC模式

某政府平台公司作为建设单位负责承建和实施，社会资本方负责项目建设资金的筹集与项目设计、采购、施工总承包，建设完成后由政府国有企业或平台公司按照合同约定的投资收益平均每年偿还社会资本方的项目投资及建设成本和一定的利润。《政府投资条例》出台后，F+EPC模式本质上是垫资建设，实践中较难进行项目投融资。

4. PPP模式

社会资本在PPP项目的合同约定范围内，与政府方合作进行PPP的投资运作，并通过金融机构获取融资进行项目建设，在片区开发建成运营后，通过股权转让的方式退出并实现收益。但在片区开发下除部分经营性项目（如保障房项目和能源类项目等）可以通过对使用者收费覆盖投资成本外，大多数项目都需要可行性缺口补助或完全通过政府付费来覆盖投资成本。而《关于推进政府和社会资本合作规范发展的实施意见》（财金〔2019〕10号）明确要审慎开展政府付费项目，财政支出责任占比超过5%的地区，不得新上政府付费项目。

5. 城市更新模式

城市更新范围包括老旧小区改造、棚户区改造、危旧房及老旧厂房改造、生态修复、城市功能完善、城市基础设施补短板等领域。通过招拍挂或者协议出让土地的方式参与土地一二级联动开发。分期开发是城市更新项目的主流模式。城市更新融资模式包括城市更新基金[①]、城市更新贷款等方式。

6. 根据相关政策对片区开发中具体子项目进行组合打包获取融资

如将具体子项目分类实施，分类为纯公益性或经营性项目，并从项目可行性、可融资程度出发，进行科学排列组合，减少资金闲置和投资成本。如对于纳入国家政策性金融机构支持的项目，可通过发行专项债券进行融资；对有稳定现金流的、经营性项目可整体打包通过金融机构贷款融资；对于前期项目手续齐全的可采用EPC模式实施；对于纯公益性项目，可打包通过用ABO模式进行融资。

四、片区开发合规性问题

片区开发合规性问题具体如下。

一是以预期财政收入增量作为项目还款来源，却在新增财政收入前固定未来政府支出。

严防地方政府的新增隐性债务是片区开发项目合规性重要关注点之一。属于政府投资项目的应当有相应的财政预算安排，不得出现固化政府支出责任的问题。但在实践中，很多片区开发项目的建设内容主要为道路修缮、绿化、水环境治理、征地拆迁、土地储备等公益性项目，协议中会出现项目成本没有增量的财政收入与之对应，但拆迁费用、工程价款、回报收益等政府支出义务却十分明确，地方政府短期内无法支付。这种类型的项目和模式，在本质上难以避免地方政府隐性债务问题。

二是以国有公司或城投公司作为签约主体，却形成以土地出让金作为还款来源的“企业”债务，且付费比例与土地出让收入比例相关。

实践中存在部分片区开发项目为规避政府隐性债务问题，由地方城投公司或其他国有企业作为签约主体，通过变更项目立项方式为核准或备案制等措施，将融资风险转嫁后，又重新约定付费额度在土地出让收入额度相关联，且部分平台公司专门发布了进行

① 2021年6月17日，上海宣布成立城市更新基金，基金总规模约800亿元人民币，将定向用于投资旧区改造和城市更新项目，促进上海城市功能优化、民生保障、品质提升和风貌保护。

市场化转型和不承担政府举债融资职能的公告[①]。但这类项目往往都是以土地出让金收入作为最终还款来源。而《财政部　国土资源部　中国人民银行　银监会关于规范1土地储备和资金管理等相关问题的通知》(财综〔2016〕4号)、《关于联合公布第三批政府和社会资本合作示范项目加快推动示范项目建设的通知》(财金〔2016〕91号)等文件明确了项目承接主体合理收益不得与土地出让收入挂钩，且土地储备出让应当按照收支两条线与专款专用的原则。该类项目虽然在形式表现为地方城投或国有企业的债务，但付费比例却与土地出让收入比例相关，最终的偿还义务仍由地方政府承担，在缺乏合法有效的资金流通路径与预算安排的情况下，实际还是构成政府隐性债务，存在明显的合规性风险。

三是合同中约定政府不负债和不增加政府债务，投资回报支付条款却直接或间接明确政府偿债义务。

项目回报机制与支付要求是判断项目是否涉嫌政府隐性债务的主要方式之一，很多片区开发项目的合同中都有约定不新增政府债务的内容，但实际上已锁定了政府的支出义务。比如，相关条款约定工程价款的计算方式、项目费用的组成、资金的支付时限和超期支付的违约义务等，乃至根据项目投资额或融资额计算资金利息纳入政府应支付的项目成本或规定项目投资年化收益率，直接绑定了政府的偿债责任。

五、片区开发项目举债融资的两种合规模式

1.“投资+EPC”模式

《国务院办公厅关于保持基础设施领域补短板力度的指导意见》(国办发〔2018〕101号)，以及《关于国有资本加大对公益性行业投入的指导意见》(财建〔2017〕743号)均鼓励市场化运作的国企、融资平台承担社会责任进行公益性项目的建设，且允许地方政府通过安排预算资金、划拨政府资产方式，实现国企市场化经营并自负盈亏。“投资+EPC”模式的合规性主要在于中标施工企业为投资人，项目资本金均由投资人出资，从而化解了隐性债务风险。通过采用滚动开发方式，将资金使用计划与土地收储、出让计划相关联，从而达到控制资金支出、优化调整，实现投资最优方案。同时项目内的土

① 根据《财政部、发展改革委、司法部等关于进一步规范地方政府举债融资行为的通知》(财预〔2017〕50号)，切实加强融资平台公司融资管理……地方政府不得将公益性资产、储备土地注入融资平台公司，不得承诺将储备土地预期出让收入作为融资平台公司偿债资金来源，不得利用政府性资源干预金融机构正常经营行为。

地出让金、资产及增量税收等资金来源专项用于项目支出，最终实现片区内自求平衡。但片区开发项目因投资规模大、周期性长，实践中极少能单凭土地以外的收益进行平衡，因此，对具体项目能否正确判断土地价值就成为项目成功与否的最重要影响因素，在财政新增收支预测自融平衡的情况下，地方政府或城投企业可以携手投资人制订完整的开发路径、开发时序、土地储备与出让计划等，设计好清晰的资金流通路径，明确各相关方的权利义务，真正实现市场化的片区开发投资合作。

2. “城市更新”模式

片区开发项目的核心目的之一是对开发区域的价值进行有效提升，主要表现就是公共配套的丰富与完善水平。目前，各地普遍推进的城市更新项目既能明显优化片区内配套设施，同时又能提升居民生活幸福感，而长期稳定的收益又能为投资人带来一定的投资回报，促进产业升级与社区升级融合，激发居民消费内循环的活力，是片区开发项目合规性发展的重要方向之一。

第四节　ABO（授权—建设—运营）

一、定义

ABO模式，是地方政府通过授权或竞争性程序选择相关国有企业或地方融资平台公司作为项目业主，进行项目的投融资、建设及运营，向政府方提供公共服务或公共产品，政府方按协议约定给予授权费用和运营费用，合作期满后项目业主将项目移交给政府方或政府方指定的接收方的模式。学术界关于ABO模式尚未得出统一的概念定论，以上概念是从ABO实施的实践项目中得出的结论，也是当前ABO模式普遍运作的依据和概念认定。ABO主要针对的是基建和公用事业领域的公共产品或公共服务，该模式是政府通过授权给国有企业，国有企业履行政府方规划的公共服务项目及基础设施业主职责，负责项目发起、建设、执行、运营。

二、现状和趋势

ABO模式最早于2016年由北京市交通委员会运作，通过对京投公司进行授权合作，提出采用ABO模式构架，自此ABO模式在我国开始运作。该模式随着PPP监管规范后，特别是在《关于推进政府和社会资本合作规范发展的实施意见》（财金〔2019〕10号）发布后，ABO成为解套部分PPP项目，助力地方政府进行片区开发、基础设施建设、交旅融合、拉动经济发展的投融资模式，在地方基础设施项目运用越来越广，本质上是“变相PPP”。ABO项目通常伴随着合规性风险和“授权”环节的争议。在片区开发被大力推广提倡并实施的当下，ABO模式亦备受各方关注，成为基础设施建设领域热门的关键词之一。

目前，ABO模式难点就在于没有顶层政策规范，有部分文件虽未明确有ABO或授权建设运营字眼，但本质类似ABO模式，如《关于国有资本加大对公益性行业投入的指导意见》（财建〔2017〕743号）明确“放大国有资本功能，引导民间资本投入公益性行业。在水电气热、公共交通、公共设施等提供公共产品和服务的行业和领域，根据不同业务特点，加强分类指导，推进具备条件的企业实现投资主体多元化。通过购买服务、特许经营、委托代理等方式，鼓励非国有企业参与运营”。

三、ABO模式分析

ABO模式争议比较大的环节即项目的授权，各地现有的ABO项目中，常常采用了政府直接授权属地国有企业的模式。对于授权行为的性质认定，通常有两种观点，一是认为属于政府采购行为，则确定被授权主体应当依据政府采购法进行招标等合法合规的途径。二是认为授权环节不属于政府采购而更像是一种代理行为，所以不需要竞争。ABO模式直接确定属地国企为项目主体，实际上有排除民营企业公平竞争涉足基建领域的潜在后果而在垄断和不正当竞争的范畴中有合规性风险，项目立项后可能因政策变动造成损失，所以建议授权环节引入竞争性程序。

现有的ABO模式在实践中大多使用下图所示或相类似的模式架构。

（一）基础设施项目开发建设

基础设施项目开发建设ABO模式如下图所示。

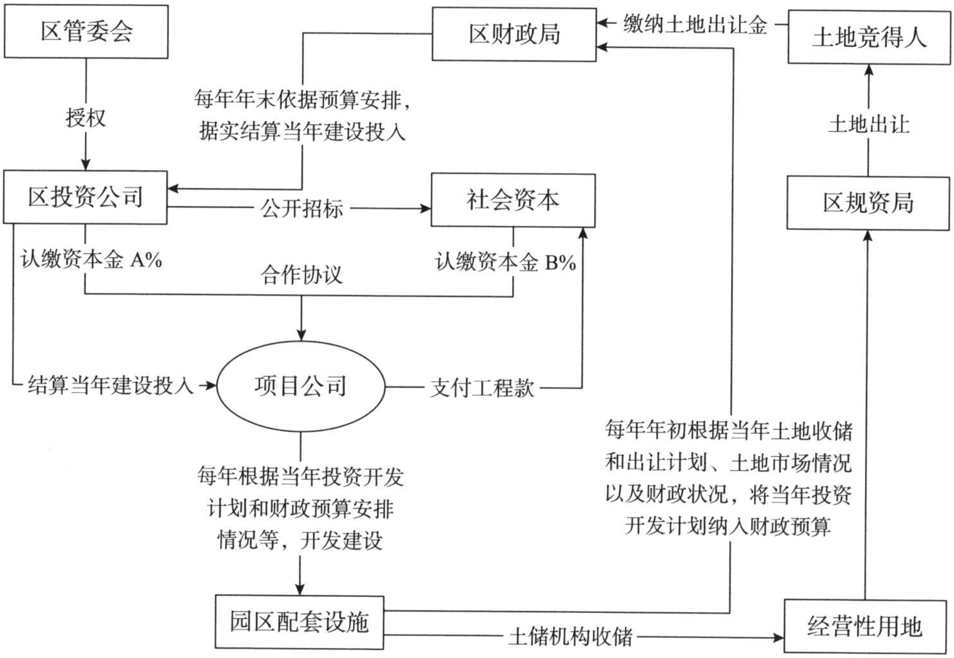

图 3-6　基础设施项目开发建设 ABO 模式

结合图3-6，根据项目实际情况和参与各方的利益诉求，ABO模式具体流程如下：

1.区管委会授权区投资公司作为本项目的实施主体，负责组织园区配套设施的设计、建设等工作，并同意其通过合法途径选择社会资本进行项目合作。

2.区投资公司通过公开招标形式选择社会资本，与中标社会资本按照股权占比A%：B%共同组建项目公司负责承担起合作内容项下的全部工作。项目公司各股东每年按时缴纳项目资本金。

3.每年年初，区财政局根据当年土地收储和出让计划、土地市场情况及财政状况，将当年园区配套设施投资开发计划纳入财政预算。

4.在实施过程中，项目公司需要根据当年园区配套设施投资开发计划和财政预算安排情况等，逐步、分期、分批推进项目。

5.社会资本具有资质、能力的，由中标社会资本与项目公司签订项目设计合同、施工合同，由社会资本进行设计、施工；社会资本无相关资质、能力的，由项目公司按相关程序选取设计、施工单位。

6.项目公司完成当年开发建设后，由区规资局负责土地收储并开展土地出让，并及时取得土地出让收入。区财政局依据预算安排，与区投资公司据实结算当年建设投入。

7.区投资公司获得财政结算款后，及时与项目公司结算当年建设投入。由此循环，直至完成合作开发建设规模。

8.项目合作期满，中标社会资本与区投资公司协商处置项目公司资产。

（二）产业导入开发

结合图3-7，ABO中产业导入开发采用市场化运作方式，具体流程如下：

第一，区财政局为支持区投资公司做大做强，对其进行财政注资，用于产业导入和市场化运作。

第二，区投资公司以该部分注资作为项目资本金来源，与中标社会资本按照A%：B%股权占比，按时缴纳项目资本金。产业导入开发合作期间，中标社会资本可引入产业运营方以增资扩股等方式进入项目公司，但需征得区投资公司同意。同时，项目公司可以市场化预期收益向金融机构申请融资。

第三，为配合产业导入与招商，项目公司通过招拍挂方式，取得片区内××亩产业用地的土地使用权，并对其进行市场化开发，形成了通用厂房、研发孵化楼、行政办公楼等物业，通过对外出租或出售来获取持续稳定的经营收入。

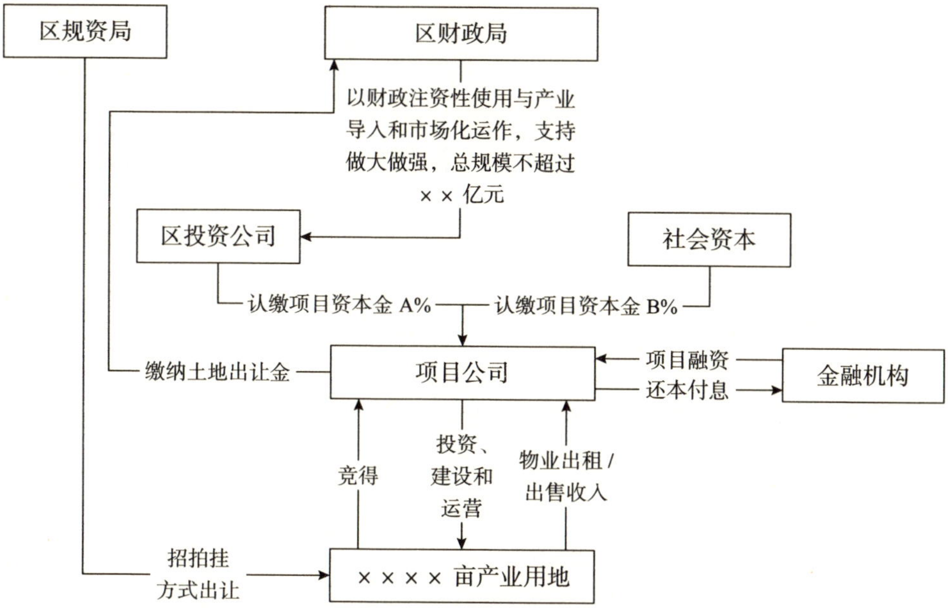

图 3-7　ABO 基础设施项目产业导入模式

第四，项目合作期满，中标社会资本与区投资公司协商处置项目公司资产。

第五节　EOD

一、定义

EOD全称Ecology-Oriented Development，是以生态环境为导向的开发模式。EOD模式是以生态文明思想为引领，以可持续发展为目标，以生态保护和环境治理为基础，以特色产业运营为支撑，以区域综合开发为载体，采取产业链延伸、联合经营、组合开发等方式，推动公益性较强、收益性差的生态环境治理项目与收益较好的关联产业有效融合，统筹推进，一体化实施，将生态环境治理带来的经济价值内部化，是一种创新性的项目组织实施方式。[①]

二、EOD模式的现状及发展趋势

2018年生态环境部发布的《关于生态环境领域进一步深化“放管服”改革，推动经济高质量发展的指导意见》（环规财〔2018〕86号）提出，探索开展生态环境导向的城市开发（EOD）模式，推进生态环境治理与生态旅游、城镇开发等产业融合发展，在不同领域打造标杆示范项目。2021年4月，生态环境部办公厅、发展改革委办公厅、国家开发银行办公室发布《关于同意开展生态环境导向的开发（EOD）模式试点的通知》（环办科财函〔2021〕201号），同意36个项目开展生态环境导向的开发（EOD）模式试点工作，期限为2021—2023年，从此EOD模式开始从理论走向了实践阶段。2021年10月，三部门再次印发《关于推荐第二批生态环境导向的开发模式试点项目的通知》（环办科财函〔2021〕468号），EOD模式开始逐渐发展并成熟起来。

① 《生态环境部办公厅、发展改革委办公厅、国家开发银行办公厅关于推荐生态环境导向的开发模式试点项目的通知》（环办科财函〔2020〕489号）。

三、EOD模式分析

根据《生态环境部关于生态环境领域进一步深化“放管服”改革，推动经济高质量发展的指导意见》（环规财〔2018〕86号）的规定，推进环境治理模式创新，提升环保产业发展效果。探索开展生态环境导向的城市开发（EOD）模式，推进生态环境治理与生态旅游、城镇开发等产业融合发展，在不同领域打造标杆示范项目……规范生态环境领域政府和社会资本合作（PPP）模式……采取多种方式支持对实现污染防治攻坚战目标支撑作用强、生态环境效益显著的PPP项目。可见EOD模式可在PPP项目中应用，除此之外还可采用ABO、流域治理与片区开发。

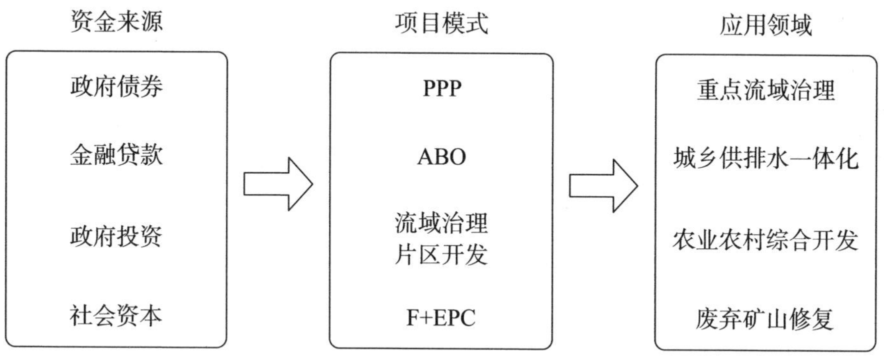

图 3-8　EOD 模式概览

由于EOD模式具有较强的“外部性”和“公益属性”，所以决定了它们初期投入大、项目回收期长的特点。直接经济收益有时难以覆盖建设成本，因此项目资金来源根据项目特点，可以是政府债券、政府投资基金与投资运营公司结合、开发性金融贷款等。

（二）EOD模式特点

1.综合性强

EOD模式开展的项目通常涉及不同行业，如EOD模式项目涉及生态环境治理、修复和生态网络建设需要专业的环保企业，基础设施配套、产业配套及生活配套的建设需要建筑企业实施，特色产业导入、园区管理需要经验丰富的运营商。所以，EOD项目人员通常具备项目策划、产业规划、概念规划、工程施工、地块开发、资产运营、产业招商等一整条产业链的实施能力。

2. 项目周期长

EOD模式中生态环境的治理和改善在一定的时间后才会显现效果，基础设施建设及产业的导入需要长时间的建设和培育，在较短的时间内很难体现其价值。所以，具备EOD模式的项目通常具有项目周期长的特点。

3. 土地开发风险大

EOD模式对土地政策依赖很大，而且涉及土地一级与二级开发，土地开发受政策法规影响较大，并且各地政策也有所区别，政策改变可能就会导致EOD项目开发的风险。

4. 资金需求大

从EOD模式理念不难看出，对生态环境治理，商业配套，公共设施建设都需要庞大的资金作为支持，否则项目就很难顺利开展，所以前期要对项目资金筹划作出详细的安排，以确保项目顺利推进，避免出现“半拉子”工程问题。

（三）EOD入库条件

目前，大气污染防治、水生态环境保护、重点海域综合治理、土壤污染防治、农业农村污染治理、固废处理处置及资源综合利用、生态保护修复、其他环境治理八大类EOD项目可以申报入库，EOD项目入库具体条件如下[①]：

第一，地市级及以上政府作为申报主体和实施主体的EOD项目，原则上投资总额不高于50亿元；区县级政府作为申报和实施主体的项目，原则上投资总额不高于30亿元。

第二，项目边界清晰，生态环境治理与产业开发之间密切关联、充分融合，避免无关项目捆绑，组合实施的单体子项目数量不超过5个。

第三，除规范的PPP项目外，不涉及运营期间政府付费，不以土地出让收益、税收、预期新增财政收入等返还补助作为项目收益。加强重大项目谋划，优化项目建设内容，力争在不依靠政府投入的情况下实现项目整体收益与成本平衡。

第四，EOD项目中生态环境治理内容需符合入库范围要求，且要有明确的生态环境改善目标。产业开发要符合国家和地方产业政策、空间管控等各项要求，项目实施中要严格落实招标投标、政府采购、投融资、土地、资源开发、政府债务风险管控、资产处置等各项法规政策要求，要依法依规推进项目规范实施，不以任何形式增加地方政府隐性债务。

第五，各省（自治区、直辖市）每年入库EOD项目原则上不能超过5个。

---

① 参见《生态环保金融支持项目储备库入库指南（试行）》。

四、EOD实施路径

（一）项目阶段

一般来说，EOD模式开展的项目是通过生态网络建设，基础设施配套及产业配套建设促使该区域及周边的土地及配套增值，为引入产业和流入人口提供良好的空间环境，从而增加居民收入、企业的利润和政府的税收，同时又依靠人口流入带来区域经济的发展，最终来实现生态、经济、交通、社会的共同发展。EOD模式依次分为重构生态环境、提升城市环境、产业人才引进三个阶段。

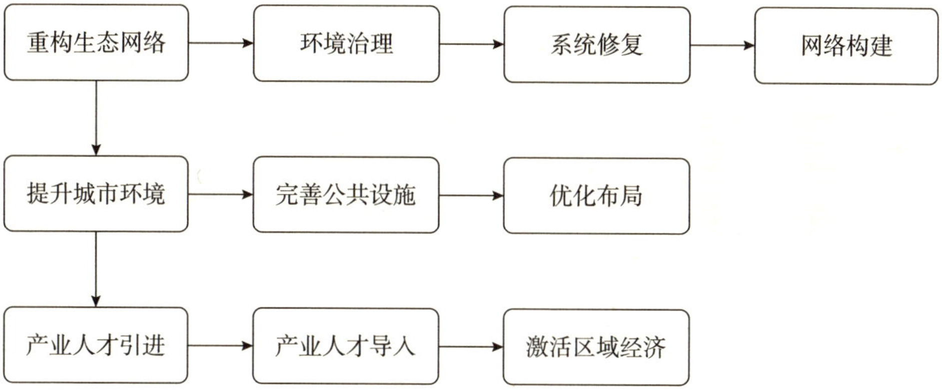

图3-9　EOD模式的三个阶段

（二）项目实施路径

第一，明确生态治理（EOD）的目标。在项目规划阶段便要将环境问题放在首位，结合当地具体的需求，对具有效益高、紧迫性强、价值溢出高的项目，合理确定项目实施边界和目标要求，开展项目谋划和顶层设计，明确项目建设内容、投资概算、技术路线等。

第二，识别关联产业。EOD项目具有很强的外部经济性，在环境质量改善后提升价值的向外溢出基础上，明确相关联的产业开发项目。应充分结合当地的实际情况，通过利用当地的土地发展生态农业、文化旅游、康养、乡村振兴、特色地产、生物质能利用等清洁能源项目，也可以出售未来的开发或经营权，如基础设施的特许经营权、矿产等资源的开采权等，以此来确定相关产业开发项目的建设内容。

第三，分析一体化实施的可行性。EOD模式下确定了生态环境治理项目和产业开发项目后，要对两者一体化实施的可行性进行分析。从项目的区域特点、技术路线、实施主体、实施期限、投资估算、相关政策等方面，综合分析其可行性，整体测算项目的成本和收益，在保障社会资本投资收益的前提下，尽可能地实现项目的成本收益平衡，最大程度上减少政府的投入。

第四，建立内部反哺机制。将生态治理（EOD）和关联产业开发项目一体化实施后，一方面，除了考虑项目自身的盈利能力外，还要考虑生态治理（EOD）建设成效带来的外部经济效益；另一方面，也要考虑相关产业与项目开发成本，在保证合理利润的基础上，尽可能地实现成本收益平衡。如收益难以覆盖成本时，政府还可以使用政府专项债、中央和省级专项资金、政府投资基金投资、国际金融贷款、政府和社会资本合作（PPP）出资等方式支持。

第五，因地制宜推进项目实施。EOD模式项目中关联产业不同，发展路径与操作方式也存在较大的差异。因此，依据实际需求分别立项整体实施或整体立项，因地制宜选择最合适当地区域实际的项目。

第六，加强对项目的监管，确保整个项目的规范实施。

第六节 “F+EPC”

一、定义

EPC（Engineering Procurement Construction）是指公司受业主委托，设计、采购、施工为一体的总承包建设模式，建设单位将工程发包给总承包方，总承包方完成设计、采购、建设施工等一系列阶段，同时总承包方对各个阶段负责，俗称“交钥匙”工程。

F（Finance）是指投融资，“F+EPC”是指融资、设计、采购、建设施工于一体，“F+EPC”是EPC的一种延伸，即“交钥匙”的同时把融资也一并交由总承包方解决。具体来说，国际上通常包括两种方式：第一种是工程总承包单位负责协助建设单位融资，中标后引入金融机构向建设单位提供融资，建设单位依然按工程的不同阶段分笔支付工程款；第二种是工程总承包单位对工程款自行垫资或与社会投资人组成联合体，由社会投资人进行垫资，工程完工后由建设单位按照一定比例、合同约定的支付时间再向工程总承包单位或社会投资人支付工程款。根据国内目前的现实状况，“F+EPC”以第二种方式居多，与其说是投融资，则更像是“垫资”。

二、现状及趋势

“F+EPC”模式发挥“F”（融资）功能的主要动因是解决政府方对该类项目前期财政资金投资不足问题，特别是新增隐性债务防范很严，BT不能做了，地方政府项目筹资困难。虽然部分地方政府明晰“F+EPC”模式存在合规性问题，但在当前我国规范地方政府举债融资、防控政府隐性债务的主导政策背景下，地方政府当期财政支付能力不足且迫切推动公共设施项目时依然会采用“F+EPC”模式。

基建投资能拉动经济发展。可以预见的是，在新冠肺炎疫情过后，国内将掀起一波基建高潮，在部分地区PPP项目的10%预算红线已经顶格，其他融资模式也受限的情况下，F+EPC会是部分地方用的主要模式之一。

三、“F+EPC”模式分析

（一）“F+EPC”模式特点

“F+EPC”模式与传统模式相比，一方面，是总承包的方式便于发包人与承包人对项目进行整体实施，省去了很多繁重的招投标环节；另一方面，就是强调融资功能，一般而言，传统基础设施项目资金来源通常是政府通过政府专项债、政府投资基金、政府补贴等方式支持，而“F+EPC”项目通常是总承包单位自行融资或协助建设单位融资，这种模式将融资环节转嫁给承包方，而政府不直接参与融资，这种模式在一定程度上可以减轻政府举债行为。

（二）“F+EPC”模式类型

根据资金来源不同，F参与EPC的方式也不同，F可以是为股权型融资、债权型融资、延付型融资。

1.股权型融资 +EPC

项目业主与总承包方共同出资成立合资公司，合资公司在项目建设单位的协助下筹措项目建设资金，用于支付EPC工程总承包费用。

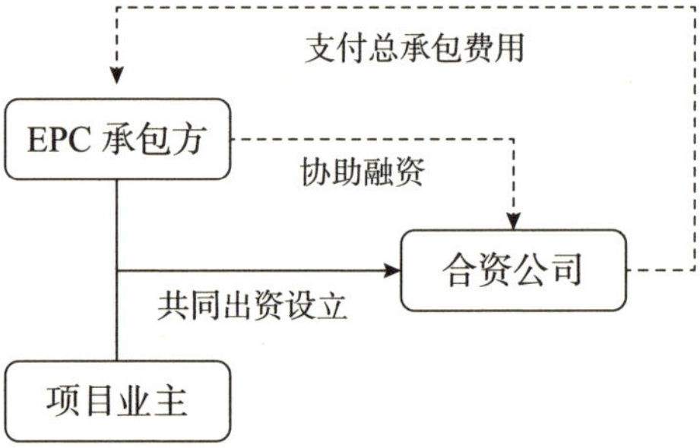

图 3-10　股权型融资 +EPC

2.债权型融资 +EPC

总承包方通过金融贷款、信托或借款等方式向项目业主提供建设资金，由项目业主方支付EPC工程总承包费用。

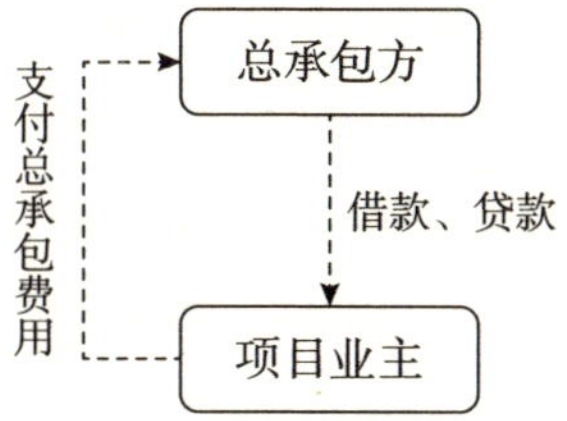

图 3-11　债权型融资 +EPC

3. 延付型融资 +EPC

总承包人先融资建设，EPC工程总承包费用在建设期支付，剩余部分则由项目业主延期支付，或订立合同约定建设方中可以选择将部分或者全部总承包费用延期支付。

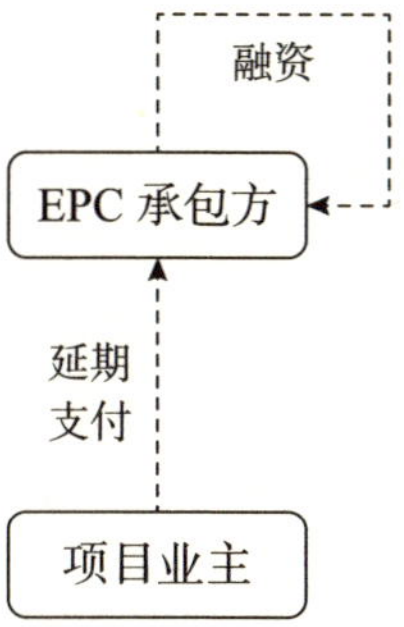

图 3-12　延付型融资 +EPC

四、法律风险及关注要点

（一）项目及交易结构的合规性

1. 根据《预算法》及《关于进一步规范地方政府举债融资行为的通知》（财预〔2017〕50号）的相关规定，进一步健全规范地方政府举债融资机制，地方政府举债一律采取在国务院批准的限额内发行地方政府债券方式，除此以外，地方政府及其所属部门不得以任何方式举借债务。“F+EPC”模式并不属于当前政策允许的政府融资举债的方式或途径，政府方作为建设方采用“F+EPC”模式的，易被认定为地方政府变相举债，存在违规的风险。另外，融资方可能包括地方政府融资平台公司、公益类国有企业等承担政府投资项目的融资职能，形成政府隐性债务，存在合规风险。

2.《政府投资条例》（中华人民共和国国务院令第712号）第五条规定：“政府投资应当与经济社会发展水平和财政收支状况相适应。国家加强对政府投资资金的预算约束。政府及其有关部门不得违法违规举借债务筹措政府投资资金。”第二十二条规定：“政府投资项目所需资金应当按照国家有关规定确保落实到位。政府投资项目不得由施工单位垫资建设。”由此可见，以“EPC+F”模式实施的政府投资项目，一方面，由施工企业向政府或项目业主直接提供资金涉嫌违法违规举债筹措政府投资资金；另一方面，如采用延付型“EPC+F”等模式，还可能被认定为由施工单位垫资施工，故而该种做法也存在违反《政府投资条例》相关规定的风险。

（二）总承包方融资不能导致违约的风险

第一，总承包方项目融资不能的风险。在“F+EPC”模式下，融资主体为总承包方或总承包方参股的项目公司。如融资来源银行贷款方式，根据《关于规范金融企业对地方政府和国有企业投融资行为有关问题的通知》（财金〔2018〕23号）的相关规定，金融机构对于项目资本金的来源、融资主体本身的还款能力、项目合法合规性的审查较为严苛，如项目公司或总承包商无法提供其他有效的增信措施，则可能就无法满足银行审核贷款及放款要求，相应的融资风险也是由总承包方承担，从而导致该项目资金无法落实到位。

第二，总承包方所提供资金无法收回的风险。在“F+EPC”模式下，总承包方将项目建设完成后移交给项目业主，项目业主需按合同约定标准向合作方支付费用，一般包含项目建设成本、融资成本及利润，若项目业主资金无法筹措到位，总承包方将会面临资金无法如期收回及银行追偿贷款的双重压力。若项目最终支付责任与地方财政相挂钩，因可能导致地方政府隐性债务风险，难以保证在项目完工后如期安排财政资金并纳入预算予以支付。因此，承包商可能会面临资金难以回收的风险。

第七节　基础设施投融资之政府产业基金

一、基本概况

根据《国家发展改革委关于印发〈政府出资产业投资基金管理暂行办法〉的通知》（发改财金规〔2016〕2800号）的相关规定，政府出资产业投资基金，是指有政府出资，主要投资于非公开交易企业股权的股权投资基金和创业投资基金。“有政府出资”是指可以全部由政府出资、政府与社会资本共同出资、向符合条件的已有投资基金投资三种政府出资方式。政府出资资金来源包括财政预算内投资、中央和地方各类专项建设基金及其他财政性资金。

根据清科研究中心统计数据[①]显示，截至2021年，我国政府投资基金目标规模约12.45万亿元，认缴规模约6.16万亿元，政府投资基金注册集中在华东、华南、华北区域。从整体来看，政府投资基金设立的数量和规模在2015年至2017年的高速增长后有所放缓，逐步进入存量优化精耕细作阶段，2021年新设立政府投资基金115支，同比上升2.7%，目标规模约6613.62亿元，同比上升7.0%，政府投资基金设立的数量和规模增速均有较明显回升。

二、政府产业基金的管理人

《政府出资产业投资基金管理暂行办法》等对政府产业基金管理人作出了特别规定，提高了对“基金管理人”的要求，政府产业基金管理人需满足以下几个条件：

1.在中国大陆依法设立的公司或合伙企业，实收资本不低于1000万元人民币；

2.至少有3名具备3年以上资产管理工作经验的高级管理人员；

3.产业投资基金管理人及其董事、监事、高级管理人员及其他从业人员在最近三年

---

① 《政府引导基金进入“存量优化”阶段》，载 https://finance.sina.com.cn/chanjing/cyxw/2022-03-17/doc-imcwipih8951971.shtml，最后访问时间2022年6月22日。

无重大违法行为；

4.有符合要求的营业场所、安全防范设施和与基金管理业务有关的其他设施；

5.有良好的内部治理结构和风险控制制度。

其中，实收资本不低于1000万元人民币的要求，与私募基金管理人登记要求相比稍显严格。按照目前基金业协会的反馈意见，通常要求管理人的资本金能够满足未来6个月的展业需求，一般建议不低于500万元。另外，要求基金管理人及其董事、监事、高级管理人员及其他从业人员在最近3年无重大违法行为，合规要求的范围除自身及董监高外，还包括全体从业人员。

三、政府产业基金的托管人

相较于私募基金对托管人的监管要求，政府产业基金的托管要求则更加严格，要求政府产业基金应将基金资产委托给在中国境内设立的商业银行进行托管，排除了证券公司。基金与托管人需要签订托管协议，托管人按照协议约定对基金托管专户进行管理。

四、政府产业基金的备案、登记和审查

（一）备案规定

政府产业基金作为私募投资基金类型之一，应按照《私募投资基金监督管理暂行办法》的规定，在私募基金募集完毕后，基金管理人应当根据基金业协会的规定，办理基金备案手续。

（二）登记手续

作为政府出资的产业，还须向主管的发展改革部门进行登记。国家发改委建立全国政府出资产业投资基金信用信息登记系统，并指导地方发改部门建立本区域政府出资产业投资基金信用信息登记子系统。

目前，国家发改部门已经授权并指导中央国债登记结算有限责任公司开发、运行了登记系统，负责对基金信用信息进行登记确认、数据保管和统计分析等。

政府出资设立的产业投资基金募集完毕后20个工作日内，应向全国政府出资产业投资基金信用信息登记系统进行登记。发展改革部门应于报送材料齐备后5个工作日内

予以登记。

政府出资产业投资基金信用信息登记主要包括以下基本信息：

- 相关批复和基金组建方案；
- 基金章程、基金协议；
- 基金管理协议（如适用）；
- 基金托管协议；
- 基金管理人的章程或基金协议；
- 基金管理人高级管理人员的简历和过往业绩；
- 基金投资人向基金出资的资金证明文件；
- 其他资料。

（三）产业政策符合性审查程序

与一般私募基金相比，政府产业基金增加了产业政策符合性审查环节，也是产业基金的重要体现之一。政府出资产业投资基金在信用信息登记系统登记后，由发展改革部门根据登记信息在30个工作日内对基金投向进行产业政策符合性审查，并在信用信息登记系统予以公开。对于未通过产业政策符合性审查的政府出资产业投资基金，各级发展改革部门将出具整改建议书，并抄送相关政府或部门，要求整改。

（四）政策支撑

一是政府产业基金可以按规定取得中央各部门及其直属机构设立的政府产业基金母基金的支持；

二是政府产业基金除政府外的其他股东或有限合伙人可以按照规定申请发行企业债券，扩大资本规模，增强投资能力。

五、政府产业基金投资运作方式

（一）投资方向

政府出资产业投资基金的投资方向偏向政策导向，要求符合产业政策、区域规划、区域政策、投资政策等国家宏观管理政策，能够充分发挥政府资金在特定领域的引导作用和放大效应，有效地提高政府资金使用效率，以达到产业基金的引导作用。

（二）投资领域

政府出资产业投资基金应主要投资于以下七个主要领域：

- 非基本公共服务领域；
- 生态环境领域；
- 区域发展领域；
- 战略性新兴产业和先进制造业领域；
- 基础设施领域；
- 住房保障领域；
- 创业创新领域。

同时，国家发展改革委将根据区域规划、区域政策、产业政策、投资政策及其他国家宏观管理政策适时调整，此外，还会不定期发布基金投资领域指导意见。基金管理人需根据更新的指导意见按照约定方式适时调整产业基金的具体投资领域。

（三）投资方式

政府出资产业投资基金应投资于：

1.经基金章程、基金协议或基金协议明确或约定的符合国家产业政策的其他投资形式。需要特别说明的是，产业基金可通过定向增发、并购重组和私有化等股权交易方式，投资持有上市公司的股票；

2.未上市企业股权，以法人形式设立的基础设施项目、重大工程项目等未上市企业的股权等；

3.参与上市公司定向增发、并购重组、私有化等股权交易形成的股份。

（四）限制资金安排

基金的闲置资金只能投资于国债、地方政府债、政策性金融债、政府支持债券和银行存款等安全性、流动性相对较好的固定收益类资产，闲置资金投资范围具体明确。

（五）投资限制与投资禁止

政府产业基金投资于基金章程、基金协议或基金协议中约定产业领域的比例不得低于基金募集规模或承诺出资额的60%。同时，政府出资产业投资基金对单个企业的投资额不得超过基金资产总值的20%。产业投资比例按照“基金募集规模或承诺出资额”为基数计算，比较容易计算。但是，单个企业投资比例是按照“基金资产总值”为基数计算，资产总值，是指基金的总资产还是净资产并不明确，此外，资产总值的认定时点是作出投资决策的时点还是签署正式投资协议的时点，可能在实操中也会存在一定的差异。

（六）投资流程

政府出资产业投资基金投资流程图如下：

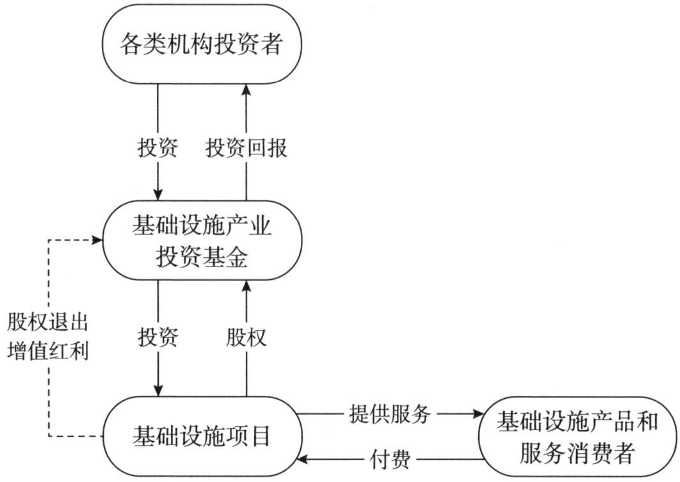

图 3-13 政府出资产业投资基金投资流程

（七）政府产业基金延期

政府产业基金一般应在存续期满后即终止。确需延长存续期的，应报经政府基金设立批准部门同意后，再与其他投资方按约定办理。《政府出资产业投资基金管理暂行办法》（发改财金规〔2016〕2800号）中虽未规定政府出资方提前退出的权利，但财政部《政府投资基金暂行管理办法》（财预〔2015〕210号）中规定，在出现如下情况之一时，政府出资人可无须其他出资人同意，选择提前退出：

- 投资基金方案确认后超过1年，未按规定程序和时间要求完成设立手续的；
- 政府出资拨付投资基金账户1年以上，基金未开展投资业务的；
- 基金投资领域和方向不符合政策目标的；
- 基金未按章程约定投资的；
- 其他不符合章程约定情形的。

六、政府产业基金绩效评价

（一）针对基金评价

产业基金的绩效评价体系包括对基金和基金管理人的评价。对产业基金的绩效评价主要包括：

- 基金实缴资本占认缴资本的比例；
- 基金投向是否符合区域规划、区域政策、产业政策、投资政策及其他国家宏观管理政策，综合评估政府资金的引导作用和放大效应、资金使用效率及对所投产业的拉动效果等；
- 基金投资是否存在名股实债等变相增加政府债务的行为；
- 是否存在违反法律、行政法规等行为。

国家发展改革委每年根据评价指标对政府出资产业投资基金绩效进行系统性评分，并将评分结果适当予以公告。金融机构可以根据评分结果对登记的政府出资产业投资基金给予差异化的信贷政策。

（二）针对基金管理人评价

对基金管理人绩效评价主要包括：

- 基金管理人实际管理的资产总规模；
- 基金管理人过往投资业绩；
- 基金管理人过往投资领域是否符合政府产业政策导向；
- 基金管理人管理的基金运作是否存在公开宣传、向非合格机构投资者销售、违反职业道德底线等违规行为；
- 基金管理人及其管理团队是否受到监管机构的行政处罚，是否被纳入全国信用信息共享平台失信名单；
- 是否存在违反法律、行政法规等行为。

国家发展改革委每年根据评价指标对基金管理人绩效进行系统性评分，并将评分结果适当予以公告。各级政府部门可以根据评分结果选择基金管理人。

七、政府产业基金信息披露

（一）年度报告、重大事项报告披露制度

基金管理人应当于每个会计年度结束后4个月内，向主管的发展改革部门提交基金及基金管理人的年度业务报告、经有资质的会计师事务所审计的年度财务报告和托管报告，并及时报告投资运作过程中的重大事项。重大事项包括但不限于公司章程修订、资本增减、高级管理人员变更、合并、清算等。

（二）季度更新制度

根据《国家发展改革委办公厅关于印发〈政府出资产业投资基金信用信息登记指引（试行）〉的通知》（发改办财金规〔2017〕571号）的规定，基金管理人应当在每季度结束之日起10个工作日内通过登记系统更新下列信息：

- 基金认缴规模和实缴规模；
- 设立、参股和退出子基金情况；
- 新增投资项目或已投项目进展情况；
- 投资项目退出情况；
- 投资金融产品情况。

第八节　地方政府融资平台

一、地方政府融资平台概念

《关于加强地方政府融资平台公司管理有关问题的通知》（国发〔2010〕19号）将地方政府融资平台定义为“由地方政府及其部门和机构等通过财政拨款或注入土地、股权等资产设立，承担政府投资项目融资功能，并拥有独立法人资格的经济实体”。

《关于贯彻国务院关于加强地方政府融资平台公司管理有关问题的通知相关事项的通知》（财预〔2010〕412号）进一步释明了地方政府融资平台的概念，地方政府融资平台是“由地方政府及其部门和机构、所属事业单位等通过财政拨款或出让土地使用权、转让股权等方式进行设立的，具有政府公益性项目投融资功能，并拥有独立企业法人资格的经济实体，包括各类综合性投资公司，如建设投资公司、建设开发公司、投资开发公司、投资控股公司、投资发展公司、投资集团公司、国有资产运营公司、国有资本经营管理中心等，以及行业性投资公司，如交通投资公司等”。

《关于加强2013年地方政府融资平台贷款风险监管的指导意见》（银监发〔2013〕10号）直接将地方政府融资平台定义为“地方政府出资设立并承担连带还款责任的机关、事业、企业三类法人”。

前述政策对地方政府融资平台在具体表述上略有差异，但都反映了三个显著的特征，即地方政府出资设立、地方政府承担连带责任、独立法人实体。主要表现为：融资平台公司承担着政府投资项目的融资任务，项目大多数属于纯公益类项目，且项目资金主要来源为财政资金。在融资平台公司融资但资产信用不够充足的情况下，政府或政府部门可能会提供直接或间接方式的担保，如通过向金融机构出具承诺函、担保函的方式等；或承诺在融资平台公司偿还债务出现资金紧张的情况时，给予融资平台公司一定程度的流动性支持，为其提供临时性偿债资金；或作出将融资平台公司的偿债资金安排纳入政府预算的承诺；或融资平台公司出现资不抵债时，主动承担部分偿债责任等。

二、地方政府融资平台类型

根据地方融资平台公司的规模、业务、模式、任务，可分为以下四类：

（一）综合型融资平台

这类融资平台具有资产规模较大、管理实力强、企业运营情况良好的特点。其业务模式比较多样化，除了城市基础设施项目外，有的也会接受土地储备中心的授权进行土地储备的前期开发，也有的会从事城市公用事业和公共交通及供电供水。这些企业近年来不断进行市场化转型，会根据当地资源情况开展城市产业布局引入市场化经营业务，如文化旅游、金融板块、房地产、酒店管理、养老产业等。有的已经成功转型为上市公司，成为当地基础设施建设的主要力量。这些企业的名称多为集团化公司，如建设投资集团公司、投资开发集团公司、城市发展集团公司、投资集团公司、控股集团公司等。

（二）专业类融资平台

一是承担供水、排水及污水处理的水务公司。这类企业主要负责区域内的供水、排水、污水处理及相关工程建设的基础设施项目，一般为市、县及开发区所设立的融资平台公司。其名称通常为污水处理有限责任公司、水务投资集团有限公司等。

二是承担交通建设投资的公司。这类企业主要负责区域内交通基础设施建设和运输服务，其中交通领域基础设施项目包括公路、桥梁、隧道、地铁等，如轨道交通投资有限公司、交通投资有限公司、路桥工程有限公司等。

（三）各类园区型融资平台

这类公司主要负责经济开发区、高新区、工业园区、保税区及自贸区等特定发展区域的基础设施融资、建设与运营，以及与招商引资相关的建设及政府授权的公共服务职能，如园区投资有限公司。

（四）承接棚改任务的公益性融资平台

这类公司主要承担棚改任务及当地一些基础设施建设项目的融资、建设与运营职能，资产规模有限，业务单一，公司成立时间往往并不长，主要为区县级融资平台，且没有进入融资平台“名单制”信息管理系统。

三、地方政府融资平台的现状及趋势

融资平台公司不得新增政府债务，《国务院关于加强地方政府性债务管理的意见》（国发〔2014〕43号）明确提出：剥离融资平台公司政府融资职能，融资平台公司不得新增政府债务。地方政府举债采取政府债券方式，推广使用政府与社会资本合作模式。这意味着融资平台利用政府信用承担政府融资任务已成历史。

规范地方政府的融资担保行为，《关于进一步规范地方政府举债融资行为的通知》（财预〔2017〕50号）强调全面改正地方政府不规范的融资担保行为。地方政府不可以将公益性资产储备土地注入到融资平台公司，不能够承诺将储备土地预期出让收入作为平台公司用来偿债的资金来源。坚持谁借谁用、谁借谁还的原则，不得承诺将储备土地预期出让收入作为平台公司偿债来源。这意味着今后融资平台公司不得由政府财政出具各种担保函、保证函，也意味着以前以公益性资产和收储土地为担保的融资模式受到了严重限制。

规范国有金融企业对地方政府和国有企业投融资行为，《关于规范金融企业对地方政府和国有企业投融资行为有关问题的通知》（财金〔2018〕23号文），意在规范国有金融企业对地方政府和国有企业投融资行为，该文件强调：国有金融企业向参与地方建设的国有企业（含地方政府融资平台公司）或PPP项目提供融资，应按照"穿透原则"加强资本金审查。国有金融企业参与地方基础设施项目投融资，应当谨慎审核评估融资主体的还款能力和还款来源，以确保融资主体自有经营性现金流能够覆盖能够偿还项目产生的债务本息。今后国有金融企业为地方基础设施项目提供贷款融资必须坚持项目资本金审查到位，资金来源也必须符合规定。

银监会对地方政府融资平台贷款提出了更高的要求，根据《中国银监会关于加强融资平台贷款风险管理的指导意见》（银监发〔2010〕110号）的相关规定，"金融机构不得接受地方政府及其所属部门、机构和主要依靠财政拨款的事业单位违规以财政性收入、行政事业等单位国有资产或其他任何直接、间接形式为融资平台贷款提供的担保。担保主体的责任不随融资平台贷款形态的变化而改变。"及《关于切实做好2011年地方政府融资平台贷款风险监管工作的通知》（银监发〔2011〕34号）规定，在严格加强新增平台贷款管理的要求中，要求按照企业法人、事业法人和机关法人三类融资平台的情况建立"名单制"信息管理系统，并将平台贷款审批权限统一上收至总行。

对于城投企业发行企业债券审核条件也越来越严苛，《关于全面加强企业债券风险防范的若干意见》指出“申请发债城投企业要不断完善以企业信用为偿债基础的市场化机制。申请发债城投企业，其偿债资金来源70%以上（含70%）必须来自企业自身收益，且企业资产构成等必须符合国发〔2010〕19号文件的要求。经营收入主要来自承担政府公益性或准公益性项目建设，且占企业收入比重超过30%的城投企业申请发行企业债券，必须提供城投企业所在的政府本级债务余额和综合财力的完整信息以及地方政府对在建项目资金来源的制度性安排。”及“申请发债城投企业，不得注入公立学校、公立医院、公园、事业单位资产等公益性资产，对于已将上述资产注入城投企业的，在计算发债规模时，必须从净资产中予以扣除。”

清理规范融资平台公司，2021年4月13日国务院发布的《关于进一步深化预算管理制度改革的意见》明确提出要清理规范融资平台公司，剥离其政府融资功能，对失去清偿能力的要依法实施破产重整或清算。

综上，剥离融资平台公司政府融资职能，融资平台公司不得新增政府债务已是大势所趋。目前，中央和地方政府均支持地方政府融资平台公司通过市场化转型，塑造新型政企关系，如通过重组和整合资产、建立独立的经营体系的方式；通过规范公司法人治理结构，建立全新、完整的市场化管理运营机制，从而依法合规高效有序开展市场化融资。

四、地方政府融资平台运营模式

在某种程度上，地方政府融资平台成立和经营的宗旨是为地方政府承担基础设施项目中投融资功能，地方政府一般会通过财政拨款、注入土地、股权等资产来增加融资平台的账面资产以扩大发债规模，而且在定位上也与一般企业有本质上的不同，即不以营利为主要目标。因此，企业财务数据一般难以反映其真实的信用状况，其偿债能力往往依靠背后的地方政府信用来体现。地方政府融资平台企业一般是地方基础设施建设主体和土地开发主体，承担着项目投融资的职能。其运行模式大致如下：

（1）基础设施项目大多采用回购协议（即BT模式）的方式进行开展。简而言之，是由平台公司自行筹集资金为当地政府代建项目，建成后由地方政府按照协议价格对项目进行回购。

（2）土地开发业务大多对一定区域范围内的城市国有土地或集体土地进行统一的征地、拆迁、安置、补偿，并进行一定的市政配套设施建设，土地开发完成后平台公司将土地交还给当地政府，由政府进行土地拍卖，所得的土地出让金按约定比例进行返还。

无论是项目的交付还是土地出让的完成，平台公司往往只能收到少量现金用以维持项目的日常运营与债务利息的支付，项目的绝大部分收益会以应收账款的形式计入资产负债表中，然后由政府通过注入土地、股权等形式抵消上述应收账款。

部分省级、市级政府融资平台运营模式①：

表 3–9　省级、市级政府融资平台运营模式

地区	融资平台的运营模式
四川省	四川省按照“1+N”的模式，筹资组建四川发展控股公司（即“1+N”中的“1”），搭建省级综合投融资平台，同时成立了一些比较专业的产业投资发展公司（即“1+N”中的“N”），集中优质资源和发挥专项资金作用，在可偿还基础上，吸引一定的信贷资金、民间资金等投入重大基础设施、市政建设中；四川发展控股公司计划在3年内依靠银行融资、创设信托理财产品、发行中期票据和企业债券等方式进行融资用于资本性建设的备用资金；通过建设产业发展基金、吸引境内外战略合作伙伴、合伙公司、金融机构等方式，用做资本投入的社会资金，以带动重大市政建设项目投融资，并且培养发展2家以上总资产超千亿元的行业龙头企业。用“1+N模式”，整合了22家国有大企业的“巨无霸”的四川发展控股公司，承担起了充分发挥政府性资金的引导作用和乘数效应，最大限度地发挥在四川省重大项目建设中的投融资平台作用。
河南省	2009年《河南省人民政府关于推进地方政府投融资体系建设的指导意见》，提出要整合河南省“四资”，建立由政府资本注入、政府偿债、财力注入等方式的投融资机制。《意见》指出要建立以省级、市级、县级三个层次的投融资体系，其中省级投融资平台主要针对交通、能源、水利、环保、信息化、农业、科技、文化、教育卫生等领域的投资建设；市级政府投融资平台主要负责城市建设、土地开发整理等方面的投融资；县级投融资平台主要围绕产业集聚区建设和中小企业的发展建立。
福建省	组建福建省投资开发集团有限责任公司，主要承担福建省电力、水利、铁路、道路、石油化工、工业区的投资建设和运营管理任务，同时积极介入银行、信托、证券、保险、基金、创投、担保等金融及金融服务业领域的投资管理，并承担福建省政府确定的省内重点产业的投融资任务，目的是 " 逐步发展成为国内知名、福建一流的战略性投资控股公司和省级综合性投融资平台。目前，该公司在实业投资项目方面，大力发展福州及以北地区风电项目，积极探索参与国家级沿海经济开发区，沿海油气储备中转基地等项目；在金融及金融服务业投资项目方面，加大对银行、证券、信托的投入，开展中小企业信用再担保业务，积极支持福建中小企业和高新企业发展。

① 中经未来产业研究院：《国内外政府融资平台运作模式分析》，载 http://19baogao.com/index.php?ac=article&at=read&did=1836，最后访问时间为 2022 年 8 月 8 日。

续表

云南省	云南地方政府投资2亿元组合建立云南省水务产业投资有限公司，首先，将具有明晰产权的经营性水利资产划拨给水投公司进行经营；其次，在承贷项目中探索“代建制”，由公司直接负责承贷项目的建设管理工作，类似“建设－移交”模式，在一定程度上缓解有经验承包商对无经验的业主的不利情况，做到融资和效益的统一；最后，引进战略合作伙伴，对有融资能力和偿贷能力的城市供水、水电开发等项目，通过控股或者参股进行经营，使水投公司具备稳定的现金流，成为真正的实体公司。
湖北省	2008年湖北省委、省政府批准成立大型国有控股公司——湖北省联合发展投资有限公司，简称“省联发投”。公司注册资金32亿，它以湖北省国资委和武汉城市圈九市国资委作为主要出资人，并特邀武汉钢铁集团、东风汽车公司、三峡集团公司、三江航天工业集团公司、中国葛洲坝集团股份有限公司、湖北中烟有限责任公司、中国烟草总公司七家省内著名央企作为战略投资人。 “省联发投”的职责为：以城市圈为依托，围绕“两型社会”建设推进资本运营，促进加速发展。集团围绕城际铁路、高速公路等重点基础设施建设，深度探索城乡一体化，新型城镇化等综合项目的专业投资运营模式，完成核心资源、资产的储备及运作；以资本运作为纽带，充分利用融资手段的创新和融资方法的市场化、多元化、规模化，为集团各类项目提供强有力的支撑和服务，成为金融资本与产业资本充分结合，法人治理结构合理，管理规范有序、专业素质。
湖南省	湖南省总共有五种地方政府投融资平台，有非营运性投融资平台，比如工资税务中心，占到总数的12.9%；有营运投资和融资平台，如交通和运输类平台，占到总数的10.5%；有市政建设投资公司，占到45.1%；有综合性投融资平台，如开发园区，占到6.8%；有财政性融资平台，占到10%；有“转－贷”融资平台，占到14.7%。这些投融资平台通过各种不同形式，各种不同公司经营不同的业务，繁荣了湖南地方政府投融资平台。 非营运性项目的投融资、投资、建设，开始运行以及偿还从银行贷款所应付的本金和利息，都由公益性投融资平台来负责管理。基础性市政项目建设，如道路、桥梁、地铁等，由经营性商业投融资平台来负责操作。一些投资项目包含了公益福利项目、综合性，那就由综合性投融资平台来负责。但是政府缺乏现金，需要资金来填补财政收入的差距，又没有具体项目可以操作运行的，就需要由专门的融资平台来进行安排，而这些平台向银行贷款的抵押直接来源即土地。
市级政府融资平台的运营模式	
北京市	北京市政府投融资平台依托区域优势，整合政府与民间资源，是一种同时表现出政府属性和商业形式的创新模式。 运营模式：公建私营，聚集社会资金。采取“建设－经营－转移”模式。政府、企业各司其职。根据城市发展规划和相关产业政策，政府与企业签订特许经营协议。比如北京地铁项目，政府负责车站、轨道和洞体等土建工程投资，按招投标制度组织建设；企业通过私人投资、向公众投资者募集或举债等方式筹集资金，负责车辆、信号和一些流动资产的投资、运营和维护。项目建成后，政府将其投资所形成的资产无偿或以低价租赁给企业，政府对其投入资产享有所有权而无对等的收益权，企业对政府投资享有使用权和收益权。特许期结束后，企业无偿将项目全部资产移交给政府。

续表

上海市	政府引导与市场运作并举。上海市地方政府投融资平台依托区域经济资源，以平台自身发展为主体，以制度创新为动力，充分发挥政府推动和市场机制两种作用，完成为区域经济提供投融资支持的基本使命。 运营模式：政府引导，实行公司化运作模式。实行公司化运作模式，走产业化发展道路。主体定位明晰，确立政府投融资平台公司的投资主体地位，建立城市建设基金会，实施城建资金统一管理和市场运作。投资项目多元化，除承担政府的公益性项目之外，还有自己专长的实业投资，因而在政府的补贴收入之外还能获取其他的稳定收益。 项目管理：采取“政府－城投公司－工程管理公司”三级管理模式，权责分明。政府通过授权城投公司组建相应的项目法人公司，通过市场竞争方式选择工程管理公司。项目法人与工程管理公司签订委托合同，由工程管理公司承担自前期准备至工程竣工期间的项目管理工作，上海城投公司负责实施的政府工程采取代建制和总承包建设模式。
上海市	资本运作：创新投融资体制。在全国城投公司中率先发行了企业债券，率先引用保险债权计划。2008 年，上海城投实施了上市公司“城投控股”的重组，通过经营性资产分阶段整体上市，实现了上海城投经营性业务和公益性业务的分开管理、分开核算。重组后的城投控股以环保、地产和创投业务为核心，稳步开创市场之路。经过重组后的城投控股在当年不但为城投总公司节约了 2.8 亿元补贴资金，大幅减少了关联交易，还通过市场化经营，提供 6 亿元以上的利润，在提升城投总公司融资能力的同时，也为反哺公益项目提供了支撑。
重庆市	“渝富”＋“八大投”模式。重庆政府为了加强地方政府投融资平台的建设，摸索出一整套提升方案。渝富集团与八大投资集团组合成为地方投融资平台，它集金融创新与资产管理与一身，是一种蓬勃的、新型的、新兴的实践和模式，主要承担着三大职责：一是集中处理国有企业坏掉债务、呆账、死账和资产的重组；二是承担国有企业破产、环保搬迁的资金拖底周转；三是对地方的金融市场和国有企业进行战略性投融资、控制股份。“八大投”主要是指重庆市城市建设投资有限公司、重庆市地产集团、重庆市水务集团、重庆市高速公路发展有限公司、重庆市交通旅游投资集团等平台公司。通过政府财政资本金的投入设立，其运作主要就是八大集团通过土地的储存，用土地的增值预期向银行进行融资，在用融资的资金来对土地进行整治、偿还从银行的贷款和担保、出让，以保持自身投融资的能力。
天津市	“分级分散管理”，即市级政府的投资项目一般由市政府及市属多个部门共同决策，而区级项目则是由区政府及区属多个部门共同决策。这样就将原来相对集中于计划部门的投资项目审批权分散于多个政府部门，简化了审批环节，加快了经济发展的速度。天津还借鉴“重庆模式”，提出了“特定目的公司”的概念来取代过去的城投公司，以此全面整合各类投资公司并分类处置，进一步规范地方政府融资平台运作模式。
昆明市	昆明的融资平台也具有自己的特点和特色，它是在全国率先开创政府债务信息披露机制的地区，这种模式积极推动债务清理，并严格制定债务偿还计划，从而形成了一套统一的债务保全计划，实现了各市级融资平台公司项目债务全覆盖。

五、地方政府融资平台问题及建议

虽然地方政府融资平台是在大规模城市改造和城市化大背景下应运而生，在财政政策刺激下发展起来的，但现在在面对政策收紧和债务危机时，也渐渐进入到“冷静期”。其面临的主要问题体现在：

一是政策收紧。随着城市化进程步入稳健发展阶段，原有平台型公司的功能需求正在逐步降低，部分中小型城市的地方政府债务高居不下，国家融资政策环境日趋收缩、严格。值得注意的是，近十年地方政府债务和地方投融资平台相关政策处于“放松—收缩”的循环体系，但是整体收缩和规范的方向确是越来越明晰。其中，《国务院关于加强地方政府性债务管理的意见》（国发〔2014〕43号文）对地方投融资平台发展方向产生了重大影响，地方投融资平台转型势在必行。

二是债务危机。随着国家和地方政策的收紧，潜在的大规模债务危机是地方投融资平台生存困境的集中表现。

面对债务危机，传统融资平台很有可能会退出历史舞台，平台公司会渐渐地从融资型企业向经营型企业转变，从行政化管理向公司化管理转变，主要表现为三种类型：

一是置身于竞争性市场，转型成为国有资产运营平台，通过转型改制形成1+N架构，即母公司的核心定位仍然是资源配置、互动套合、功能性平台，但可成立多家注重市场化、业务运营的子公司；在实现集团化运营的背景下，使低回报但又很稳定的公益性项目与高回报的市场化项目有机结合，使国有资本投资运营主体真正实现市场化运作、规范化管理、实体化经营，发挥资本运作功能，缓解地方财力压力，为当地城乡经济社会发展提供有力保障。

二是增强实体产业运营能力，实体产业运营一直以来是平台公司的短板，包括供水、供电、燃气、垃圾处理等业务，现金流部分或大部分可以覆盖项目的成本，而不是完全的公益性，转型后平台公司有了实体资产和资源，通过专业的团队来进行运营，只有运营好划入的资产，才能使国有资产达到保值增值的效果。

三是拓宽业务领域。城投公司在稳定基础设施建设和土地开发业务的基础上，可以围绕原业务产业链向上下游拓展，提高经营性资产和经营性收入的比重，积极参与产业投资，通过有资质子公司与房地产开发商合作，开展房地产业务；也可以结合当地资源开展文化旅游业务；有的高新产业园区可以尝试开展物流业务；还可以根据当地生态环境开展康养服务等。这些业务板块运营会构成集团营业收入的基本来源。目前，转型的城投公司结合自身优势，主要参与投资以下领域：

第一，参与房地产领域投资。一些融资平台公司子公司具有房地产开发资质，并储备了一定的土地资源，且许多企业都参与过保障房、棚户区改造、城中村改造和部分商品房开发建设，因此，房地产开发是融资平台公司在业务转型过程中最容易参与的领域，能很快形成企业经营性收益。目前城投公司如深圳城投、昆明城投、邯郸城投、韶关城投、南昌县城投、安义县城投等都具有房地产开发业务。

第二，参与投资新兴产业。融资平台公司参与的新兴产业主要分布在文化旅游、新能源充电桩、停车场等，结合当地资源投资这些新兴产业能为转型后的城投公司带来现金收入。

第三，参与投资金融或准金融类业务。有一些综合实力比较强的城投公司已经涉足金融业务，通过打造综合性的金融平台，各种金融工具和金融资源进行整合，可以增加利润增长点，提高抗风险能力，有的地区将金控平台作为当地城投公司转型发展的重要板块。还有一些城投公司涉及融资担保、小额贷款、融资租赁、资产管理、互联网金融、基金管理等诸多领域，这些业务都可以给转型后的企业带来新的利润点。

第四，参与当地政府扶持的重点产业。有的城投公司围绕环保产业，诸如流域治理、固废处理、医疗废弃物处理进行投资运营。

第九节　PPP

一、PPP概念

PPP为Public—Private—Partnership的缩写，即政府和社会资本合作模式。以下为各部委对PPP的定义：

1.根据国家发展改革委于2014年12月2日印发的《国家发展改革委关于开展政府和社会资本合作的指导意见》（发改投资〔2014〕2724号）对PPP模式的定义，“政府和社会资本合作（PPP）模式是指政府为增强公共产品和服务供给能力、提高供给效率，通过特许经营、购买服务、股权合作等方式，与社会资本方建立利益共享、风险分担及长期合作关系”。

2.根据国务院办公厅转发财政部、发展改革委、人民银行《关于在公共服务领域推广政府和社会资本合作模式指导意见的通知》（国办发〔2015〕42号）的相关规定，“政府和社会资本合作模式是公共服务供给机制的重大创新，即政府采取竞争性方式择优选择具有投资、运营管理能力的社会资本，双方按照平等协商原则订立合同，明确责任权利关系，由社会资本提供公共服务，政府依据公共服务绩效评价结果向社会资本支付相应对价，保证社会资本获得合理收益”。

3.根据《财政部关于推广运用政府和社会资本合作模式有关问题的通知》（财金〔2014〕76号）的相关规定，政府和社会资本合作模式是在基础设施及公共服务领域建立的一种长期合作关系。通常模式是由社会资本承担设计、建设、运营、维护基础设施的大部分工作，并通过“使用者付费”及必要的“政府付费”获得合理投资回报；政府部门负责基础设施及公共服务价格和质量监管，以保证公共利益最大化。

综上，PPP是指公共部门（政府或代表政府的企业）与私营部门（社会资本）为提供公共产品或服务而建立的一种利益共享、风险分担的长期合作关系，由社会资本承担设计、投资、建设和运营，合作过程中的利益共享、风险分担、保证合理收益的模式。

二、PPP回报机制[①]

1.政府付费

政府直接付费购买公共产品和服务，一般用于市政项目和公共交通项目，包括特殊功能的房建项目、污水处理厂、非收费型公路、河道治理等。在这种机制下，政府一般会根据项目设施的可用性、产品的使用量、质量和绩效等方面向项目公司付费：

可用性付费，一般是指政府依据项目公司提供的设施或服务是否符合特许经营协议中约定的标准和要求而支付的费用，包括全部建设成本、合理利润和运营成本。一般计算可用性服务费最常用的是等额年金公式，水环境治理PPP项目一般采用此种模式。

使用量付费，按照项目公司提供的设施或服务实际的使用量进行付费，一般用于污水处理和垃圾处理项目中。项目公司承担了市场需求风险。

绩效付费，是指政府根据项目公司提供公共产品或服务的质量付费，通常与可用性付费或者使用量付费组合使用，市政道路PPP项目可采用绩效付费。但需要注意的是，上述付费不能固化政府支出责任，也不能对社会资本方进行保本保收益安排。

2.使用者付费

使用者付费，即由终端用户直接付费购买公共产品和服务。一般常见于市政供水、收费公路和城市管道燃气项目等。项目的收益与市场实际需求程度紧密相联系。

3.可行性缺口补助

可行性缺口补助，是指使用者付费不足以满足项目公司运营成本、还本付息和合理回报时，由政府给予项目公司一定的经济补助，以弥补使用者付费之外的缺口部分。一般常见于医院、学校、保障性住房及车流量不足的公路项目等。可行性缺口补助的方式也较多，国内外一般做法包括财政补助、股本投入、优惠贷款、运营期补助等。

三、全国PPP项目现状及趋势

PPP作为投融资体制改革的一种新型投融资模式，在发展公共基础设施和公共服务

① 依据为财政部的《PPP项目合同指南（试行）》。

领域撬动社会资本发挥着重要作用。通过对财政部政府和社会资本合作中心全国PPP综合信息平台公布的全国PPP综合信息平台项目管理库的10248个项目的统计，截至2022年3月30日，全国PPP项目基本情况如下：

（一）项目所属行业

结合下图，市政工程行业PPP项目占全部19个行业PPP项目的40.9%，位居第一。交通运输行业PPP项目位居第二，占比14%。二者相加所占比例已超过一半，可见我国PPP主要在市政工程、交通运输行业。

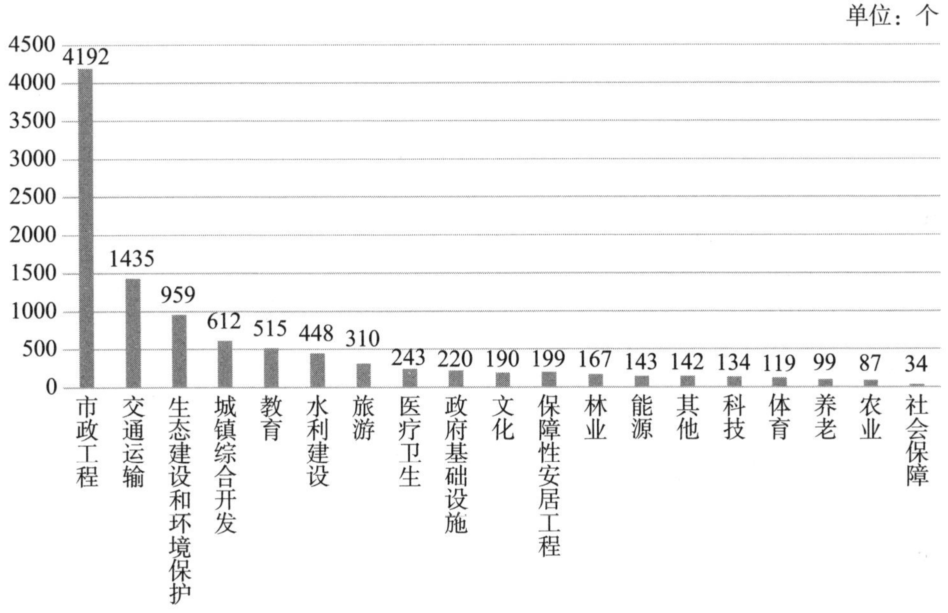

图3-14　PPP所属行业统计

（二）项目投资金额

结合下图，我国PPP投资金额高达162077亿元，交通运输PPP项目投资金额占全部19个行业PPP项目的35.2%，位居第一。市政工程项目位居第二，占比28.2%。二者相加所占比例已超过一半。

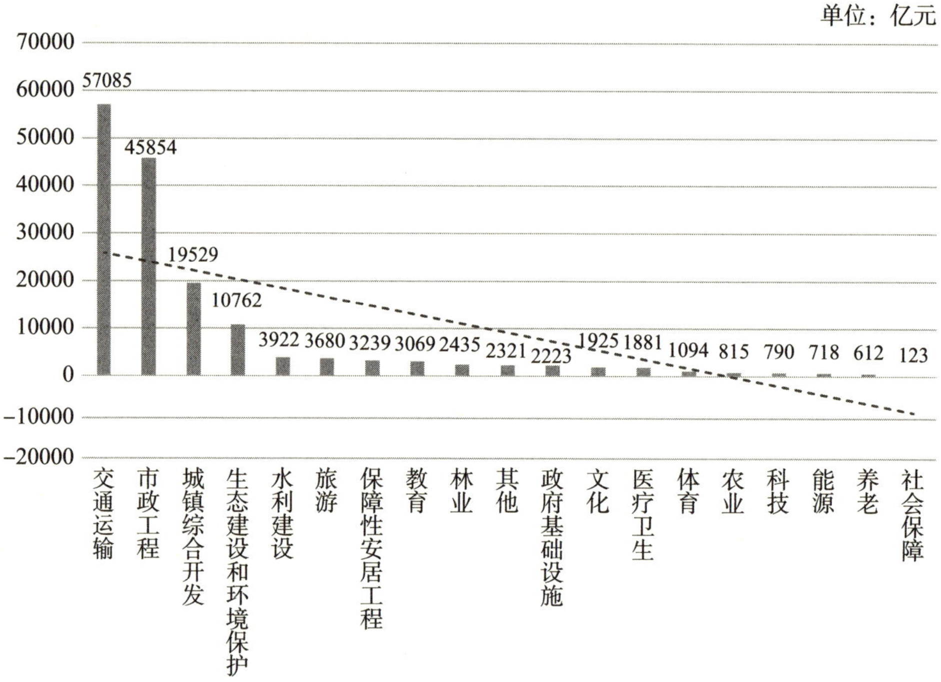

图 3-15　PPP 投资金额统计

（三）PPP 项目区域分布

结合下图，全国PPP项目主要分布在河南、山东、贵州、广东、四川、浙江、江西等地区。自2014年以来上述地区入库项目均超过500个。

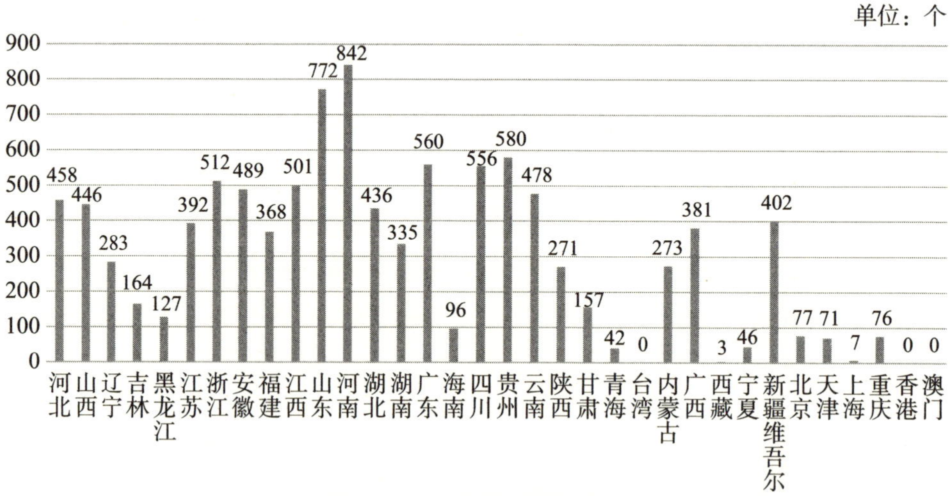

图 3-16　PPP 项目所属区域统计

四、PPP主要模式

PPP运作模式主要如下：

PPP 主要模式

- MC 管理合同
- O&M 委托运营
- BOT 建设—运营—移交
- TOT 转让—运营—移交
- ROT 改建—运营—移交
- DBFOT 设计—建设—融资—经营—移交
- BOO 建设—拥有—经营

图 3-17　PPP 主要模式

（1）管理合同（Management Contract, MC）

管理合同，是指政府将存量公共资产的运营、维护及用户服务职责授权给社会资本或项目公司的项目运作方式。政府保留资产所有权，只向社会资本或项目公司支付管理费。管理合同通常作为转让—运营—移交的过渡方式。

（2）委托运营（Operations & Maintenance, O&M）

委托运营，是指政府将存量公共资产的运营维护职责委托给社会资本或项目公司，社会资本或项目公司不负责用户服务的政府和社会资本合作项目运作方式。政府保留资产所有权，只向社会资本或项目公司支付委托运营费。

（3）建设—运营—移交（Build-Operate-Transfer, BOT）

建设—运营—移交，是指由社会资本或项目公司承担新建项目设计、融资、建造、运营、维护和用户服务职责，合同期满后项目资产及相关权利等移交给政府的项目运作方式。

（4）转让—运营—移交（Transfer-Operate-Transfer, TOT）

转让—运营—移交，是指政府将存量资产所有权有偿转让给社会资本或项目公司，并由其负责运营、维护和用户服务，合同期满后资产及其所有权等移交给政府的项目运作方式。

（5）改建—运营—移交（Rehabilitate-Operate-Transfer，ROT）

改建—运营—移交，是指政府在TOT模式的基础上，增加改扩建内容的项目运作方式。

（6）设计—建设—融资—经营—移交（Design-Build-Financing-Operate-Transfer，DBFOT）

设计—建设—融资—经营—移交，是指社会资本负责项目的设计、建造和融资、建造和运营管理，并在运营期获得回报，期满移交给政府的运作方式。

（7）建设—拥有—运营（Build-Own-Operate，BOO）

建设—拥有—运营由BOT方式演变而来，二者的区别主要是BOO方式下社会资本或项目公司拥有项目所有权，但必须在合同中注明保证公益性的约束条款，一般不涉及项目期满移交。

五、PPP项目综合信息平台及项目库入库要求

2015年财政部发布了《关于规范政府和社会资本合作（PPP）综合信息平台运行的通知》（财金〔2015〕166号），要求建设PPP项目综合信息平台，同时制定了《政府和社会资本合作（PPP）综合信息平台运行规程》。《财政部关于印发〈政府和社会资本合作（PPP）综合信息平台信息公开管理暂行办法〉的通知》对信息公开的内容作了进一步明确。综合信息平台按照项目库、机构库和资料库实行分类管理，其中：

（一）项目库用于收集和管理全国各级PPP储备项目、执行项目和示范项目信息，包括项目全生命周期各环节的关键信息；

（二）机构库用于收集和管理咨询服务机构与专家、社会资本、金融机构等参与方信息；

（三）资料库用于收集和管理PPP相关政策法规、工作动态、指南手册、培训材料和经典案例等信息。

以下为目前PPP项目条件及政策依据汇总：

表 3-10 PPP 项目条件政策依据汇总[①]

序号	条件	政策依据
1	公共产品和公共服务	《财政部关于推广运用政府和社会资本合作模式有关问题的通知》（财金〔2014〕76 号） 《国家发展改革委关于开展政府和社会资本合作的指导意见》（发改投资〔2014〕2724 号） 《国务院办公厅转发财政部、发展改革委、人民银行关于在公共服务领域推广政府和社会资本合作模式指导意见的通知》（国办发〔2015〕42 号） 《关于进一步做好政府和社会资本合作项目示范工作的通知》（财金〔2015〕57 号）
2	有实际运营内容	《关于进一步做好政府和社会资本合作项目示范工作的通知》（财金〔2015〕57 号） 《国家发展改革委关于开展政府和社会资本合作的指导意见》（发改投资〔2014〕2724 号）
3	禁止政府或有负债	《关于印发政府和社会资本合作模式操作指南（试行）的通知》（财金〔2014〕113 号）
4	项目合作期不低于 10 年	《关于进一步做好政府和社会资本合作项目示范工作的通知》（财金〔2015〕57 号）
5	财政承受能力不得超过 10%[①]	《关于进一步做好政府和社会资本合作项目示范工作的通知》（财金〔2015〕57 号）
6	社会资本不包括本级政府所属融资平台公司（尚未剥离政府性债务且承担融资平台职能）及其他控股国有企业	《财政部关于印发政府和社会资本合作模式操作指南（试行）的通知》（财金〔2014〕113 号） 《关于联合公布第三批政府和社会资本合作示范项目加快推动示范项目建设的通知》（财金〔2016〕91 号）
7	PPP 项目用地应当符合土地利用总体规划和年度计划，依法办理建设用地审批手续	《关于联合公布第三批政府和社会资本合作示范项目加快推动示范项目建设的通知》（财金〔2016〕91 号）
8	《物有所值评价报告》《财政承受能力论证报告》	《关于印发政府和社会资本合作模式操作指南（试行）的通知》（财金〔2014〕113 号）第八条

① 示范项目所在地财政部门要认真做好示范项目物有所值定性分析和财政承受能力论证，有效控制政府支付责任，合理确定财政补助金额，每一年度全部 PPP 项目需要从预算中安排的支出责任占一般公共预算支出比例应当不超过 10%。

续表

序号	条件	政策依据
9	按政府采购相关规定选择社会资本合作方、采购文件中设置歧视性条款、影响社会资本平等参与的	《关于联合公布第三批政府和社会资本合作示范项目加快推动示范项目建设的通知》（财金〔2016〕91号）《关于规范政府和社会资本合作（PPP）综合信息平台项目库管理的通知》（财办金〔2017〕92号）
10	经得起资本金穿透	《关于规范政府和社会资本合作（PPP）综合信息平台项目库管理的通知》（财办金〔2017〕92号）
11	绩效考核挂钩机制	《关于规范政府和社会资本合作（PPP）综合信息平台项目库管理的通知》（财政部财办金〔2017〕92号）
12	涉及国家安全或公众重大利益	《关于规范政府和社会资本合作（PPP）综合信息平台项目库管理的通知》（财政部财办金〔2017〕92号）
13	入库之日起一年内未更新任何信息，或未及时充分披露项目关键信息的	《关于规范政府和社会资本合作（PPP）综合信息平台项目库管理的通知》（财政部财办金〔2017〕92号）
14	不宜继续采用PPP模式实施（一年内无实质进展、或财政承受能力超10%、或项目发起人或实施机构已书面确认不再采用PPP模式实施的）	《关于规范政府和社会资本合作（PPP）综合信息平台项目库管理的通知》（财政部财办金〔2017〕92号）
15	物有所值评价或财政承受能力论证有瑕疵	《关于规范政府和社会资本合作（PPP）综合信息平台项目库管理的通知》（财政部财办金〔2017〕92号）《关于进一步加强政府和社会资本合作（PPP）示范项目规范管理的通知》（财金〔2018〕54号）
16	不得约定将项目运营责任返包给政府方出资代表承担或另行指定社会资本方以外的第三方承担	《关于进一步加强政府和社会资本合作（PPP）示范项目规范管理的通知》（财金〔2018〕54号）
17	项目调整信息与项目库信息一致	《关于进一步加强政府和社会资本合作（PPP）示范项目规范管理的通知》（财金〔2018〕54号）

六、PPP项目运作流程

PPP项目运作流程模式图如下：

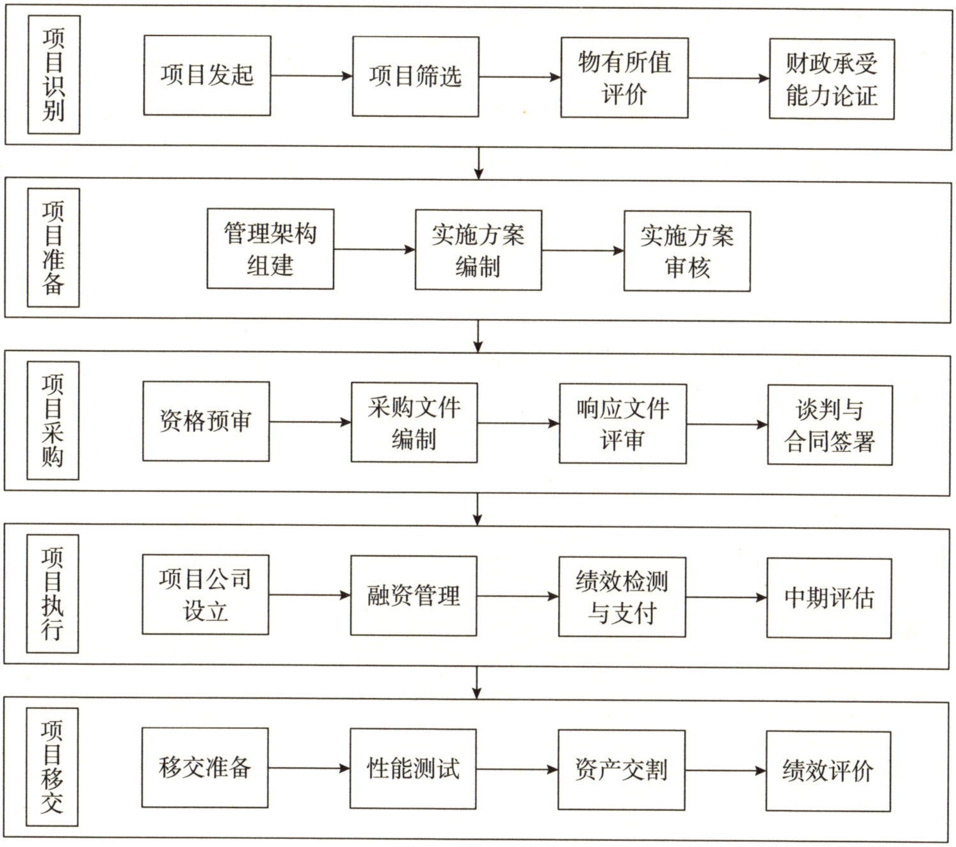

图 3-18 PPP 项目运作流程模式①

1.项目识别：财政部门向交通、住建部门等行政主管部门征集潜在合作项目；在确定备选项目后制订年度和中期开发计划，同时由发起方提供项目可行性研究报告、初步实施方案等，其中存量项目需提供历史资产、产出说明、初步实施方案材料；对项目进行物有所值评价，包括定性评价（能否增加供给、优化风险分配、提高运营效率等）、定量评价（能否降低项目全生命周期成本）；项目需要通过财政承受能力论证，以确保年度政府付费或政府补贴支出不超出当年财政收入一定比例。

2.项目准备：由专门协调机构与项目实施机构负责管理架构组建工作，县级以上人民政府可建立专门协调机构负责项目评审、组织协调、监督检测工作，同时由项目实施机构负责项目准备、采购、监管和移交工作；实施方案的编制包括项目概况、风险分配基本框架、项目运作方式、交易机构（投融资结构、回报机制、相关配套安排）、合同、

① 来源于《关于印发政府和社会资本合作模式操作指南（试行）的通知》（财金〔2014〕113 号）。

监管架构、采购方式等；实施方案编制完成后由财政部门验证后交由政府审核。

3.项目采购：资格预审需由相关单位发布资格预审公告后邀请社会资本方参与，如三家以上社会资本通过预审的进行采购文件编制；采购文件编制完成后发布信息，通过公开招标、邀请招标等方式邀请社会资本方参与投标，由实施机构对响应文件进行评审评分确定名次；项目实施机构应成立专门的采购结果确认谈判工作组。按照候选社会资本的排名进行合同签署前的确认谈判，率先达成一致的即为中选者，谈判完成后签署备忘录，并对合同文本进行公示，公示期满无异议后经政府审核同意后，确定中标方。

4.项目执行：社会资本可依法设立项目公司。政府可指定相关机构依法参股项目公司；由社会资本方或项目公司负责融资；项目实施机构根据项目合同约定，监督社会资本或项目公司履行合同义务，定期监测项目产出绩效指标，并根据产出说明，按实际绩效安排向社会资本方及时足额支付；每3—5年项目实施机构应对项目进行中期评估（运行状况、项目合同的合规性、适应性和合理性、发现问题及制定应对措施）。

5.项目移交：组建项目移交工作组并根据项目合同约定确认移交情形和补偿方式，制订资产评估和性能测试方案，同时委托具有相关资质的资产评估机构对移交资产进行资产评估，评估结果将作为确定补偿金额的依据；资产交割阶段由社会资本或项目公司按要求将项目资产、知识产权和技术法律文件、资产清单移交项目实施机构或指定机构，办理交割手续；由财政部门组织进行绩效评价，并按相关规定公开评价结果。评价结果作为政府开展政府和社会资本合作管理工作决策参考依据。

4

CHAPTER

第四章

基础设施投融资案例分析

第一节 REITs案例

华安张江光大园封闭式基础设施证券投资基金

华安张江光大园封闭式基础设施证券投资基金（以下简称“本基金”）是由基金管理人（华安基金管理人）依照《基金法》《公开募集基础设施证券投资基金指引（试行）》《华安张江光大园封闭式基础设施证券投资基金基金合同》及其他有关规定募集，并经中国证券监督管理委员会（以下简称中国证监会）注册。笔者结合基金合同、基金托管协议、招募说明书和基金法律意见对本基金进行分析。

一、基本情况

本基金为产业园基础设施基金，采用“公募基金+基础设施资产支持证券”的产品结构，存续期20年，存续期内本基金封闭运作，基金份额持有人不可办理申购、赎回业务，但基金上市交易后，除可按照基金合同约定进行限售安排的基金份额外，场内份额可以上市交易，投资者可以进行交易，本基金基本信息如下：

表 4–1 基金基本信息

公募 REITs 名称	华安张江光大园封闭式基础设施证券投资基金
品种	基础设施公募 REITs
发起人（原始权益人）	上海光全投资中心（有限合伙），光控安石（北京）投资管理有限公司
管理人	华安基金管理有限公司
专项计划名称	华安基金管理有限公司
专项计划管理人	上海国泰君安证券资产管理有限公司
无异议函文号	上证 REITs（审）〔2021〕1 号
项目状态	通过
更新日期	2021-05-14
受理日期	2021-05-06

本基金主要特点：一是基础设施基金与投资股票或债券的公募基金具备不同的风险收益特征。基础设施基金80%以上基金资产投资于基础设施资产支持证券，并持有其全部份额。二是基金通过基础设施资产支持证券持有基础设施项目公司全部股权，通过资产支持证券和项目公司等载体取得基础设施项目完全所有权或经营权利。基础设施基金以获取基础设施项目租金、收费等稳定现金流为主要目的，收益分配比例不低于合并后基金年度可供分配金额的90%。三是基础设施基金采取封闭式运作，不开放申购与赎回，在证券交易所上市，场外份额持有人需将基金份额转托管至场内才可卖出或申报预受要约。

二、本基金模式及交易结构安排

1.本基金募集结束并达到基金备案条件后，基金管理人向证监会办理基金备案手续，自取得中国证监会书面确认之日起，《基金合同》正式生效。

2.基金合同生效后，基金管理人将按照与目标基础设施ABS计划管理人签署的《认购协议》，以基金资产认购目标基础设施ABS全部份额，也即国君资管张江光大园资产支持专项计划全部份额。认购完成后，专项计划管理人按照相关程序完成专项计划的设立及备案。

3.专项计划管理人将按照与光全投资等签署的《上海安恬投资有限公司股权转让协议》（以下简称《股权转让协议》）的约定，在专项计划设立日后通知专项计划托管人将专项计划募集资金作为安恬投资第一笔股权转让价款支付至光全投资的账户，用于购买安恬投资100%股权；待《股权转让协议》约定的交割审计完成后，根据交割审计的结果支付第二笔股权转让价款（如需），并在专项计划设立日后15个工作日内在工商局完成安恬投资章程备案。专项计划托管人应根据《股权转让协议》及《国君资管张江光大园资产支持专项计划托管协议》（以下简称《专项计划托管协议》）的约定对付款指令中资金的用途及金额进行核对，核对无误后予以付款。

4.专项计划设立后，专项计划管理人分别向安恬投资及中京电子发放借款，安恬投资和中京电子将分别以其获得的借款用于偿还存量负债及专项计划管理人认可的其他用途。

5.基金存续期间，基金管理人、运营管理机构将根据《华安张江光大园封闭式基础设施证券投资基金关于张江光大园项目之运营管理协议》（以下简称《运营管理协议》）的约定负责基础设施项目的各项运营管理事宜。

6.中京电子应根据与基金管理人、监管银行签署的《资金监管协议》的约定将项目运营过程中产生的中京电子运营收入归集至监管账户。

7.安恬投资、中京电子应按照其与专项计划管理人（代表专项计划）签署的相关《借款合同》约定，向专项计划管理人（代表专项计划）偿还相应借款的本金和/或利息。

8.专项计划管理人向资产支持证券持有人（本基金）分配款项后，基金管理人按照《基金合同》的约定进行收益分配。

本基金整体架构图如下：

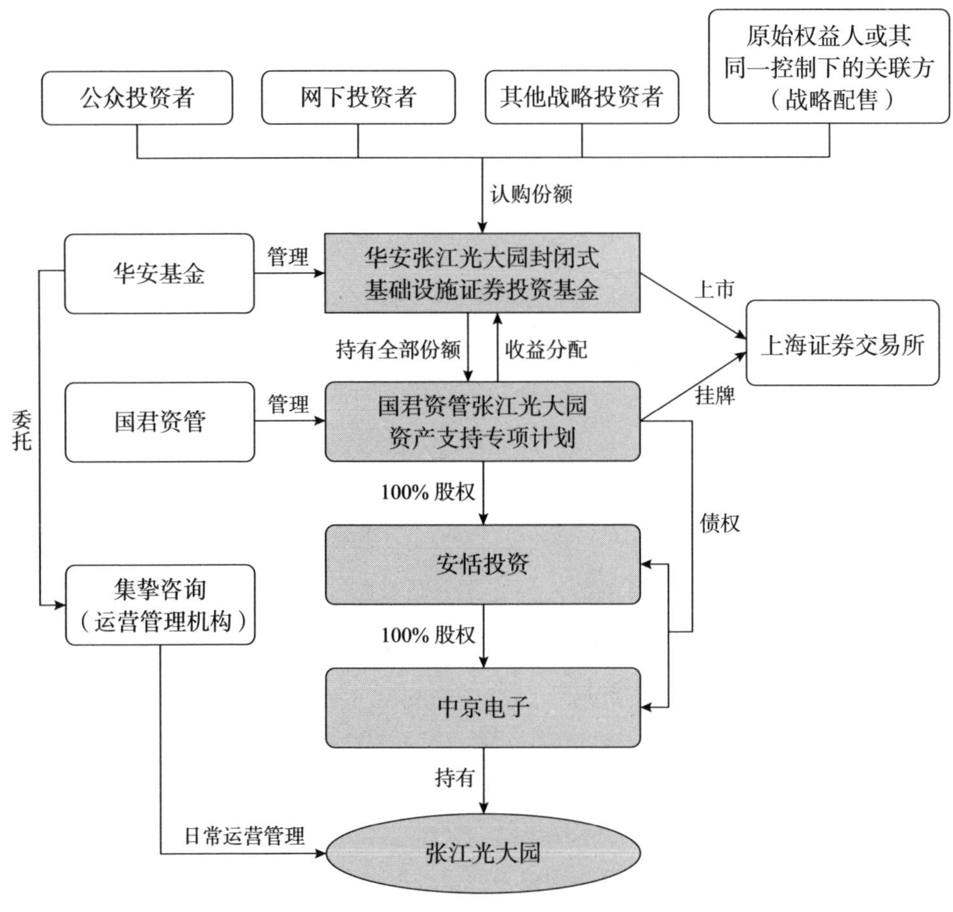

图 4-1　华安张江光大园封闭式基础设施证券投资基金交易结构

备注：来源于《华安张江光大园封闭式基础设施证券投资基金招募说明书》。

9.反向吸收合并安排

在基金合同生效后的20个工作日内，本基金将启动反向吸收合并的相关工作，反向吸收合并的相关工作预计在基金合同生效后的6个月内完成。本次吸收合并的步骤为中京电子吸收取得安恬投资的100%股权，在中京电子完成对安恬投资的合并后，安恬投资履行注销手续。考虑到法律法规的规定、监管政策及各地区市场监督管理部门工作人员对反向吸收合并的理解和具体业务办理存在差异，反向吸收合并能否完成、何时完成都存在不确定性。

本基金反向吸收合并流程如下：

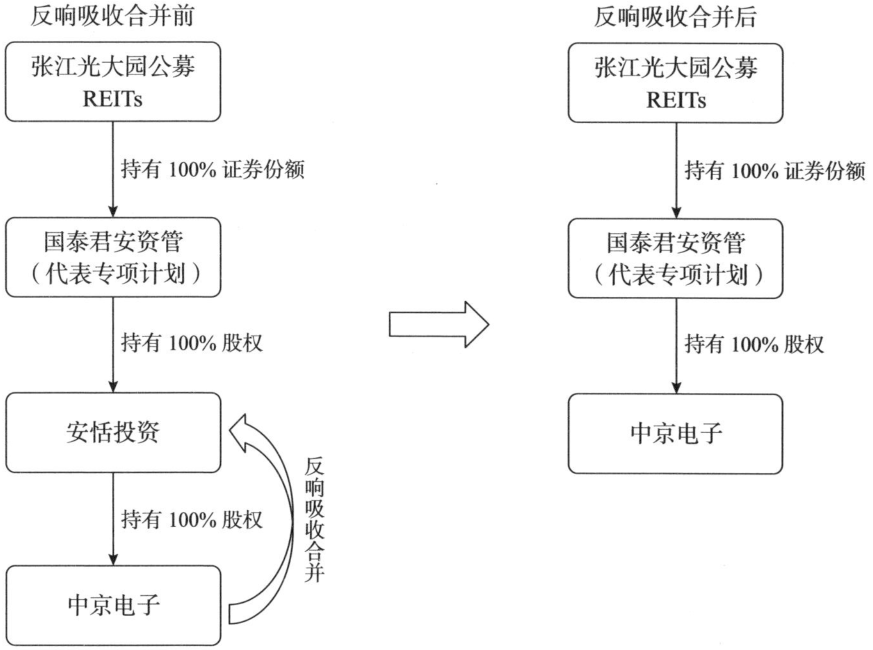

图4-2　华安张江光大园封闭式基础设施证券投资基金反向吸收合并流程

（1）安恬投资及中京电子的执行董事分别作出执行董事决定，制订公司合并方案并拟定合并协议；

（2）如吸收合并需要事先取得安恬投资及中京电子债权人同意的，通知债权人，并取得相应的相关债权人的同意函；

（3）安恬投资及中京电子的股东分别作出同意吸收合并的股东决定，分别同意吸收合并方案及协议；

（4）安恬投资及中京电子签署合并协议，编制资产负债表及财产清单；

（5）安恬投资及中京电子在公司合并决议作出之日起10日内通知各债权人并于30日在报纸上公告；

（6）公告届满45天后，办理吸收合并工商变更登记手续，并注销安恬投资。

如本次反向吸收合并完成后，本基金的整体架构图如下：

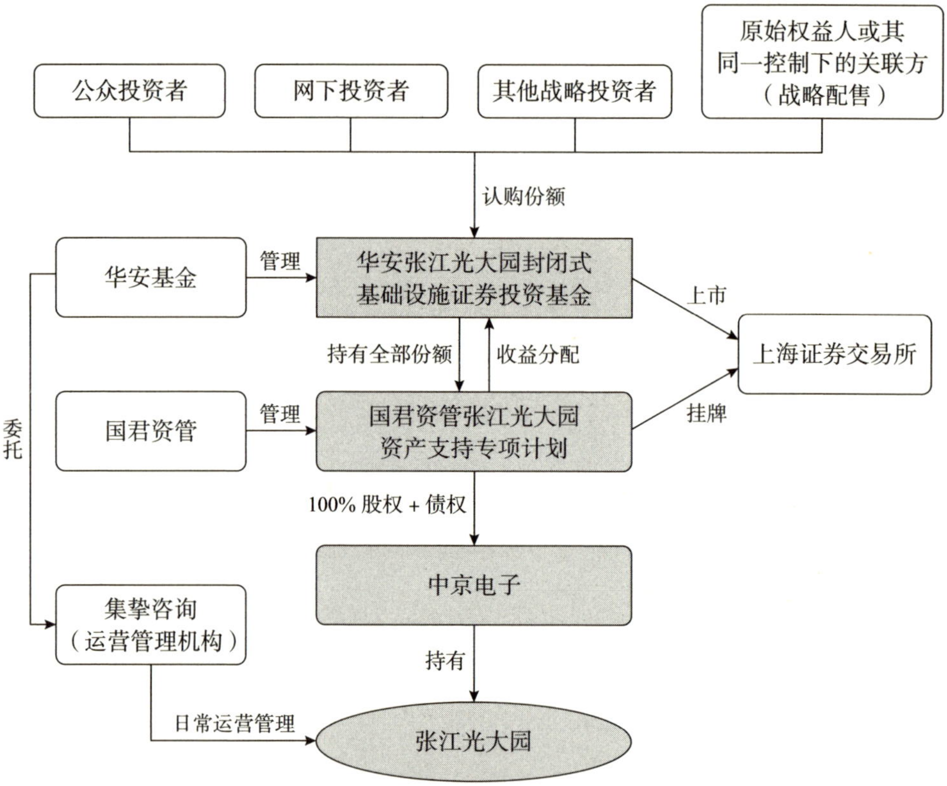

图 4-3　华安张江光大园封闭式基础设施证券投资基金完成反向吸收合并结构

备注：来源于《华安张江光大园封闭式基础设施证券投资基金招募说明书》。

截至2022年3月8日，根据工商检索，项目公司的股东已经变更为资产支持专项计划管理人即上海国泰君安证券资产管理有限公司，但SPV公司尚未注销。因此，可理解张江光大园项目应已启动反向吸收合并，即项目公司吸收合并SPV公司，但最终SPV公司的注销工作尚未最终完成。

10.本基金的收益回报路径

根据国家发展改革委《关于进一步做好基础设施领域不动产投资信托基金（REITs）试点工作的通知》（发改投资〔2021〕958号）的相关规定，基础设施公募REITs预计未来3年净现金流分派率（预计年度可分配现金流/目标不动产评估净值）原则上不低于4%，本基金的收益以届时具体经营收益为准，但原则上不低于4%，这就要求基金管理人充分发挥运营管理能力。本基金收益回报路径详见下图，图中的“反向吸收合并”是指“反向吸收合并后的项目公司”。

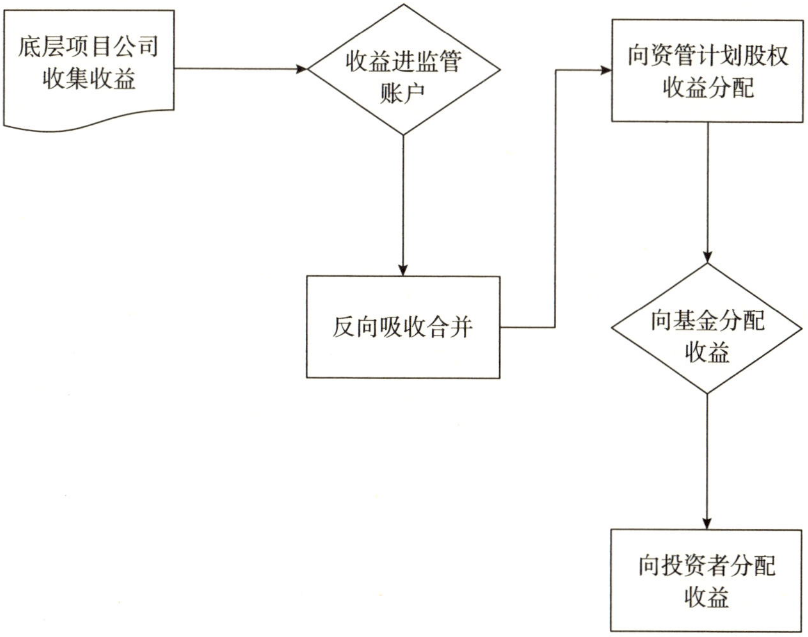

图 4-4 本基金收益回报路径

三、本基金法律分析

（一）关于本基金的基础设施项目的资产范围、权属及风险分析

1.本基金的基础设施项目的资产范围

本基金的基础设施项目的资产范围位于上海市浦东新区某某路某某弄1—7号的张江光大园的房屋所有权及其对应范围内的分摊国有建设用地使用权。基础设施项目分为两期：

（1）某某路某某弄1—6号建设项目（简称“1—6号项目”），即位于某某路某某弄1—6号的1#厂房、2#厂房、3#厂房、地下车库、门卫1、门卫2、垃圾房；

（2）某某路某某弄7号扩建项目（简称“7号项目”），即位于某某路某某弄7号的4#厂房扩建项目。

前述固定资产投资建设基本程序合法合规并且已经通过了竣工验收并运营3年以上。

2.本基金的基础设施项目的资产权属

本基金的基础设施项目已经取得对应的国有建设用地土地使用权，且该等国有建设用地使用权不存在出租、经营、融资、股权转让等限制性的要求或约定。

本基金的基础设施项目房屋所有权及其占用范围内的土地使用权系中京电子的合法

财产。

3. 本基金的基础设施项目的资产风险

本基金的基础设施项目房屋所有权存在三个风险：

（1）租赁合同未备案的风险

根据《上海市房屋租赁条例（2010修正）》第十五条的规定："房屋租赁合同及其变更合同由租赁当事人到房屋所在地的区、县房地产登记机构办理登记备案手续。房屋租赁合同未经登记备案的，不得对抗第三人。"截至本招募说明书出具之日，中京电子尚未就基础设施资产正在履行的租赁合同办理租赁登记备案手续，未来可能会被主管部门责任限期改正。

（2）租约集中到期的风险

根据截至2020年12月31日的租赁台账，剩余期限2年以内的（含2年）的合同面积合计占比93.03%，预测2021—2022年，将会出现租约集中到期的情况。若届时租户不续约或者无新签租约，将会对租金收入造成较大影响，可能还会对现金流产生不利影响，从而影响本基金的收益。

（3）土壤环境评估的风险

根据《上海市经营性用地和工业用地土壤环保办法》的相关规定，本项目土地使用权在转让前，需要进行土壤环境调查评估，需要治理修复的，应组织实施修复并达到环保要求。

（二）关于本基金特殊目的公司和项目公司的合规性、股权可转让性及风险分析

1. 本基金项目公司的股权转让取得土地出让人的同意

本基金特殊目的公司（安恬投资）和项目公司（中京电子）依法设立并合法存续。根据《上海市人民政府办公厅转发市规划国土资源局制订的〈关于本市盘活存量工业用地的实施办法〉的通知》（沪府办〔2016〕22号）、《关于本市推进产业用地高质量利用的实施细则》（沪规土资地〔2018〕687号）的相关规定，工业用地的使用权出资人发生股权比例的变化，需要事先征得出让人的同意。本基金项目公司的股权转让取得了土地出让人的同意。

2. 本基金项目公司的股权转让取得浦东新区规划和自然资源局的同意

浦东新区规划和自然资源局出具了《关于同意以张江光大园自资产申请试点发行公募REITs的无异议函》，在不改变土地用途、性质的基础上，对此次股权转让行为表示无异议。

3.本基金项目公司的股权转让取得工商银行上海虹口支行的同意

工商银行上海虹口支行出具了《提前还款同意函》，同意为发行公募REITs之目的转让项目公司100%的股权。

除前述同意股权转让的各类同意外，还完成了项目公司股权转让的内部授权。

（三）关于本基金运营管理的风险分析

1.本基础设施项目运营管理风险。基础设施基金投资集中度高，收益率在很大程度上依赖基础设施项目运营情况，基础设施项目可能因经济环境变化或运营不善等因素影响，导致实际现金流大幅低于测算现金流，存在基金收益率不佳的风险。基础设施项目运营过程中租金、收费等收入的波动也将影响基金收益分配水平的稳定。此外，基础设施基金可直接或间接对外借款，存在基础设施项目经营不达预期，基金无法偿还借款的风险。

2.基础设施项目的运营风险

（1）经营业绩风险

基础设施项目的现金流主要源于租赁及物业管理费收入，2020年度张江光大园前十大租户租赁面积占比为81.60%。项目的财务状况及经营业绩可能受到租户破产、无偿债能力或业绩下滑、到期租户无法完成续签或无法找到替代承租人的不利影响。项目收益可能减少，可供分配现金可能受到不利影响。

（2）运营管理机构的管理风险

本基金管理人根据《基础设施基金指引》的规定，委托上海集挚咨询管理有限公司为本基金基础设施项目及资产提供具体运营服务。

基础设施项目虽然配备了长期管理本基础设施项目的专业运营管理团队，但依然存在运营管理机构因管理手段欠佳、人员变动、执行效率等原因导致无法有效及高效管理基础设施资产的风险，对基础设施项目的收益和估值产生负面影响。若因为解聘等原因使得运营管理机构发生变更，存在短期内无法确定运营管理机构或机构间交接不利的风险，将对基础设施项目的运营产生不利影响，继而影响基础设施基金的运营业绩。同时，上海集挚咨询管理有限公司为新成立的公司，存在无历史运营业绩可以参考的风险。

（四）关于本基金市场风险分析

本基金所投资的张江光大园项目位于上海市浦东新区，可能会面临地方经济和区域市场负面变化的风险。区域市场的负面变化将对地区的租赁需求、租金水平等产生负面影响，继而对项目的运营业绩及未来估值增长产生不利影响，主要包括以下几点：

（1）对租户及时支付租金及续租能力产生负面影响；

（2）对基础设施项目吸引新租户和挽留租户，以及维持较高出租率水平及租金水平的能力产生负面影响；

（3）对基础设施项目市场价值产生负面影响。

四、本基金法律意见

本基金目前已经披露的法律文书包括基金合同、基金托管协议、招募说明书和基金法律意见。根据本基金注册法律意见书显示，本基金的基金管理人华安基金具备资格和条件，本基金的托管人招商银行具备托管资格和条件。本基金符合《证券投资基金法》《公开募集基础设施证券投资基金指引（试行）》等法律法规规定的募集条件，拟投资的基础设施项目合法合规，基础设施项目转让行为合法合规。基础设施项目运营管理安排符合《基础设施基金指引》等相关规定。项目公司与其关联方间的关联交易符合法规和内控要求：项目公司、原始权益人和运营管理机构未拥有或经营与基础设施项目或项目公司存在同业竞争的产业园项目：基础设施项目有关偿还对外借款的安排符合《公开募集基础设施证券投资基金指引（试行）》等相关规定。华安基金本次向中国证监会申请募集注册本基金符合法律法规规定的条件。

第二节　地方政府专项债券发行案例

某省地方政府专项债券——BYQ产业园基础设施项目

一、基本情况

BYQ产业园基础设施项目总投资39244.12万元，其中工程费用31231.10万元、工程建设其他费用4569.02万元，预备费2864万元，建设期利息580万元。BYQ产业园基础设施项目拟申请专项政府债券额度为20000万元。本项目建设内容分为4个子项目，具体如下：

- BYQ产业基地规划九路工程；
- BYQ产业基地规划十路工程；
- BYQ产业基地规划十二路（二标段）工程；
- BYQ产业基地大道（一标段）工程。

二、BYQ产业园基础设施项目交易流程

BYQ产业园基础设施项目交易流程如下：

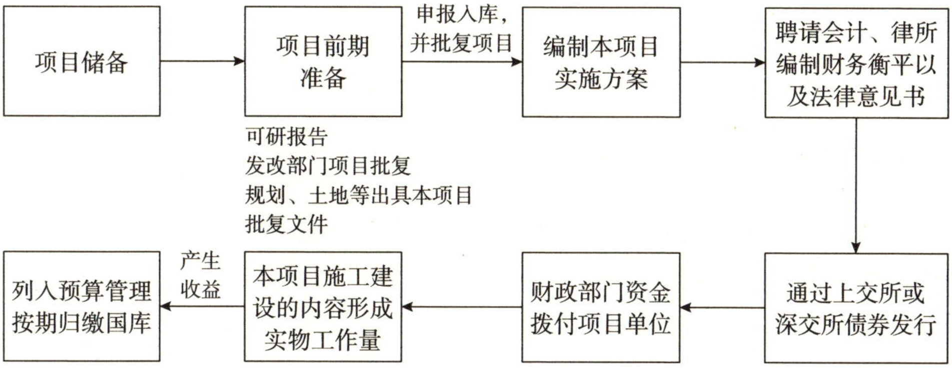

图4-5　BYQ产业园基础设施项目交易流程

本产业园基础设施项目符合专项债发行条件，项目主管部门负责项目申报，项目实

施单位编制可行性研究报告。实施单位编制《实施方案》后聘请会计事务所、律师事务所分别出具《项目收益与融资自求平衡专项评价报告》、法律意见书（“一案两书”），其中项目收益扣除成本后，覆盖融资本息倍数原则不低于1.1倍以上。“一案两书”材料准备完毕后，统一由省财政厅审核后公开披露，并组织发行政府债券。债券发行成功后由财政部门按程序将债券资金拨付至项目实施单位，并由项目实施单位完成项目资金支付。项目实施单位建立还本付息台账，将偿债资金归缴至同级财政部门。

三、关于BYQ产业园基础设施项目存在法律问题

1.个别子项目实际已经实施完毕，尚未支付结算款

经审查，该子项目工程施工合同内容已完成竣工验收，目前施工方也已经递交工程请款书，但尚未支付工程款项。子项目已完成建设内容，则无法形成新的实物工作量。

2.本项目缺少发改部门出具的BYQ产业园基础设施项目可行性研究报告的批复意见，仅有子项目的批复意见

根据《财政部办公厅、国家发展改革委办公厅关于申报2022年新增专项债券项目资金需求的通知》（财办预〔2021〕209号）“三、进一步提升项目储备质量……储备项目必须成熟可行，各地区要认真开展事前绩效评估，优先支持在建项目，新开工项目必须已取得立项批复、2022年内具备开工条件且能够形成实物工作量和拉动有效投资……”本项目为新开工项目，但并未取得立项批复，不符合财办预〔2021〕209号文的要求。

3.个别子项目包含投向领域负面清单内容

经审查，个别子项目中的工程建设内容中含有绿化景观工程，属于《地方政府专项债资金投向领域禁止类项目》中形象工程和政绩工程中的园林绿化工程。

四、法律意见

1.本项目专项债发行存在较多因前期准备工作不足，造成项目在实施阶段无法完成预期目标或资金闲置等问题

因专项债券发行额度是根据财政部确定额度实行限额管理的，相关部门存在为抢占专项债券额度而虚报项目的情况，在前期准备不充分的情况下，上报可行性较低的项目。本项目因前期准备工作不足造成项目用地的土地规划、项目未配套足额建设用地指标，且未作充分实际调查征地拆迁完成的可行性。因此，上述情况导致了BYQ产业园

基础设施项目进入实施阶段后，在进度、质量和绩效等各方面达不到预期要求。根据财政部《关于加快地方政府专项债券发行使用有关工作的通知》（财预〔2020〕94号）的相关规定，各级地方政府应以资金绩效为导向，加快新增专项债券资金使用进度，确保债券对应项目形成实物工作量，以确保“资金跟着项目走”，专项债券筹得资金不闲置。在审核具体子项目时，亦发现存在竣工工程包装进本项目中的情况，最终造成了该笔资金无法支出到指定项目，导致资金闲置的情况。

2.本项目存在部分子项目无法实施，偏离绩效目标的问题

2021年6月10日，财政部发布《地方政府专项债券项目资金绩效管理办法》（以下简称《绩效管理办法》），对专项债进行资金绩效全生命周期管理，要求评价结果与专项债额度和运营补助挂钩。坚持“举债必问效、无效必问责”，遵循项目支出绩效管理的基本要求，注重融资收益平衡与偿债风险。要求在专项债券资金使用过程中，对专项债券资金预算执行进度和绩效目标实现情况进行“双监控”，因此，本项目的项目主管部门和项目单位建立了专项债券项目资金绩效跟踪监测机制，地方财政部门跟踪本专项债券项目绩效目标实现程度时，对本项目存在偏离绩效目标的子项目已经停止拨款，并督促项目单位及时整改。另外，对子项目无法实施或存在严重问题的应及时追回专项债券资金并按程序调整用途。

第三节　片区开发案例

CA片区开发案例

一、基本情况

CA片区开发项目位于CY市LC区，项目用地范围为北至CHG，南至ZS街，东至WH路，西至WM路范围内未开发用地，总用地约为3000亩，具体用地范围及土地使用性质以市区规划部门批准的红线图和规划图为准。容积率≤2.5，建筑规划面积约为350万平方米，总投资约70亿元。

二、交易结构

CA片区开发方案交易结构图如下：

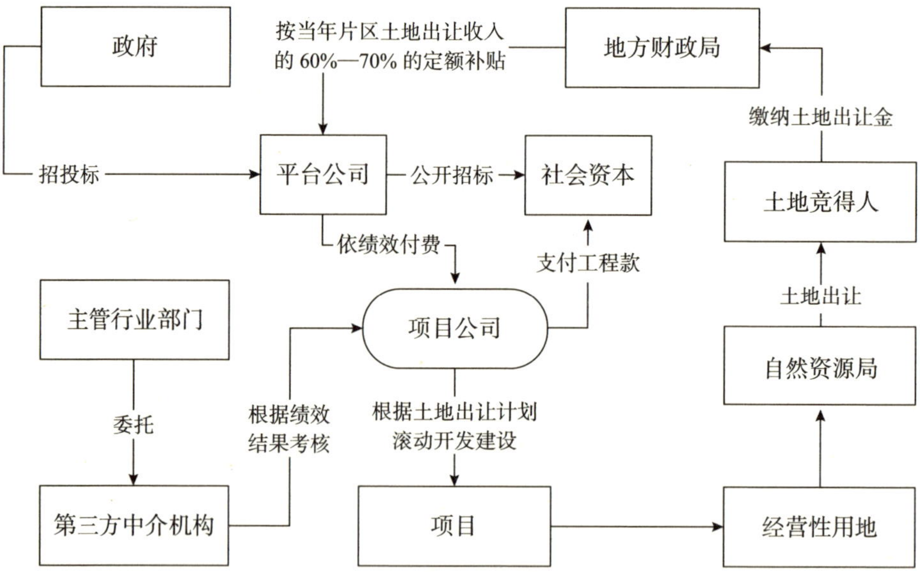

图4-6　CA片区开发方案交易结构

CY管委会通过招投标选定平台公司，由平台公司通过招投标引入社会资本JF公司，并与社会资本JF公司成立项目公司（SPV），其中社会资本以股权投资的方式注资项目公司。由SPV通过签订总承包合同与有资质的社会资本JF公司共同进行本项目CA片区开发，符合标准后政府收储产业用地、商业用地等地块，由主管部门委托第三方中介机构对项目开发进行绩效考核，在政府方取得土地出让金后，由财政局根据绩效考核结果定向补贴平台公司、项目公司，同时通过行业主管部门委托第三方机构进行绩效考核的方式将土地出让收入的60%至70%补贴至项目公司，而平台公司与社会资本通过股东之间收益约定的方式协商收益及退出方式。

三、项目中存在的法律问题

1.CA片区开发方案初期中拟采用全过程建设管理的方式，由施工单位即社会资本方JF公司垫资建设，属于违规举债行为

全过程建设管理的片区开发，必须按照施工进度支付工程款，不能由JF公司垫资建设，否则就属于违规举债行为。此外，如在按期支付工程款的情况下，不可能发挥筹融资功能。即在完全建设工程情形下，无法实现合规融资。

2.社会资本JF公司准备与CY市以棚户区改造的方式合作建设本项目、引入社会资本参与综合治理土地的合作方案存在的法律障碍

根据《国务院关于加快棚户区改造工作的意见》（国发〔2013〕25号）的规定，鼓励民间资本参与棚户区改造，鼓励和引导民间资本根据保障性安居工程任务安排，通过直接投资、间接投资、参股、委托代建等多种方式参与棚户区改造。而棚户区改造内容主要为实施棚户区征收拆迁、居民补偿安置及相应的腾空土地开发利用等系统性工程。

根据《国务院关于进一步做好城镇棚户区和城乡危房改造及配套基础设施建设有关工作的意见》（国发〔2015〕37号）的规定，棚改社会资本方介入主要有以下两种方式：

（1）政府购买棚改服务。各省（区、市）应根据棚改目标任务，统筹考虑财政承受能力等因素，制定本地区政府购买棚改服务的管理办法。市、县人民政府要公开择优选择棚改实施主体，并与实施主体签订购买棚改服务协议。市、县人民政府将购买棚改服务资金逐年列入财政预算，并按协议要求向提供棚改服务的实施主体支付。年初预算安排有缺口确需举借政府债务弥补的市、县，可通过省（区、市）人民政府代发地方政府债券予以支持，并优先用于棚改。政府购买棚改服务的范围，限定在政府应当承担的棚改征地拆迁服务，以及安置住房筹集、公益性基础设施建设等方面，不包括棚改项目中配套建设的商品房以及经营性基础设施。但根据《财政部关于坚决制止地方以政府购买服务名义违法违规融资的通知》(财预〔2017〕87号)的规定，严格按照《政府采购法》确定的服务范围实施政府购买服务，不得将原材料、燃料、设备、产品等货物，以及建筑物和构筑物的新建、改建、扩建及其相关的装修、拆除、修缮等建设工程作为政府购买服务项目。严禁将铁路、公路、机场、通信、水电煤气，以及教育、科技、医疗卫生、文化、体育等领域的基础设施建设，储备土地前期开发，农田水利等建设工程作为政府购买服务项目。严禁将建设工程与服务打包作为政府购买服务项目。因此，棚改中工程建设内容不适用政府购买服务形式。

(2)推广政府与社会资本合作模式。在城市基础设施建设运营中积极推广特许经营政府与社会资本合作(PPP)模式。各地应建立健全城市基础设施建设财政投入与价格补偿统筹协调机制，合理确定服务价格，深化政府与社会资本合作，推动可持续发展。这里政府和社会资本合作模式限于城市基础设施建设运营部分。

根据《国土资源部、财政部、中国人民银行、中国银行业监督管理委员会关于印发〈土地储备管理办法〉的通知》(国土资规〔2017〕17号)的规定，土地储备机构应为县级(含)以上人民政府批准成立、具有独立的法人资格、隶属于所在行政区划的国土资源主管部门、承担本行政辖区内土地储备工作的事业单位。国土资源主管部门对土地储备机构实施名录制管理。

综上，社会资本JF公司准备与CY市以棚户区改造的方式合作建设本项目、引入社会资本参与综合治理土地的合作方案存在主体不适格的障碍，目前社会资本参与棚改内容主要为棚户区改造范围内保障性安居工程内容，棚改中所涉征收拆迁、其他土地一级开发内容，主要由政府部门实施。

3.社会资本JF公司如何进入棚改项目?

详见前述第二点法律问题的解析，如果是棚户区内保障性安居工程，社会资本可以直接投资、间接投资、参股、委托代建等多种方式参与；但社会资本不能进入一级土地开发，则不具备开发主体资格。

4.社会资本JF公司进入棚改会不会被定为隐性债务?

根据《国务院关于加快棚户区改造工作的意见》(国发〔2013〕25号)的规定，鼓励民间资本参与棚户区改造，鼓励和引导民间资本根据保障性安居工程任务安排，通过直接投资、间接投资、参股、委托代建等多种方式参与棚户区改造。因此，社会资本JF公司进入棚改保障性安居工程，如果该项工程资金来源已经明确，且纳入预算管理，不额外增加地方政府债务，则不会被定性为隐性债务。

5. 土地整理是否应当计入土地出让金成本构成？

根据《国务院办公厅关于规范国有土地使用权出让收支管理的通知》（国办发〔2006〕100号）、《财政部、自然资源部关于印发〈土地储备项目预算管理办法（试行）〉的通知》（财预〔2019〕89号），《财政部、国土资源部、中国人民银行关于印发〈国有土地使用权出让收支管理办法〉的通知》（财综〔2006〕68号）的相关规定，土地出让收支全额纳入地方政府基金预算管理，收入全部缴入地方国库，支出一律通过地方政府基金预算从土地出让收入中予以安排，实行彻底的“收支两条线”管理，在地方国库中设立专账（登记簿），专门核算土地出让收入和支出情况。因此，土地整理属于土地出让金支出部分，并不存在土地整理计入土地出让金之说。

6. 土地征收成片开发，国家已发布了试行标准，对成片开发的要求和程序是否有深层次的探讨？具体如何操作？

2020年11月5日，自然资源部印发了《土地征收成片开发标准（试行）》（自然资规〔2020〕5号）。根据该规定，成片开发，主要是指在国土空间规划确定的城镇开发边界内的集中建设区，由县级以上地方人民政府组织的对一定范围的土地进行的综合性开发建设活动。由县级以上地方人民政府组织编制土地征收成片开发方案，省级人民政府批准，有下列情形之一的，不得批准土地征收成片开发方案：（一）涉及占用永久基本农田的；（二）市县区域内存在大量批而未供或者闲置土地的；（三）各类开发区、城市新区土地利用效率低下的；（四）已批准实施的土地征收成片开发连续两年未完成方案安排的年度实施计划的。土地征收成片开发方案应当充分征求成片开发范围内农村集体经济组织和农民的意见，并经集体经济组织成员的村民会议三分之二以上成员或者三分之二以上村民代表同意。未经集体经济组织的村民会议三分之二以上成员或者三分之二以上村民代表同意，不得申请土地征收成片开发。

7. 社会资本能否参与土地收储项目？

根据《财政部、国土资源部、中国人民银行、银监会关于规范土地储备和资金管理等相关问题的通知》（财综〔2016〕4号）的规定，除纳入名录的土地储备机构外，是不允许其他机构开展新的土地收储，即土地储备的合法资格主体是纳入名录的土地储备机构，社会资本不能与其合作。

8. 象征性招商引资考核流于形式，实际无产业导入的片区开发涉嫌违规举债的问题

在CA项目中装入了过多的基础建设内容，而这一部分除不应计入运营的一般保养内容外，并无其他运营内容。通过采用“协议投资额”形式、考核“内外资企业注册数及比例、研发机构设立数、专利申请获批数、产业基金的设立、科研场所”等指标，此类与其固定资产投资相关性不大、不尽切合实际的指标，弱化了绩效考核的意义。

四、法律建议

从目前的法规政策来看，社会资本直接进入土地一级开发和棚户区改造的风险比较大，实践中，通常社会资本参与土地综合整治的主要以片区开发的模式开展，主要为招标代建—招标—建设—运营模式，即政府招标代建单位负责片区设计规划、土地整理、基础建设、投资促进产业导入等社会公共服务职能，同时以片区经营性地块等作为资金来源支付开发成本和运营费用。平台公司中标后，通过公开招标方式选择合作伙伴，中标合作伙伴与被授权公司或其全资子公司组建项目公司共同投资、建设、土地整理、运营。明确片区内土地拍卖所得土地出让金进入同级政府财政后，扣除过程中产生及新增的税费、留存部分后由政府财政优先支付给项目公司，股东收回投资并获得收益。该模式目前属于片区开发比较常用的模式，但需要提醒的是，该模式存在政府方变相融资举债，增加政府隐性债务的风险。

第四节　ABO项目案例

ZQ区产业园综合开发ABO项目

一、项目概况

ZQ区产业园综合开发项目由园区配套设施和产业导入开发两大部分组成，总投资为1646299.65万元，具体如下：

（一）园区配套设施

园区配套设施总投资为1256898.01万元（含拆迁补偿费用30000万元），包括片区开发项目和CX大街升级改造项目。

1. 片区开发项目

片区开发项目位于ZQ高新区生物产业园（LH片区）、北部LH片区，CX大街以北，DW大道以西，涉及用地总面积约15545亩，由LH片区一、LH片区二、北部LH片区三三个子片区组成。

2. CX大街升级改造项目

CX大街升级改造项目包括CX大街升级改造工程、XP汽车项目（物流岛）西侧道路、ZQ高新区应急备用水源工程三个部分。

（二）产业导入开发

产业导入开发总投资为389401.64万元，其中：建设投资为372075.74万元（含1500亩工业用地的土地费用75000万元），建设期利息为17325.90万元。产业导入开发由区投资公司与中标社会资本按照30%：70%股权比例共同出资，由项目公司在本次片区开发范围内取1500亩产业用地进行市场化开发，以获得持续稳定的现金流。

二、项目模式

（一）园区配套设施建设部分

1.区管委会授权区投资公司作为本项目的实施主体，负责园区配套设施建设部分的投资、设计、建设、产业导入与招商等工作，并同意其通过合法途径选择社会资本进行项目合作。

2.区投资公司通过公开招标形式选择社会资本，中标社会资本与区投资公司按照股权占比30%：70%共同组建项目公司负责承担起合作内容项下的全部工作。项目公司各股东每年按时缴纳项目资本金。

3.在实施过程中，项目公司需要根据片区土地的出让计划和项目投资开发计划等，逐步、分期、分批推进项目。具体分期项目根据“整体打包、逐个实施、成熟一个、实施一个”的原则实施。在实际操作过程中，项目公司应遵循高新区最新的政府投资项目管理办法及流程，若存在争议的，以高新区相关行业主管部门意见为准，项目公司在执行项目建设过程中必须接受相关主管部门的建设管理意见及流程安排，按合同约定完成本项目的投资建设。

4.社会资本具有资质、能力的，由中标社会资本与项目公司签订项目设计合同、施工合同，由社会资本进行设计、施工；社会资本无相关资质、能力的，由项目公司按相关程序选取设计、施工单位。

5.项目公司完成当年开发建设后，由区规划国土局负责土地收储并开展土地出让，并及时取得土地出让收入。然后，区财政局按照当年片区实现的土地出让收入的60%—70%标准，定额补贴区投资公司。

6.区人居环境建设局或其委托的第三方专业机构对项目公司的投资、建设、产业导入与招商进行绩效考核，并将项目考核结果通报区投资公司。区投资公司在获得财政定额补贴后，根据绩效考核情况，及时向项目公司付费结算当年建设投入。由此循环，直至完成合作开发建设规模。

7.项目合作期满，中标社会资本向区投资公司无偿移交项目公司股权或资产。

园区配套基础设施交易结构图如下：

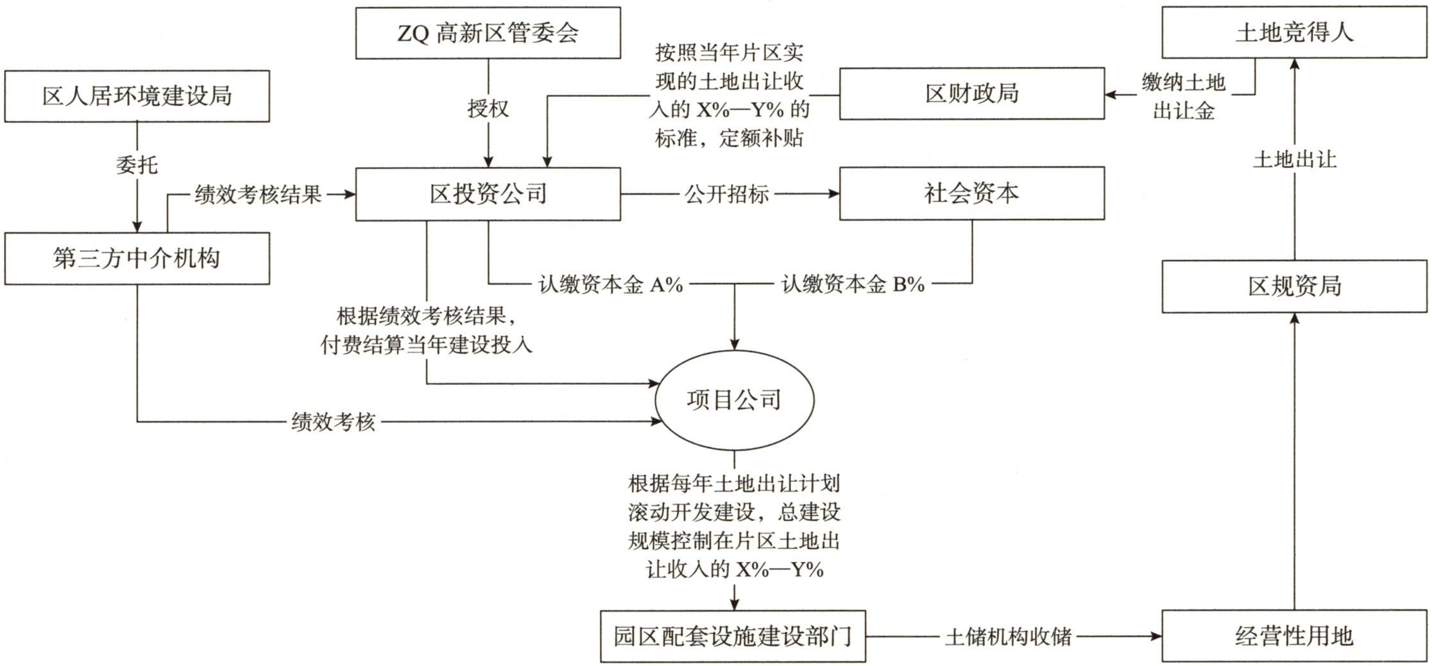

图 4-7　ZQ 区产业园园区配套设施建设部分交易结构

（二）市场化运作部分

1.区财政局为支持区投资公司做大做强，对其进行财政注资，注资规模不超过10亿元。

2.区投资公司以该部分注资作为项目资本金来源，与中标社会资本按照30%：70%股权占比，并按时缴纳项目资本金。同时，项目公司可以市场化预期收益向金融机构申请融资。

3.项目公司通过招拍挂方式，取得片区1500亩工业用地的土地使用权，并对其进行市场化开发，形成通用厂房、研发孵化楼、行政办公楼等物业，对外出租/出售获取持续稳定的经营收入。

4.项目合作期满，中标社会资本与区投资公司协商处置项目公司资产。

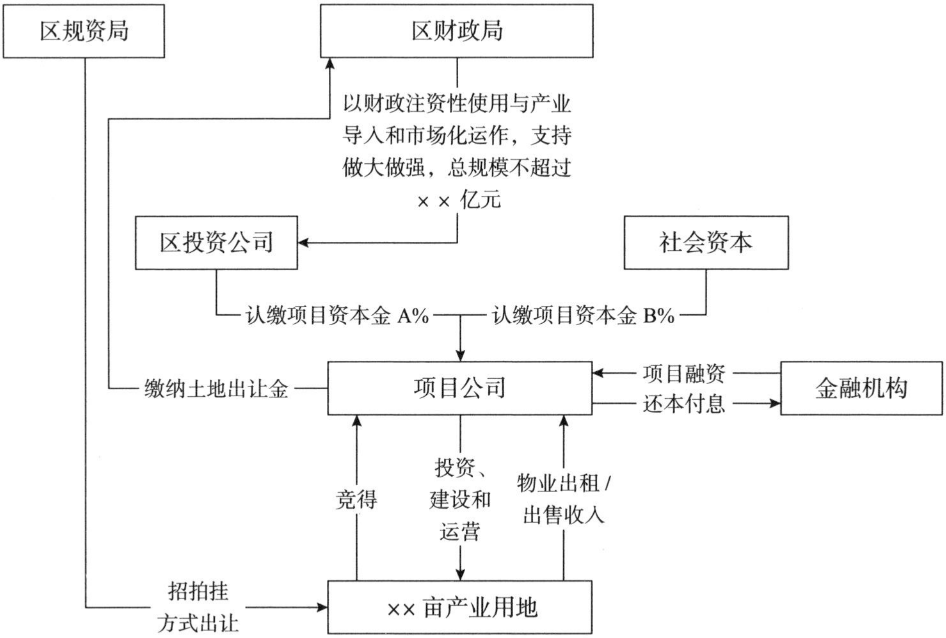

图4-8　ZQ区产业园市场化运作部分交易结构

三、法律风险

（一）园区配套设施建设部分

本部分项目模式为：由区管委会授权区投资公司作为本项目的实施主体，负责园区配套设施建设部分的设计、建设等工作，并由其通过合法途径选择社会资本进行项目合作。由区投资公司与中标社会资本按照股权占比30%：70%共同组建的项目公司负责承担本项目的全部工作。区财政局依据预算安排，与区投资公司据实结算当年建设投入。区投资公司获得财政结算款后，与项目公司结算当年建设投入。由此循环，直至完成合作开发建设规模。与目前常见合法的政府投资项目的实施模式［政府直接投资模式、政府与社会资本合作模式（PPP模式）］和政府投资项目的投融资模式（项目全部使用政府财政预算资金、发行地方政府债券获得全部或部分项目资金、PPP模式中通过社会资本方或以社会资本方为主导的项目公司融资获得全部或大部分项目资金）进行对比，本项目的实施模式在合法合规性方面存在以下法律风险：

1.存在政府方变相融资举债，增加政府隐性债务的风险

项目在开发期内，政府投资资金纳入预算具有不确定性，存在违反预算法管理“量入为出、收支平衡”的原则，以及土地储备项目“以收定支、先收后支”的原则，存在被认定为政府隐性债务的风险和增加政府隐性债务风险。

园区配套设施项目总投资达1256898.01万元，社会资本方需出资1005518.41万元，该项目本身并无经营收益来源。根据《可研报告》可知，该部分项目中项目公司获得收益的方式是政府在开发期内支付的费用，而政府支付的全部对应来源是从开发土地通过本项目建设的土地获得的土地出让金，并没有安排来自其他项目地块的土地出让收入或者其他政府收入来源。土地出让收入属于政府性基金预算收入，根据《预算法》第九条的规定：“政府性基金预算是对依照法律、行政法规的规定在一定期限内向特定对象征收、收取或者以其他方式筹集的资金，专项用于特定公共事业发展的收支预算。政府性基金预算应当根据基金项目收入情况和实际支出需要，按基金项目编制，做到以收定支”；同时该法第三十五条规定：“地方各级预算按照量入为出、收支平衡的原则编制，除本法另有规定外，不列赤字。经国务院批准的省、自治区、直辖市的预算中必需的建设投资的部分资金，可以在国务院确定的限额内，通过发行地方政府债券举借债务的方式筹措……”《国务院办公厅关于规范国有土地使用权出让收支管理的通知》（国办发〔2006〕100号）也要求：“建立健全年度土地出让收支预决算管理制度。每年第三季度，有关部门要严格按照财政部门规定编制下一年度土地出让收支预算……编制年度土地出让收支预算要坚持‘以收定支、收支平衡’的原则。土地出让收入预算按照上年土地出让收入情况、年度土地供应计划、地价水平等因素编制；土地出让支出预算根据预计年度土地出让收入情况，按照年度土地征收计划、拆迁计划以及规定的用途、支出范围和支出标准等因素编制……”

另外，本项目包含土地的前期开发、收储和出让，根据财政部《关于〈印发土地储备项目预算管理办法（试行）〉的通知》（以下简称《管理办法》）（财预〔2019〕89号）第二条的规定“本办法所称土地储备是指县级（含）以上自然资源主管部门为调控土地市场、促进土地资源合理利用，依法取得土地，组织前期开发、储存以备供应的行为”，因此本项目也应适用于《管理办法》。该《管理办法》第四条第二款规定：“土地储备项目预算按规定纳入地方政府性基金预算管理，年度预算执行中遵循以收定支、先收后支的原则”，第五条规定：“土地储备项目应当实现总体收支平衡和年度收支平衡。（一）总体收支平衡，是指项目全生命周期内，项目预期土地出让收入能够覆盖债务本息等成本。（二）年度收支平衡，是指项目年度资金来源覆盖年度支出。”

对照上述法律、文件的规定，“以收定支、先收后支、收支平衡”“不列赤字”是土地出让收支预算管理、土地储备项目预算管理的基本原则，立法本意在于考虑到土地出让受市场因素影响大，具有较强的波动性、不可预计性，应避免出现支大于收，形成政府财政赤字。而在本项目中，根据《可研报告》的表述，政府土地出让收入和支出每年已纳入年度预算管理，但本部分项目是通过完成土地前期开发然后出让土地，以实现收益自平衡的项目，政府并没有安排其他项目地块的土地出让金或者其他资金作为项目收入来源。但是一旦项目开始运作，项目公司或社会资本每一年度开始投入资金按照合同约定进行建设，本项目中政府的年度支出合同义务就已经形成，项目公司已经进行开发建设的土地，无论是否能够按计划出让，政府都应对其已投入的建设成本支付相应的对价。即本项目中政府每年对项目公司的支出责任形成在前，而土地出让收入能否实现无法保证，即便实现也是在支出责任形成之后，不符合“以收定支、先收后支”的原则。并且本部分项目的收入来源单一、收入金额不稳定，也没有其他措施来保障项目不会出现“支大于收”、发生财政赤字的情况。本项目中出现“支大于收”“财政赤字”的风险是可以提前预计的，因此，社会资本预先对土地前期开发进行的投资存在被认定为垫资的风险，这就会被认定为政府隐性负债和增加政府隐性债务。

2.直接授权区投资公司作为实施主体的风险

根据《可研报告》，区管委会授权区投资公司作为本项目的实施主体，负责组织园区配套设施的设计、建设等工作。园区配套设施部分项目建设内容包括拆迁及补偿、场地平整、地基基础处理、市政工程、水库整治、海绵城市建设，从项目建设内容来看，项目包含土地储备前期工作和园区配套基础设施工程建设两部分。

关于土地储备前期工作，根据《土地储备管理办法》（国土资规〔2017〕17号）第一条、第四条的规定，“土地储备机构承担土地储备的具体实施工作……土地储备机构应为县级（含）以上人民政府批准成立、具有独立的法人资格、隶属于所在行政区划的国土资源主管部门、承担本行政辖区内土地储备工作的事业单位……土地储备机构应组织开展对储备土地必要的前期开发，为政府供应土地提供必要保障。储备土地的前期开发应按照该地块的规划，完成地块内的道路、供水、供电、供气、排水、通讯、围挡等基础设施建设，并进行土地平整，满足必要的'通平'要求。具体工程要按照有关规定，选择工程勘察、设计、施工和监理等单位进行建设”。因此，土地储备前期工作是土地储备机构的职责，土地储备前期涉及的工程需要选择实施单位的，按照有关规定，选择工程勘察、设计、施工和监理等单位进行建设。

关于园区配套基础设施工程项目，根据《中华人民共和国政府采购法》第二条、第三条，《中华人民共和国政府采购法实施条例》第二条，以及《必须招标的工程项目规定》第二条等规定，结合《可研报告》可知园区配套设施工程项目资金来源于区财政性资金。因此，园区配套设施部分项目需要遵循政府采购相关法规，通过采用公开招标、邀请招标、竞争性谈判、单一来源采购、询价等法定方式，如果采用公开招标方式的，还需要遵循《招标投标法》《招标投标法实施条例》的相关规定。本项目管委会直接授权区投资公司，存在因程序不合法不合规而导致授权协议可能面临无效的风险。

3.土地储备开发主体风险

根据《可研报告》园区配套设施总投资为1256898.01万元（含拆迁补偿费用30000万元），由区投资公司与中标社会资本按照30%：70%股比分年缴纳到位，而总投资包括拆迁及补偿、场地平整、地基基础处理、市政工程、水库整治、海绵城市建设内容，若土地储备前期工作由土地储备机构负责，则土地储备前期投资也应当由土地储备机构筹备经费，不应该纳入园区配套设施总投资1256898.01万元，由区投资公司与中标社会资本按照30%：70%股比承担；若土地储备前期工作由区投资公司与中标社会资本成立的项目公司承担工程实施内容，则应当由土地储备机构通过公开的方式选择，管委会直接授权区投资公司负责拆迁及补偿、场地平整、地基基础处理，存在主体不适格和程序不合规的风险。

4.土地出让部分的风险

（1）土地出让收入的市场风险

根据《招标拍卖挂牌出让国有建设用地使用权规定》（国土资源部令第39号）第四条的规定，工业、商业、旅游、娱乐和商品住宅等经营性用地以及同一宗地有两个以上意向用地者的，应当以招标、拍卖或者挂牌方式出让。即一般经营性项目的土地出让是采用招拍挂竞标方式出让的，若土地存在不能如期出让，或者土地出让时不能如期按照《可研报告》预期价格出让，都会直接影响区财政局土地出让收入，从而影响项目财政资金的支付来源，可能涉及政府举债风险。

（2）土地出让收入支付园区基础设施成本风险

本项目的实施主体为区投资公司，由区投资公司获得财政结算款后向项目公司付费结算每年的建设投入，即认为向社会资本融资借款的主体是区投资公司而不是政府部门，本项目的实施模式仍然存在合规性风险，原因在于财政部《关于进一步规范地方政府举债融资行为的通知》（财预〔2017〕50号）中明确规定，“不得承诺将储备土地预期出让收入作为融资平台公司偿债资金来源”。本项目与土地政府出让收入关联来安排园区配套设施建设成本的方式，可能会构成政府隐性债务风险。

（3）用地指标风险

土地出让受土地指标安排的影响，若未按预期安排相应的土地指标，也就无法按预期获得相应的土地出让金。

（4）规划调整风险

本次测算的经营性用地规模是依据当前高新区总体规划予以确定的，若后期高新区总体规划或控制性详规发生重大调整，导致经营性用地规模缩小，则本项目的收入无法保障。

（二）市场化运作部分

根据《可研报告》第一章关于产业导入开发部分项目运作模式的交易结构图可以看出，项目产业导入开发的核心就在于取得片区内1500亩工业用地的土地使用权并建设运营。该种运作模式主要存在以下几种风险：

1.缺少政府投资产业开发项目的必要性论证

根据国务院发布的《政府投资条例》第三条和第六条的规定，政府投资资金应当投向市场不能有效配置资源的社会公益服务、公共基础设施、农业农村、生态环境保护、重大科技进步、社会管理、国家安全等公共领域的项目，以非经营性项目为主。政府投资资金按项目安排，以直接投资方式为主；对确需支持的经营性项目，主要采取资本金注入方式。《可研报告》中产业导入开发属于经营性项目，因此，建议《可研报告》增加该经营性项目确需政府支持的论证。

2.获得土地使用权不确定性风险

产业导入开发部分的1500亩工业用地土地使用权的取得是通过招拍挂竞标获得，属市场行为，同时又受限于土地指标安排等条件，能否顺利获得土地使用权存在不确定性。

3.关于财务基准收益率8%的风险

产业导入开发部分属于市场运营，市场主体应当自负盈亏，不存在基准收益率设定，而根据《可研报告》第三章项目财务分析，本项目财务基准收益率设定为8%，所得税后财务基准收益率设定为8%，该部分设置不符合该报告第一章产业导入开发运作模式架构，根据产业导入运作模式，区投资公司与中标社会资本按照30%：70%股权成立项目公司，项目公司通过招拍挂方式，取得片区内1500亩工业用地的土地使用权，并对其进行产业导入开发。即产业导入开发部分的收入来源于物业出租/出售及产业运营。因此，这里设定本项目财务8%基准收益率没有依据和必要，市场主体应当自负盈亏，承担市场运营的风险。产业导入开发项目有一部分项目资本金来源于财政资金，根据《国务院关于加强地方政府性债务管理的意见》（国发〔2014〕43号）的规定，对企业的注资、财政补贴等行为必须依法合规，不得违法为任何单位和个人的债务以任何方式提供担保。若设定项目财务8%基准收益率，存在政府保底承诺的风险，存在被认定为政府隐性债务的风险。

四、法律建议

基于本项目中存在较大的政策和法律风险，因此为保障项目可行，本所提出如下建议：

1.必须要社会资本方或其子公司、母公司、联合体每年依法依规向高新区按可研报告所列的土地出让价格购买不少于40亿元的土地，保证项目资金来源。实现土地出让收入并通过预算安排后，拟在当年实施的基础设施建设项目方可开工，避免增加高新区地方政府隐性债务。

2.删除本项目中关于项目财务8%基准收益率部分的设定。

第五节　EOD项目案例

JYH全域水系治理、生态修复、环境提升及产业综合开发EOD项目

一、基本情况

JYH全域水系治理、生态修复、环境提升及产业综合开发EOD项目是国内将EOD模式应用到整个流域生态环境治理的比较成功的项目。2019年5月6日，JZ区人民政府发布了《关于印发JYH全域水系治理、生态修复、环境提升及产业综合开发EOD项目总体方案和市场化实施方案的通知》，对本项目进行总体部署，项目工期为20年，中标额约为65亿元。该项目目前已顺利确定了社会资本方，并已进入项目执行阶段。

二、交易结构

JYH全域水系治理、生态修复、环境提升及产业综合开发EOD项目由JZ区人民政府通过招投标程序选定的社会资本方（ZJTJ航道局有限公司、ZJSJ股份有限公司、ZJST环保有限公司、ZJDS航务工程勘察设计院有限公司与TJST环保设计研究院有限公司联合体）与政府平台公司（TJST城投有限公司）合作，共同成立项目公司（SZJG有限公司），由项目公司融资、建设、经营，项目公司经营所得的收入用来偿还融资款。

政府在整个项目过程中具有主导作用，一方面，在招投标程序选择社会资本方；另一方面，通过政府平台公司持股的方式参与经营管理。对于项目公司来讲，政府参与其中对其融资有增信的作用，既保证了项目能够顺利开展，同时，对其经营管理也有监督管理的作用。

本项目交易结构图如下。

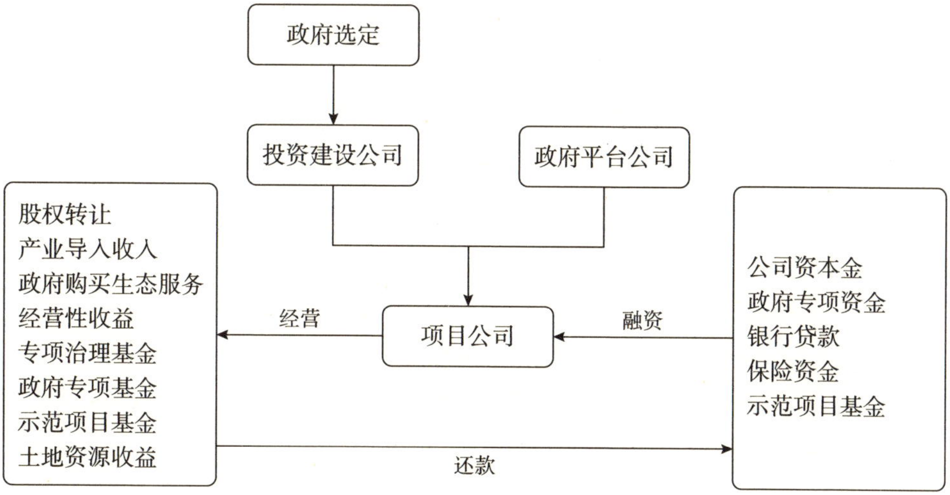

图 4-9　JYH 全域水系治理、生态修复、环境提升及产业综合开发项目交易结构

三、交易流程

1. 合作模式。JYH全域水系治理、生态修复、环境提升及产业综合开发EOD项目由区政府采用引入投资建设人的方式确定合法投资建设主体，与政府指定的平台公司依法成立了流域投资公司（SZJG有限公司）。

2. 项目资金。资金构成为项目资本金30%、融资70%，在此基础上积极争取各级专项资金，同时争取政府债券资金，以减轻融资压力。

（1）项目资本金。股东股权出资。

（2）项目投融资。主要向国家开发银行、中国农业发展银行等金融机构申请项目中长期贷款，同时积极争取国际金融机构贷款、保险资金，并逐步创新资本运作手段，实现渠道筹资。

（3）财政投入。可通过预算安排、发行地方政府债券等方式筹集资金，加大财政支持力度。

（4）争取示范项目资金。当前，国家有关部委围绕生态文明建设已经或正在推出一系列示范推广项目。流域投资公司（SZJG有限公司）牵头对JYH流域（JZ段）综合治理与生态修复进行包装策划，积极争取山水林田湖草、田园综合体、乡村振兴战略、"绿水青山就是金山银山"实践创新基地等示范项目资金。

3. 项目回款来源

在政府投入不足的情况下，引入社会力量提供优质生态产品和服务符合经济规律，是贯彻政府与市场两手发力的重要举措。按照“谁受益、谁付费，谁破坏、谁赔偿”的原则，流域范围内相关资源性收入和新增优质经营性资产运营收益优先用于项目资金平衡。

（1）水系综合治理专项资金。区政府根据水系综合治理实际需求，设立水系综合治理专项资金（以下简称专项资金），用于JYH流域（JZ段）综合治理与生态修复。该专项资金来源包括但不限于以下几个方面：

一是国有土地出让收益。国有土地出让收益作为政府性基金预算流入财政，政府通过基金预算支出途径将土地出让收益纳入专项资金。鉴于流域生态修复项目可带动土地增值，创造更有吸引力的投资环境，原则上对于流域投资公司（SZJG有限公司）在JZ区自主开发的项目，政府扣除土地整理成本并按国家规定计提土地出让净收益部分以外，将全额作为项目还款来源；对于流域投资公司在流域综合治理1公里范围内非自主开发的项目，政府扣除土地整理成本并按国家规定计提土地出让净收益部分以外，将全额作为项目还款来源（整理地块范围内双方协商一定比例土地收益作为还款来源）；对于流域投资公司（SZJG有限公司）流域综合治理1公里范围外毗邻区域非自主开发的项目，政府扣除土地整理成本并按国家规定计提土地出让净收益部分以外，以一定比例土地收益作为项目还款来源。

二是税收政策支持。项目合作期限内，对于流域投资公司（SZJG有限公司）在JZ区自主开发的项目，产生的新增税收及非税收入的地方留成部分全部纳入专项资金；对于在流域综合治理1公里内非自主开发的项目，产生的新增税收及非税收入的地方留成部分计提一定比例纳入专项资金，用于流域投资公司的投资成本及投资回报。

三是政府财政转移支付。区政府将上级对本项目的专项转移支付，纳入专项资金；区政府从一般转移支付中支出一定比例，纳入专项资金。

四是奖补资金。本项目包含公益性子项目，属于环保领域，可以申请“水污染防治专项资金”“重点流域水环境综合治理专项资金”“全国中小河流治理项目资金”“天津市环境保护专项资金”等奖补资金，纳入专项资金；将水资源税收、环境保护税收和地方国有企业利润计提进行一定比例组合作为补偿资金，纳入专项资金。

（2）用活土地资源收益。流域投资公司（SZJG有限公司）可通过以下途径用活土地资源，获得合理收益。一是土地整治收益。依据土地利用总体规划和土地整治规划，投资或参与高标准农田建设、土地整治补充耕地、复垦农村建设用地等方面的土地整治项目。二是土地指标交易收益。新增耕地或提质改造后的耕地，作为占补平衡指标，用于区域内耕地占补平衡；对复垦为耕地的建设用地，按照增减挂钩政策，由流域投资公司（SZJG有限公司）优先使用。节余指标进行交易时，分享一定比例的交易收益。三是土地整理和运营收益。区有关部门通过合规方式引入流域投资公司对辖区内的可开发用地进行土地整理和整体规划，同时建设、运营和管理开发地块的基础设施和公共设施。四是农村集体建设用地入市流转。对土地利用总体规划确定为工业、商业等经营性用途，并经依法登记的集体建设用地，由土地所有权人通过出让、出租、作价入股等方式交由流域投资公司使用，形成多元化的股权结构，共同参与项目开发。

（3）盘活经营性资产。鼓励流域投资公司（SZJG有限公司）积极参与区域内水库、供水、污水处理、垃圾处理、旅游资源等项目的投资建设和经营管理，政府出资代表分红及税收作为项目回款来源。通过湿地公园合理利用区内苗景兼用以及水杂粮种植运营获取收益；盘活州河和环秀湖水资源、生物资源开发及其他运营性资产，产生稳定的现金流。流域投资公司通过合规方式获取相关产业特许经营权，负责文化旅游、矿产等资源的特许经营。

（4）推行政府购买生态服务。遵循经济交易和等价交换的原则，按照国家和天津市的政府购买服务有关政策，购买生态产品和服务，包括以生物丰度、植被覆盖、水网密度、生态补水、土地退化、环境质量等指数综合衡量的生态产品提供和运营养护服务。将生态产品和服务列入政府采购目录，所需费用纳入政府财政预算，依法委托和购买生态服务。在购买服务执行过程中，建立第三方绩效考核评价体系；建立三年一轮的动态协商价格调整机制；按照政府购买服务有关政策规定，积极探索战略合作等购买方式。

（5）导入多元产业增强收益。结合脱贫攻坚、乡村振兴等工作，在河流沿线发展三产融合产业；在生态限制开发线内，规划一定比例的土地空间进行产业开发；流域投资公司（SZJG有限公司）优先开发观光农业、康养、新能源等环境友好型项目。若当地的治理区域内无法满足开发条件，可通过空间调整、置换等方式解决。地方政府可授予流域投资公司产业招商职能，协同政府招商，做大做强区域产业增量。地方政府向流域投资公司支付产业发展服务费与招商奖励。

（6）股权转让。若以上五种方式仍不能使流域投资公司（SZJG有限公司）实现资金平衡时，则区政府平台公司（STCT有限公司）等其他股东分期收购社会资本方（联合体）股权；也可经股东协商，将社会资本方（联合体）股权转让予股东以外的投资者。

四、本项目的法律风险

1.政府方与社会资本方组建的流域投资公司负责整个EOD项目的投融资、建设和运营，在不同的项目阶段，其会面临不同的法律问题，如土地开发包括征地、拆迁、平整、建设市政基础设施和社会公共配套设施等，这些项目的进行需要大量的资金。一方面，EOD项目的原生资金不足；另一方面，采取股权融资、债权融资等其他融资手段，也面临一定的融资法律风险。

2.实施过程中的政策风险主要包括国家政策和地方政策两个方面。国家政策对土地成片开发项目的影响主要包括城市化建设、土地利用政策、征地所涉及的拆迁及补偿政策、产业税收政策等；地方政策主要是作为国家政策的辅助，以及结合地方发展状况的政策。

3.收益风险。就固定比例收益模式而言，其是政府按照总建设成本的一定百分比分配利润给项目公司。在这种情况下政府往往是预先估计，划定比例，而项目公司的投资建设运营期往往很长，可能会面临很多突发的情况，极有可能发生超额支出的情形。就土地出让金净收益分成模式而言，根据财政部、国土资源部、中国人民银行于2006年12月31日发布的《国有土地使用权出让收支管理办法》第四条的规定，土地出让收支全额纳入地方政府基金预算管理。收入全部缴入地方国库，支出一律通过地方政府基金预算从土地出让收入中予以安排，实行彻底的“收支两条线”管理。在地方国库中设立专账（登记簿），专门核算土地出让收入和支出情况。土地出让金的收益需要全额纳入地方政府基金预算管理，项目公司不能收取土地出让金的部分收益，因此该模式也存在合规风险。《关于印发JYH全域水系治理、生态修复、环境提升及产业综合开发EOD项目总体方案和市场化实施方案的通知》规定，支持流域投资公司开展土地整治，按比例分享土地指标交易收益，支持流域投资公司参与区域内土地一级开发，获得一定比例的土地出让收益。JZ区EOD项目中采取的是土地出让金净收益分成模式，如上文所述存在一定风险。

五、本项目的法律意见

1.本项目资金来源中融资占比70%，融资比例相对较大，项目单位应当积极拓宽融资渠道，在项目的运作和推进过程中，注重项目投融资进度与合规性，满足金融机构的审查要求，尽可能地做好事前的融资工作。

2.本项目开发周期较长，对土地开发前要进行全面的项目论证，进行详细的尽职调查，积极与政府各部门沟通，尽量规避可能发生的政策风险。另外，注重与政府部门的合同签订，尽量在不违背法律法规的情况下将土地开发的详细规则订立在合同中，以避免今后因政策发生变化而出现项目中断的风险，保证在今后的纠纷中于法有据。

3.本项目涉及地方政府专项债券、保险资金投资、基础设施与公共特许经营管理等法律实务问题，地方政策性规定需与当地沟通，按照地方相关规定执行。

4.本项目由政府为社会资本方收益进行兜底，固化政府方支出责任，存在被认定为地方政府隐性债务的风险。

第六节　TOD案例

GZ市DP立交LTSH项目

一、基本情况

GZ市DP立交LTSH项目位于GZ市TH区东南侧HP大道环城高速交会处，TH区地铁5号线DP站附近，通过上盖公园把DP立交公路两旁的土地连接起来，建设了一个集立交、上盖公园、商住小区为一体的综合社区。GZ市DP立交LTSH项目是大型交通工程关键节点多功能综合社区开发新模式的典型TOD案例，项目总占地面积为13.4万平方米，建筑面积约35万平方米，项目跨越东环高速路段设置约500米长、100米宽开放性上盖绿化平台，住宅区设置大平台与上盖绿化平台相连，增加约6万平方米的绿化区域和丰富的文体设施，道路周边用地优化、交通改善、土地增值。

二、交易结构

GZ市DP立交LTSH项目DP地块原用地性质为交通设施用地，经过规划主管部门的指导和审查，设计单位的多番沟通论证，GZJT集团对地块立交改造方案和项目规划设计方案进行反复调整优化，最终获市规委会全票审议通过，用地性质由交通设施用地调整为城乡建设用地，为地块开发提供了基本条件。

GZ市国土资源和房屋管理局以挂牌方式出让DP立交地块地的国有土地使用权，GD集团通过招标竞得DP立交地块，GZJT集团、GD集团及有限合伙企业A共同成立GZJJ公司，由GZJJ有限公司负责开发建设。具体交易结构图如下：

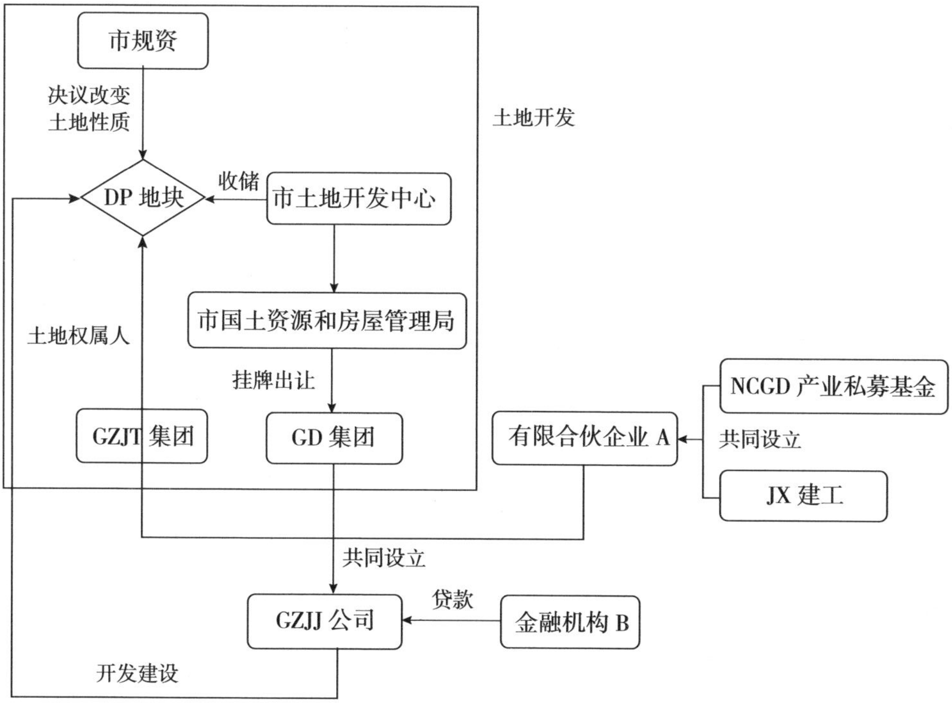

图 4-10　GZ 市 DP 立交 LTSH 项目交易结构

三、交易流程

1. GZ市规委会通过决议将DP地块的用地性质由交通设施用地调整为城乡建设用地。

2. GZJT集团与市土地开发中心签订地块《收回国有土地使用权补偿协议》。GZJT集团通过与市政府各相关部门的协同努力，高效完成了地块收储前期项目建议书、地质灾害危险性评估、土壤污染调查和文物考古等专项报告审批工作。后陆续完成国有土地使用证注销、变更登记，以及用地结案工作。DP地块收储项目投资估算为292882.00万元，其中征地补偿费用284821.00万元，征地拆迁其他费用609.00万元，预备费31.00万元，建设期利息7423.00万元，资金来源为GZ市土地出让金统筹安排，当年8月地块收储工作基本完成。同年11月，DP立交地块成功挂牌出让，开创GZ市“当年收储、当年出让”的新纪录，成为节约集约利用土地的典范。

3. GZ市国土资源和房屋管理局以挂牌方式出让，根据挂牌出让宗地的基本情况和规划指标要求显示，DP立交地块为二类居住用地（R2）、防护绿地（G2）、城市道路用地（S1）。该宗地面积为12.33万平方米（可建设用地面积9.13万平方米），容积率小于等于4.05（含地下），计算容积率建筑面积（含地下）小于等于36.96万平方米。

4. GZJT集团提出优化DP立交市政化改造方案，通过对上盖绿化工程、住宅地块详细设计，优化立交方案增加净用地面积，并通过提升住宅项目、绿化隔离带地坪标高、公建配套设施在地块内统筹设置等详细设计和论证，形成了方案二次优化建议，优化后地块计容建筑面积调整为约37万平方米，增加了约2万平方米。DP立交公建配套改造完成后须无偿移交给政府。

5.竞得人须在成交后即时与GZ公共资源交易中心签订《成交确认书》，并与GZ市国土资源和房屋管理局签订《GZ市国有建设用地使用权出让合同》。在土地出让成交后两个月内与原土地权属人GZJT集团就立交改造工程及上盖绿化工程的设计与建设、安全保障、交通疏导、施工组织等签订建设管理合作协议。

6. DP立交地块挂牌起始价44.6亿元，由GD集团以44.6亿元的底价竞得该地块，之后GD集团、GZJT集团的子公司、有限合伙企业A共同成立GZJJ有限公司负责开发建设，项目建设资金来自注册资金和金融机构B，还款来源为物业销售收入。

7. DP立交LTSH项目建成后，除交通枢纽、住宅楼、商业楼外，还包括幼儿园、派出所、社区服务中心、老年人活动中心、政务服务中心等社区功能需求，还包括足球场、网球场、篮球场，以及800米环形跑道等基础设施，并且这些基础设施向社会开放。

四、本项目的法律风险

1.根据DP地块土地出让公告显示，DP立交地块受让人在土地出让成交后两个月内需与原土地权属人GZJT集团就立交改造工程及上盖绿化工程的设计与建设、安全保障、交通疏导、施工组织等签订建设管理合作协议，受让人逾期未签订协议的，出让人可单方解除土地出让合同。本项目虽然在招标公告中有列明受让条件，但并未写明具体合同条款，存在GD集团在竞得土地两个月后GD集团与GZJT集团对于设计与建设、安全保障、交通疏导、施工组织一系列方案不能达成合意并且签订合同的风险，根据招标公告，受让人GD集团逾期未签订协议的，出让人可单方解除土地出让合同。

2. GZ市DP立交LTSH项目DP地块在收储前，GZJT集团与市土地开发中心签订地块《收回国有土地使用权补偿协议》，约定出让人支付GZJT集团的土地使用权补偿款的支付方式为该地块成功招标后，出让人取得土地出让款之日起10个工作日内向GZJT集团支付。如该地块不能如期顺利招标出让，存在GZJT集团的土地使用权被收回，但补偿资金面临无法按时到位的风险。

3. DP立交LTSH项目建设内容不仅涉及住宅，商业，还包括公共基础设施，DP立交升级改造，运动设施等项目，远比传统的房地产开发项目需要配建的公建配套设施多，公共设施建设完成后向社会开放，DP立交改造完成后公建配套部分须无偿移交给政府，开发商GZJJ公司需合理编制概预算及工程造价，防止成本过高不能完成公共设施建设与DP立交改造进而造成违约。

4. 噪声、环保污染。TOD模式往往将交通枢纽、商业、住宅、公共设施基于一体，随之而来的环保及噪声问题需要格外注意，DP立交LTSH项目同样如此，DP立交位于TH区东南侧HP大道环城高速交会处，车辆噪声尾气集中，项目设计、施工、后续治理都须符合《环境保护法》的规定。噪声、环保污染容易在后续房地产销售过程中引发小业主批量的维权风险。

五、本项目的法律意见

1. GD集团在受让DP地块之前充分考虑测算DP立交LTSH项目工程的设计与建设、安全保障、交通疏导、施工组织等签订建设管理的成本和风险，防止出现争议条款无法达成一致意见的情形，最终可以在竞得土地后在两个月内与原权属人GZJT集团达成协议。

2. 受让人GD集团应注意确认地块规划条件、容积率、配套建设等，一方面，可以有利于编制概预算及工程造价，从而更好地安排投融资；另一方面，也为接下来开发土地，履行与GZJT集团签订的协议提供良好的前提条件，以免对后续GD集团开发的进度与成本带来影响。

3. 对于噪声及尾气等污染问题，按照《环境保护法》第十九条“编制有关开发利用规划，建设对环境有影响的项目，应当依法进行环境影响评价。未依法进行环境影响评价的开发利用规划，不得组织实施；未依法进行环境影响评价的建设项目，不得开工建设”。以及第五十六条第一款“对依法应当编制环境影响报告书的建设项目，建设单位应当在编制时向可能受影响的公众说明情况，充分征求意见”。一方面，在设计之初进行环境影响报告书；另一方，要按照报告书中提出的具体治理的对策来实施，听取公众意见，完善环保措施，以防项目建成后产生环保问题，遭遇投诉或被相关部门作出整改处罚。另外，在本项目具备预售条件后，应对预售销售人员进行培训，对噪声和污染问题谨慎提及，对楼盘销售宣传尽量客观真实，避免后续收楼阶段小业主以虚假宣传进行维权，影响开发商GD集团的声誉及陷入诉讼纠纷。

第七节 “F+EPC”项目案例

ZQ高新区新能源动力产业园中园基础设施开发“F+EPC”项目

一、基本情况

GDZQ动力产业园中园基础设施开发项目（以下简称动力产业园项目）所在地位于ZQ高新区东北部。该项目总占地面积约3000亩，主要建设产业园中园内的市政基础设施。建设内容包括道路工程、雨水工程、污水工程、供电工程及场地平整等，其中道路工程主要建设路基、路面、路灯、交通工程、道路绿化、软基处理、公交候车亭等。项目估算总投资约为92077.7万元（含建设期利息），其中工程建设费用为86381.4万元。建设资金来源由申请银行贷款解决。项目建设期限为36个月。

动力产业园项目采用“F+EPC”模式，由总承包负责项目资金的筹集，同时也负责项目的勘察设计施工工作。

二、交易结构

动力产业园项目中，XY开发公司对整个项目负责，XY开发公司负责融资，之后再通过委托代建的方式对将该项目发包，投资控股公司与总承包方是项目的具体实施单位，同时整个交易结构均是在ZQ高新区管委会的主导下完成。

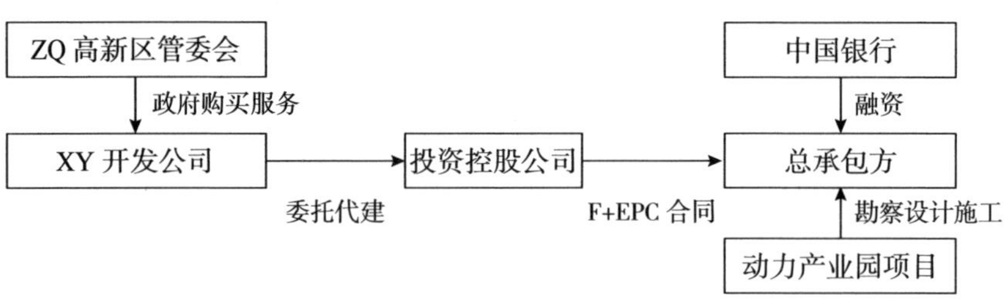

图 4-11 ZQ 高新区新能源动力产业园中园基础设施开发项目交易结构

三、交易流程

1. ZQ市高新区管委会通过政府购买服务的方式与ZQ高新区XY建设开发有限公司签订《政府购买服务协议》，按照该项目预算方案（或政府审批文件）购买服务。资金来源于ZQ政府财政性资金，在财政预算中统筹安排，并将在本协议期内逐年纳入未来年度本级财政预算支出管理。

2. ZQ高新区XY建设开发公司为ZQ高新区管委会设立的开发公司，也即为政府服务的提供方，中国银行为ZQ高新区XY建设开发有限公司提供7亿元贷款。

3. 投资控股公司作为XY开发公司的委托代建方，投资控股公司将本项目发包给总承包方。总承包方是中国建筑第SS局有限公司与中国市政工程NF设计研究院有限公司。总承包方负责建设项目资金的筹集及工程的勘察设计施工。

四、ZQ动力产业园项目法律风险

1. 政府购买服务内容不符相关政策的风险

根据《财政部关于坚决制止地方以政府购买服务名义违法违规融资的通知》（财预〔2017〕87号）第二条的规定，政府购买服务内容应当……严格按照《政府采购法》确定的服务范围实施政府购买服务，不得将原材料、燃料、设备、产品等货物，以及建筑物和构筑物的新建、改建、扩建及其相关的装修、拆除、修缮等建设工程作为政府购买服务项目。严禁将铁路、公路、机场、通信、水电煤气，以及教育、科技、医疗卫生、文化、体育等领域的基础设施建设，储备土地前期开发，农田水利等建设工程作为政府购买服务项目。严禁将建设工程与服务打包作为政府购买服务项目。本案例中ZQ高新区管委会通过政府采购服务的形式引进XY开发公司，并签订了《政府购买服务协议》，该协议第二章购买服务内容第四条约定，本项目建设内容及规模：本项目开发范围总占地面积约3000亩，主要包括：道路工程、雨水工程、污水工程、供电工程及场地平整等及第五条约定，项目投资包括建筑工程费用、土地费用与拆迁补偿费。《政府购买服务协议》内容明显为工程项目，政府采用购买服务的形式违反了前述财预〔2017〕87号文规定的严禁将建设工程与服务打包作为政府服务购买服务项目的要求。

2. 承包商“F”部分回款风险

ZQ动力产业园项目中政府购买服务的资金来源于财政资金，在财政预算中统筹安排，ZQ高新区政府按年支付服务费用，周期长达19年。而融资主体XY开发公司回款来源主要依赖政府按时付费，从而偿还银行贷款。本项目的回款模式与政府的财政支付责任相联系，但本项目违反了《关于坚决制止地方以政府购买服务名义违法违规融资的通知》中的规定，将建设工程与服务打包，限制的建筑工程及土地开发，项目期间一旦因政策原因被中止，ZQ高新区政府将不能按时付费，导致XY开发公司不能按时回款，建设工程可能因为资金不到位而陷入停滞，影响工程期限，进而出现违约的风险。

五、ZQ动力产业园项目法律意见

1.政府购买的服务内容应符合《关于坚决制止地方以政府购买服务名义违法违规融资的通知》（财预〔2017〕87号）相关规定，本项目在《政府购买服务协议》中载明的政府购买服务内容不应明显出现建设工程，土地开发等内容，政府购买服务协议中重点应为服务相关内容。

2.本项目融资主体XY开发公司回款高度依赖于政府土地出让金，为降低风险，XY开发公司可积极自行寻找其他回款渠道，保证现金流，以避免在项目开发建设时因资金无法跟进而导致项目停滞的风险。对于金融机构而言，也同样如此，政府按约支付服务费的履行能力与XY开发公司向银行履约高度关联，因此XY开发公司要积极拓宽回款渠道，以保证按时偿还贷款。

3.本项目中，XY开发公司既是投资人，又是总承包方，易产生内部利益分配矛盾、监理人难以中立、结算审计风险等。因此，在本项目运行过程中项目单位应当制定合理的管理办法，明确管理流程及决策程序，在确保建设单位对工程项目监督管理权利的同时，尊重总承包人的自主权，使建设单位真正减少对项目的干预，也避免廉政风险。此外，合作各方制定合理的内部利益分配机制，避免内部发生利益冲突。同时又高度重视监理角色定位与职责的约定，以保障工程质量，推动项目的顺利开展。

第八节 政府产业基金案例

AD省基础设施政府产业基金案例

一、基金设立背景

AD省发展和改革委员会为推动基础设施建设供给侧结构性改革，拟牵头成立AD省基础设施投资基金（以下简称基金），由政府投资引导社会资本，遵循“市场运作、专业管理、防范风险”原则，通过直投项目和参股行业、地市子基金，其中RT公司为社会投资人之一，为基础设施重大项目（包括RT自身参与的项目）提供资本金。

二、变更前基金方案

（一）变更前基金设立方案

基金名称为“AD省基础设施投资基金”，首期封闭运作规模不低于2000亿元，根据资金使用和项目储备情况确定具体规模。基金的主发起人是由AD省发展和改革委员会组建的AD省基础设施投资基金管理公司。基金存续期限15年，投资期10年，退出期3年，可适当延长2年。

基金由政府资金和社会投资人共同出资。其中，政府首期出资规模约200亿元，社会投资人出资约1800亿元，社会投资资金通过公开询价、竞争性谈判等方式向银行、证券、保险、大型企业募集。基金额度一次认缴、资金分期到位。

基金主要支持当地基础设施项目建设。项目满足投资条件开展实际投资时，各出资人在认缴出资的总规模内，按出资比例拨付资金。

社会投资人牵头成立行业子基金，其中RT公司为社会投资人之一，支持地市政府出资成立地市基础设施投资子基金，投资基础设施项目。

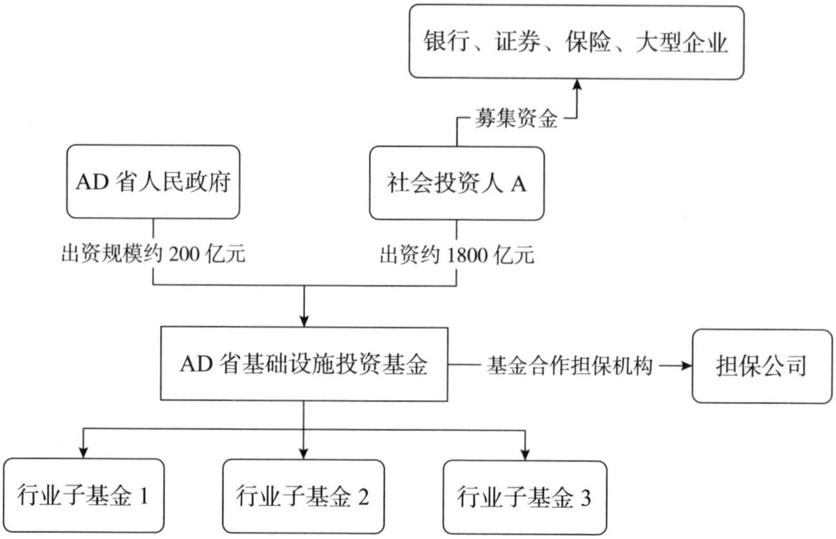

图 4-12 变更前基金方案

（二）变更前基金投资范围及方式

基金重点投资基础设施项目库中的准经营性项目，兼顾部分经营性项目，通过投资项目资本金、参股子基金投资、联合投资等多种方式支持基础设施项目建设。基金主要投资方式是直接投资基础设施项目资本金，同时作为母基金参股地市和行业子基金。项目资本金不低于国家规定的资本金比例。

按照目前的基金方案，基金由政府机构、产业资本，以及金融机构共同出资设立，认缴相应的基金份额，同股同权，在项目满足投资条件开展实际投资时，各方按照股比进行实缴出资。

（三）变更前基金收益分配及退出机制

基金根据项目类型确定收益，资金实际投放后计算收益，根据项目具体情况，并根据基金收益情况，对社会投资人予以奖励。基金根据项目具体情况，采取项目公司大股东回购、上市（包括IPO、新三板）、资产证券化、并购等方式，与项目公司约定投资退出方式。基金将引入第三方担保公司作为基金合作担保机构。

三、变更后基金方案

为促进基金管理，提高投资和管理效率，AD省发展和改革委员会决定将基金组建方式由设立1只母基金变更为设立12只平行基金，因此单支基金的组建方案也相应调整。

RT公司参与设立12只平行基金中的1只，基金名称为“AD省GS基础设施投资基金”（有限合伙，以下简称平行基金1）。平行基金1规模355.01亿元，存续期15年（经营期经合伙人一致同意可延长，但不得超过30年）。

平行基金1由4个合伙人组成，其中，RT公司作为有限合伙人认缴10亿元，持有合伙企业份额为2.8168%；普通合伙人及执行事务合伙人由AD基金管理公司担任，认缴100万元，认缴份额占比0.0028%；政府出资代表ZF投资控股有限公司（下称ZF投资）认缴45亿元，认缴份额占比为12.6757%；GS公司出资代表GS投资管理有限公司通过其设立的GS投资-AD省基础设施基金1号专项资产管理计划（下称GS-AD资管计划）认缴300亿元，认缴份额占比84.5047%。基金管理费按实缴出资总额每年的0.2%收取，同时预留1%用以支付当期及后续各期的管理费。

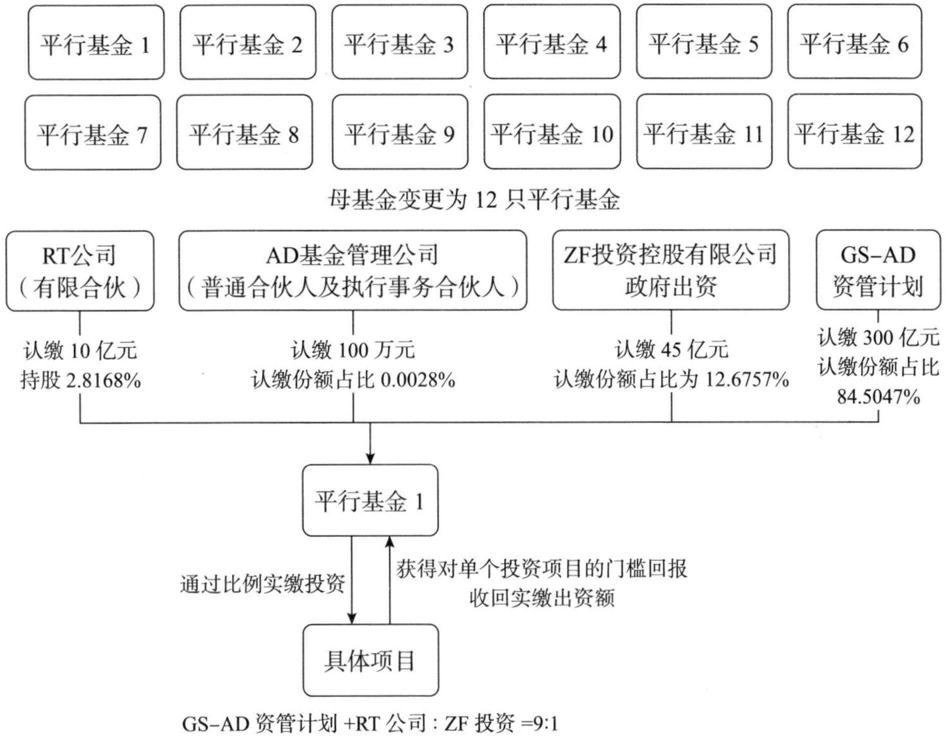

图 4-13 母基金变更为平行基金

基金重点支持AD省内的基础设施投资项目及大湾区基础设施建设，且合伙企业的全部现金资产，包括但不限于待投资、待分配及费用备付的现金，在合伙企业投资决策委员会同意的情况下，可投资于保本理财产品以及银行存款、国债、地方政府债、政策性金融债和政府支持债券等安全性和流动性较好的固定收益类资产。基金约定可以股权投资及其他符合法律、法规规定的方式进行投资。

（一）出资安排

合伙人首期出资时间及金额由执行事务合伙人确定，以后各期出资的时间和金额由投资决策委员会确定，具体要求包括：

（1）首期出资时，要求其他有限合伙人在ZF投资资金到达合伙企业的募集结算资金专用账户起两个月内完成实缴出资，其中首期实缴出资中RT公司和GS–AD资管计划的实缴出资之和与ZF投资实缴出资的比例不低于1∶1，且GS–AD资管计划和公司的实缴出资比例为30∶1，若按前述比例计算后RT公司的首期实缴出资额低于人民币100万元，RT公司仍应缴足至不低于人民币100万元，GS–AD资管计划的首期实缴出资不再按比例进行调整；

（2）具体投资项目时，基金划入投资目标企业账户的资金中，GS–AD资管计划及RT公司实缴出资额之和与ZF投资实缴出资额的比例为9∶1（根据相关监管部门要求或省有关部门规定，出资比例可作调整）；GS–AD资管计划与RT公司之间的实缴出资比例根据具体项目商定，若协商不成则按照各自在合伙企业认缴出资额的比例（30∶1）进行实缴。

（二）收益分配及退出机制

首先由全体合伙人足额获得其对单个投资项目的门槛回报，并收回实缴出资额；完成上述分配后的剩余投资收入按照相应比例在有限合伙人及普通合伙人之间分配。全体合伙人根据其在每个投资项目项下的实缴出资额的比例承担合伙企业的亏损与债务；有限合伙人以其认缴的出资额为限对合伙企业的债务承担责任，普通合伙人对合伙企业的债务承担无限连带责任。

有限合伙人可通过转让其持有的合伙企业财产份额从而退出有限合伙；若有限合伙人ZF投资退伙，则其他有限合伙人可以提出退伙，除此之外，有限合伙人不得提出退伙的要求。

四、本基金的风险

本次投资的风险基金在投资运作过程中可能受宏观经济、行业周期、投资标的、交易方案等多种因素影响，如果没有对投资标的及交易方案进行充分有效的投前论证及投后管理，就可能面临投资失败及基金亏损等不能实现预期收益的风险。

第九节　地方政府融资平台融资案例

MZW土地一级开发项目地方融资平台公司

一、基本情况

MZW起步区规划总面积为33平方公里，起步区内HL片区约10平方公里，合作项目静态投资总额约254亿元，项目合作内容包括：

（1）合作区域内土地平整、市政基础设施、城市水利及水系整理、景观绿化工程、城市公共服务设施等工程的组织实施及资金筹措；

（2）有关土地征收及房屋拆迁补偿安置、安置区建设的资金筹集；

（3）参与区域开发策划、土地出让的营销和推介、产业导入等。

项目由ZJNS投资发展有限公司（以下简称ZJNS公司）、NSCT有限公司（以下简称NSCT公司）共同设立合资公司进行合作开发建设，其中NSCT公司是管委会和财政厅所共同设立的地方融资平台公司。

二、交易结构

项目交易结构图如图4-14所示，项目采用“融资平台公司+中标合作企业+合资公司”的开发建设组织模式。

1.分阶段开发

根据项目规划，合资公司实施LSDJ约3.5平方公里区域开发，兼顾HLD开发的前期准备，并按照公开招标及合作开发合同中明确的标准LSDJ通过考核验收后，经管委会同意，可再全面推进HLD10平方公里的开发。

2.职责分工

（1）管委会职责：管委会负责MZW起步区开发建设总体决策和指导，负责全面统筹、监督控制、协调MZW起步区的开发建设，具体包括目标与计划管理、技术管理、投资管理、工程管理和质量管理等工作。

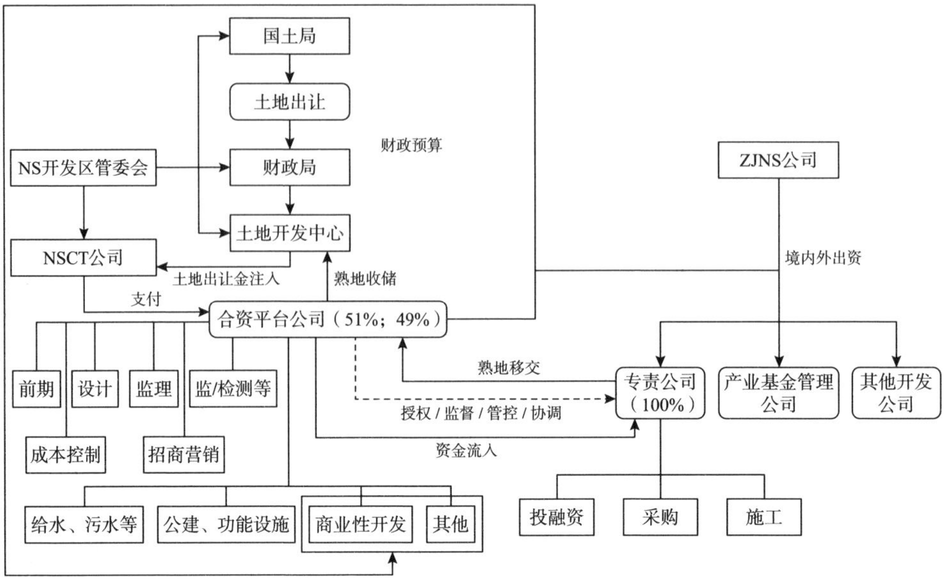

图4-14　项目交易结构图

（2）地方融资平台（NSCT公司）职责：接受管委会的授权，通过公开招标方式选择投资建设及施工总承包单位，根据招标文件及合同的约定对MZW起步区LSDJ和HLD区域城市开发与建设项目进行投资建设与总承包施工。

（3）合资公司职责：项目开发前由NSCT公司（持股51%）和中标合作企业ZJNS公司（持股49%）合资成立合资公司（注册资本金15亿元），合资公司注册资本金由NSCT公司与中标合作企业（ZJNS公司）按照合同约定各自筹集，注册资本金以外的项目资金由中标合作企业（ZJNS公司）及其成立的专责公司负责筹集。合资公司作为项目发起人和建设单位，由管委会对前期合作情况进行评估，在NSCT公司的监督和统筹协调下再全面组织实施MZW起步区LSDJ和HLD区域的土地整理和基础设施建设。

（4）中标合作企业（ZJNS公司）职责：中标合作企业（ZJNS公司）按经合资公司和指挥部审查并经管委会审定的融资方案独立开展项目投融资工作，负责土地整理和基础设施建设的资金筹措，保障落实征拆补偿安置资金。中标合作企业（ZJNS公司）除按股比承担的合资公司注册资本金外，还须按合同约定负责筹措项目资本金并提供全部融资所需的抵押担保物，负责融资任务及融资职能，NS政府方面不提供任何融资抵押和担保。

中标合作企业（ZJNS公司）可以在NS注册成立区域总部和专门机构，代表中标合作企业（ZJNS公司）对国内外资金、技术、人才等优势资源进行整合，负责导入符合功能定位的高端产业项目。除此之外，中标合作企业（ZJNS公司）还承诺将参与MZW起步区开发获得的收益扣除相应成本后全部定向用于NS新区后续滚动发展，并在NS设立专门基金，进一步促进NS区域经济发展。

（5）专责公司职责：由ZJNS公司独资设立的子公司，经ZJNS公司授权委托，具体开展本项目的融资工作，以及具体施工项目的施工管理工作；同时经合资公司委托，代为支付土地收储成本及合资公司发包工程款项。

3.项目收益

（1）各地块的城市基础设施建设完成并经政府组织验收确认达到标准后，合资公司申请向NS政府进行移交，由NS政府负责维护管养，符合出让条件后，由NS国土部门组织开展土地出让，土地出让收入全额收归财政。

（2）土地成功出让后4个月内，NS政府将土地出让金注入地方融资平台（NSCT公司），地方融资平台（NSCT公司）按照约定向合资公司支付土地整理和基础设施建设成本及融资成本，以及政府应支付的合资公司的正常收益。

三、问题分析

问题一：专责公司负责为平台公司融资，而不参与项目实施的具体组织，该模式是否直接构成政府债务，ZJNS公司是否成为NS政府的债权人，政府是否是扩大负债规模进行土地一级开发，NS政府是否会因此承担责任？

分析：虽然政府报表中会将该费用列为负债，但从法律的角度来看，专责公司代合资公司支付土地开发费用，不会构成政府债务。

合资公司的股东是NSCT公司和ZJNS公司，股东履行对公司的出资义务，并以出资为限承担责任，公司以自有资产对外承担有限责任。专责公司代合资公司支付土地开发费用，专责公司成为合资公司的债权人，而非政府的债权人。

问题二：专责公司是否是政府项目的垫资通道？

分析：专责公司代合资公司支付工程建设费等费用，专责公司与合资公司之间形成借贷关系，构成债权债务。专责公司是项目投资及工程总承包中标人是中标企业（ZJNS公司）设立的项目公司，中标企业（ZJNS公司）负有为项目投资，提供项目资金义务。

问题三：专责公司能否依托项目本身进行项目融资？

分析：专责公司不能以项目自有资产融资，但能依靠未来现金流量作为资金偿还的保证，进行融资。合资公司不会同意专责公司以项目本身进行融资。

问题四：项目的投资人是合资公司还是中标合作企业（ZJNS公司）？

分析：项目的投资人是合资公司，中标合作企业（ZJNS公司）是合资公司49%股份的投资人。专责公司提供整个项目的建设资金，但专责公司享有的是债权，专责公司与合资公司之间是借贷关系，不是投资关系。

问题五：中标企业（ZJNS公司）是合资公司49%股份的投资人还是整个项目的投资人

分析：中标企业（ZJNS公司）是合资公司49%股份的投资人，不是整个项目的投资人，项目投资人是合资公司。中标企业（ZJNS公司）仅投资了合资公司，仅持有合资公司49%的股份，是合资公司49%股份的投资人，不是项目投资人，项目投资人是合资公司。

问题六：合资公司的股东NSCT公司是否需要投标

分析：本项目通过合资公司运转整个项目，合资公司作为项目的发起人和建设单位，项目责任由合资公司承担。管委会可以直接授权NSCT公司投资合资公司，不用投标。

四、法律意见

本项目发生于2013年，是典型的地方政府融资平台公司通过与其他企业合作投资土地一级开发并进行区域综合开发的项目，地方政府融资平台通过地方政府的授权，负责招标投资人对本地土地进行一级开发，再通过土地出让收入注入地方政府融资平台公司支付到合资公司，合资公司再进行该区域的基建配套建设，推动区域的快速发展。本项目的融资主要依靠中标企业及其设立的专责公司，管委会和融资平台公司（NSCT公司）均未提供任何担保和承诺。但本项目的回款依赖于土地出让金，按照签订的合同约定，政府需要将土地出让金注入到地方融资平台（NSCT公司），地方融资平台（NSCT公司）再向合资公司支付土地整理和基础设施建设成本及融资成本，以及政府应支付的合资公司的正常收益。按照现在的法规政策，穿透项目最终的回款来源，存在地方政府隐性债务的风险。

第十节　PPP案例

SZC生活污水处理设施捆绑打包PPP项目

一、项目概况

SZC生活污水处理设施捆绑打包PPP项目，项目总投资145991万元，其中工程费为120476万元，工程其他费用11745万元，预备费7933万元。项目建设期利息5723万元，铺底流动资金114万元。项目提供公共产品和服务的内容包括：镇区污水处理工程以及农村污水处理工程。其中：1.镇级部分，DJ镇、CX镇两个镇级污水处理设施及配套管网和CX镇污水处理厂东线工程的融资、设计、建设及运营维护。2.农村部分，全市17个镇街1281个自然村共1405个农村污水处理设施及配套管网的融资、设计、建设及运营维护。

二、项目运作方式

WCS污水处理设施PPP项目结构图如下所示。

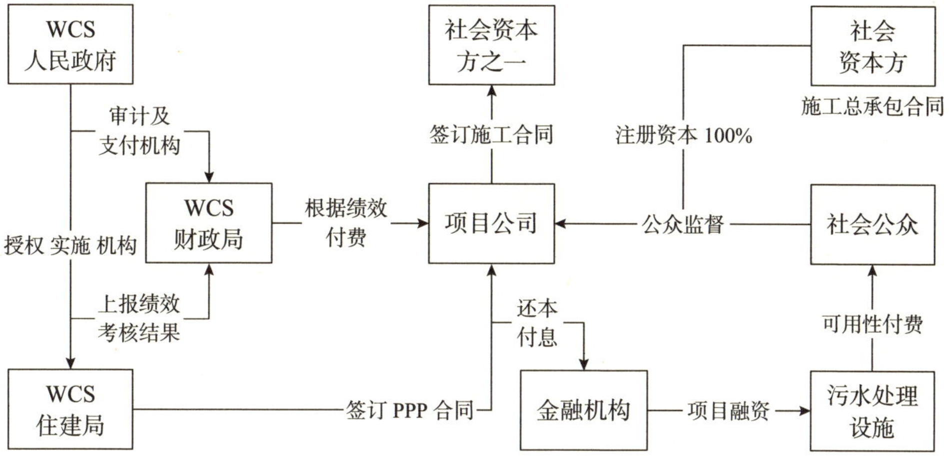

图4-15　WCS污水处理设施PPP项目结构

1. WCS污水处理设施PPP项目投融资结构

本项目是WCS人民政府授权WCS住房和城乡建设局为项目实施机构采用PPP中的BOT模式（建设—运营—移交），依法通过公开市场竞争机制择优选择社会资本方TC公司。TC公司中标后独立组建项目公司BD公司，由项目公司负责SZC生活污水处理设施项目的设计、投资、建设及运营维护。合作期届满时，按照PPP协议相关约定，将相关资产完好、无偿地移交给WCS人民政府。

BD公司（由TC公司负责并提供融资保障）以本项目的预期收益，采用“项目融资”方式向金融机构申请获得贷款，并指定用于WCS污水处理设施PPP项目建设。BD公司对项目进行投资、建设，WCS住房和城乡建设局对项目进行验收，由BD公司进行运营维护管养，并向公众提供持续可用性服务。同时WCS住房和城乡建设局及社会公众对WCS污水处理设施PPP项目建设、运维进行绩效考核，考核结果上报WCS财政局。WCS财政局根据绩效考核结果，支付相应的绩效考核付费。BD公司获得收益后，向融资机构还本付息。项目合作期结束后，由BD公司将相关设施免费移交WCS住房和城乡建设局或WCS人民政府指定机构。

2. WCS污水处理设施PPP项目回报机制

本项目为污水处理及其配套管网项目，社会资本方取得投资回报全部来源于政府付费。本项目的政府付费由WCS财政局纳入跨年度预算。项目镇区污水处理厂属于准经营性项目，尽管此类项目具有一定的运营收入，但是污水处理项目是不能直接向终端用户提供服务的终端型基础设施项目（污水处理费直接进入当地财政收入），所以采用政府付费方式。

三、SZC生活污水处理设施捆绑打包PPP项目法律问题

（一）关于本项目施工阶段问题

1. WCS住房和城乡建设局未按《PPP项目合同》约定时间完成项目报批等手续，存在合同违约风险

项目公司与经WCS人民政府政府授权的WCS住房和城乡建设局签订《PPP项目合同》约定：由WCS住房和城乡建设局负责协调政府部门及农村集体管理机构依法审批本项目的土地使用、环境保护等相关文件……WCS住房和城乡建设局需为贵司的建设提供必要的协助，依法依规协助其争取政策性扶持优惠及政府行政批准手续……村级

污水处理设施用地由政府无偿提供给贵司使用，并完成本项目用地的规划及相关审批手续。

《PPP项目合同》多处提及政府方有义务协助项目取得建设有关的所有政府审批程序。但WCS住房和城乡建设局未按时履行上述《PPP项目合同》义务协助办理相关项目手续及证件，存在影响项目进度，构成合同违约的风险。

2. 项目公司在SZC生活污水处理设施捆绑打包PPP项目未取得相关的报建手续情况下擅自施工，面临行政处罚风险

根据《国家发展改革委关于依法依规加强PPP项目投资和建设管理的通知》（发改投资规〔2019〕1098号）的规定，未依法依规履行审批、核准、备案及可行性论证和审查程序的PPP项目，为不规范项目，不得开工建设。不得以实施方案审查等任何形式规避或替代项目审批、核准、备案，以及可行性论证和审查程序。因此，未依法依规经营项目审批、核准、备案等不规范项目不得开工。

又根据《城乡规划法》第三十七条第一款的规定："在城市、镇规划区内以划拨方式提供国有土地使用权的建设项目，经有关部门批准、核准、备案后，建设单位应当向城市、县人民政府城乡规划主管部门提出建设用地规划许可申请，由城市、县人民政府城乡规划主管部门依据控制性详细规划核定建设用地的位置、面积、允许建设的范围，核发建设用地规划许可证。"

同时，根据《建筑法》第七条的规定，建筑工程开工前，建设单位应当按照国家有关规定向工程所在地县级以上人民政府建设行政主管部门申请领取施工许可证。

根据《建筑法》第六十四条规定，未取得施工许可证或者开工报告未经批准擅自施工的，责令改正。对不符合开工条件的责令停止施工，可以处以罚款。结合《建设工程质量管理条例》第五十七条规定："违反本条例规定，建设单位未取得施工许可证或者开工报告未经批准，擅自施工的，责令停止施工，限期改正，处工程合同价款1%以上2%以下的罚款。"

本项目的规划报建及施工报建审批流程均未完成，本项目的建设单位尚未取得项目相关审批文件。然而，为了保障项目进展符合原定计划项目公司已经发包给相关工程建设承包方。在未取得相关的报建手续的前提下擅自施工，可能会面临政府方依照前述法律和法规对项目公司进行行政处罚的风险。

3. SZC生活污水处理设施捆绑打包PPP项目报建、施工许可等手续尚未批复，可能存在无法竣工验收备案的问题

依据《城乡规划法》第四十五条的规定，县级以上地方人民政府城乡规划主管部门按照国务院规定对建设工程是否符合规划条件予以核实。未经核实或者经核实不符合规划条件的，建设单位不得组织竣工验收。

本PPP项目建设相关审批均未办理下来。若至本项目竣工验收时期，相关手续及证件仍未审批下来，项目公司可能面临由于资料不足而导致项目无法顺利通过竣工验收备案的风险。

4. SZC生活污水处理设施捆绑打包PPP项目尚未获得项目初步设计批复，项目概算金额不明确，存在最终投资规模超出预期总投的问题

依照《国家发展改革委关于依法依规加强PPP项目投资和建设管理的通知》（发改投资规〔2019〕1098号）“严格依法依规履行项目决策程序”中明确：实施方案、招投标文件、合同的主要内容应与经批准的可行性研究报告、核准文件、备案信息保持一致。实施方案、招投标文件、合同或建设中出现以下情形的，应当报请原审批、核准、备案机关重新履行项目审核备程序：（1）项目建设地点发生变化；（2）项目建设规模和主要建设内容发生较大变化；（3）项目建设标准发生较大变化；（4）项目投资规模超过批复投资的10%。

本项目尚未取得项目初步设计的批复，项目概算金额也尚不明确。《PPP项目合同》约定本项目总投资约为14亿元，一旦最终项目投资规模超过批复投资的10%，本项目可能会面临报请原审批、核准、备案机关重新履行项目审核备程序的风险。

5. SZC生活污水处理设施捆绑打包PPP项目因未完成报建手续、概算批复等问题可能导致融资违约问题

根据融资合同内容约定，一旦项目出现进度落后或者行政处罚等情形，则贷款人有权提前停止放贷、回收贷款并要求项目公司承担违约责任。若因政府原因导致项目公司受到行政处罚或者项目进度落后的，如果贷款人停止放贷，则会直接造成项目中断、进一步增加项目建设成本。

（二）关于本项目绩效考核部分的问题

1.关于下达的考核方案与PPP合同关于绩效考核约定内容不一致的问题

WCS住房和城乡建设局办公室印发《SZC生活污水处理设施捆绑打包PPP项目考核方案》（以下简称《考核方案》）对考核对象、时间安排、考核方式、考核内容、考核评分、考核成果运用等方面进行明确。《考核方案》中对项目公司设置了人员架构、机械设备、项目进度等考核类别，与《PPP项目合同》附件一《建设期绩效考核标准》所列指标类别明显不同，即《考核方案》对PPP合同中约定的绩效考核评价指标作出了调整。

根据《政府和社会资本合作（PPP）项目绩效管理操作指引》（财金〔2020〕13号）（以下简称《操作指引》）第十一条第一款第三项规定，PPP项目执行阶段，绩效目标和指标体系原则上不予调整。但因项目实施内容、相关政策、行业标准发生变化或突发事件、不可抗力等无法预见的重大变化影响绩效目标实现而确需调整的，由项目实施机构和项目公司（未设立项目公司时为社会资本，下同）协商确定，经财政部门及相关主管部门审核通过后报本级人民政府批准。

建议BD公司让实施机构提供确需调整考核方案的依据及经财政部门及相关主管部门审核通过后报本级人民政府批准的文件。

此外，《操作指引》第十二条规定，“项目公司（社会资本）对绩效目标或指标体系调整结果有异议的，可申请召开评审会，就调整结果的科学性、合理性、可行性等进行评审。双方对评审意见无异议的，按评审意见完善后履行报批程序；仍有异议的，按照合同约定的争议解决机制处理”。若实施机构按照前述程序履行了确需调整的相关论证并经财政部门及相关主管部门审核通过后报本级人民政府批准，但项目公司对绩效目标或指标体系调整结果有异议的，项目公司可申请召开评审会对调整的《考核方案》科学性、合理性、可行性等进行评审。

2.项目公司对于出具考核结果存在异议的申诉途径

根据《操作指引》第二十条规定，“项目公司对绩效评价结果有异议的，应在5个工作日内明确提出并提供有效的佐证材料，向项目实施机构解释说明并达成一致意见。无法达成一致的，应组织召开评审会，双方对评审意见无异议的，根据评审意见确定最终评价结果；仍有异议的，按照合同约定的争议解决机制处理”。如果项目公司对调整的《考核方案》绩效目标或指标体系没有异议的，但对考核结果不满意的，建议在收到实施机构的绩效评价结果之日起5个工作日内向项目实施机构就考核结果提出书面异议。

下　篇

房地产投融资法律实务与案例解析

5

CHAPTER

第五章

房地产投融资的概述

2021年下半年，有的房地产企业违约事件引发市场各方预期迅速转变，金融机构、投资人、购房者、地方行业主管部门同时收紧房地产预期，违约房企数量增加，房地产市场进入下行调整，同时对宏观经济运行带来较大的下行压力。

一段时间以来，商业银行的融资占到了房地产融资的大部分。我国对房地产开发公司的融资除来自房地产商自有资金外，其余的融资还包括住宅开发信贷、中小企业流动资金贷款、消费者按揭贷款等均从同一途径（向商业银行）贷款。

由于房地产产业属于资本密集型，对投融资的要求很高，国内地产公司正在探索新的投融资途径。房地产信托、房地产私募基金等如雨后春笋般出现。企业债券发行、房地产抵押贷款证券化也在缓慢发展，这些都促进了融资形式的多样化。房地产融资逐渐由依靠单一银行贷款转向多元融资模式并存的局面。

一、房地产投融资相关概念

（一）房地产投融资

融资是企业根据实际经营情况及未来资金需求，遵循科学的渠道和方式筹措资金，是企业筹集资金的行为和过程。《新帕尔格雷夫经济学大辞典》指出，融资是指为支付超过现金的购货款而采取的货币交易手段，或为取得资产而集资所采取的货币手段。房地产业投融资，是指为解决房地产业发展建设经营管理服务和消费生活等各个环节的融资需要，综合利用各种途径和方法实现资本的有效筹集与融通。

在一般情形下，公司通过各种途径和方法实现投融资，便会形成不同的投资结构。在投融资的具体实务中，按照不同的分类标准可区分为负债资本融资和权益资本融资、直接融资和间接融资、外源融资和内源融资、短期内融资与长期融资等类型，从而形成了不同的融资成本和投融资效益。

（二）融资成本

房地产企业在融资过程中，首先要思考的便是融资成本的问题。而融资成本则是指公司在进行资金筹集活动过程中所形成的费用，是公司为了使用资金所付出的代价。融资成本并不仅是企业运用融资方法时产生的利息，而且是在企业生产和项目建设过程中所形成的其他费用。因此，只有确保融资成本维持在一个合理区间以内，才能够实现项目收益。

一般来说，公司融资成本的影响主要是受到公司本身原因和外界因素两个方面的影响。从公司本身来讲，公司本身的融资结构直接影响到融资成本的多少，所以在投资过程中要特别注意公司内在融资结构的优化。从外界原因来看，市场发展得越完善，品种越丰富，企业可以选用的投资途径越多，融资成本越低，反之亦然；宏观政策方面，我国开放投融资政策、拓宽投融资途径都有助于减少成本。

（三）房地产开发贷“四三二”

按照《中国银监会办公厅关于信托公司房地产信托业务风险提示的通知》（银监办发〔2010〕343号），信托公司针对房地产开发服务应开展合规性经营风险自查，以及能否符合“四三二要求”。

“四三二”规定，是指：（1）四证齐备，即用款工程建设需要具有不动产权证、建设用地规划许可证、建设工程规划许可证、建筑工程施工许可证；（2）用作融资方的房地产企业就用款计划已投入资金满足百分之三十的自有资金最低规模需求；（3）投资方或其控股公司已拥有二级及以上的地产开发资格。

根据“四证齐全”的要求，对未获得土地使用权证书、建设用地规划许可证、建设工程规划许可证和建筑施工行政许可（建设项目实施情况报表）的建设项目，不能办理各种类型信贷。“四证齐备”的条件扩展至信托金融机构所发放的房地产贷款，是中国银保监会评估信托金融机构的地产经营活动合规与否的主要标准之一。

根据《国务院关于固定资产投资项目试行资本金制度的通知》（国发〔1996〕35号）第二条的规定，投资项目资本金，是指在投资项目总投资中，由投资者认缴的出资额，对投资项目来说是非债务性资金，项目法人不承担这部分资金的任何利息和债务；投资者可按其出资的比例依法享有所有者权益，也可转让其出资，但不得以任何方式抽回。《国务院关于调整和完善固定资产投资项目资本金制度的通知》（国发〔2015〕51号）中下调了对住宅开发建设项目的自有资本金最低30%的比例规定：保障性住房和普通商品房建设项目保留20%比例不变，其余建设项目均从30%下调至25%。

按照《中国银监会关于支持信托公司创新发展有关问题的通知》（银监发〔2009〕25号）第十条规定，申请贷款的房地产开发企业或其控股股东资质应不低于国家建设行政主管部门核发的二类房地产行业资质。具备二类以上开发资质的可以是投资人或是其控制股东。目前，由于监管要求趋严，相对审慎的行业观点认为仅可穿透一层。但实践中，部分信托管理机构在评估合规与否时，如每一级股东都是100%控股，则穿透的层级不受限制。

（四）“三条红线”

为防止重点房企资金危机，有效防控金融体系的经营风险，进一步降低房地产业规模，腾出资源发展其他领域，央行与住房和城乡建设部等在京举行座谈会，传递了“三个红线”的要求，一是已扣除预收账款后的资产负债率不能高于百分之七十，二是净负债率不能高于百分之一百，三是现金短债比率不能低于一倍。

金融监管局还将房企分成“红橙黄绿”四个档，并以此确定其投资时有息负债的限制。未“越线”的绿档房企，有息资产年均增长上限为百分之十五；黄色（一个指标越线）和橙色（两个指标越线）的房企，年增速限制为百分之十和百分之五；红色（三个指标均越线）的档房企，不得增加有息债务。

（五）过桥资金

过桥资金，是一种对短期内资本的融通，其间通常以六个月为限甚至更短，是与长期融资相对接的融资。其资金来源主要是借主的关联方。过桥融资的助保贷，充分展示出“四两拨千斤”的杠杆作用和导向功能，已成为中国中小企业普遍接受、最直观、最高效的融资措施。

过桥资金一般有以下优点：第一，时限较短，但一般不超过六个月。第二，含金量高：对资本运作来说，对使用方非常关键，能起到支持和撬动的效果。第三，融资回报率高，因其重要性，给融资提供者的报酬也比较多。第四，风险较易于管理。因为过桥融资并非长期的资本，只是一个暂时性需求，往往有其他融资来替代，所以风险易于管理。

（六）商票

商票是商业支票的缩写，是指由金融机构或企业发行的无担保短期支票，用以票据发行者筹资。商票虽可背书转让，但一般不得向商业银行贴现，因此商票的安全程度主要取决于签发企业的信誉程度，是一种信誉性票证。目前，房地产存在大量商票融资，且因商票融资信息闭塞，存在隐患。

二、我国房地产常见的投融资模式

（一）企业自有资金

一般来说，房地产开发商所能够筹措的主要自有资金是现款，还有近期可收回的各项应收款。有时候，公司的某些应计费用和应交税款，经过合理安排也能适应公司暂时的融资需求。只要项目工程的预期回报高于公司自有资金的机会回报（如商业银行存款利息等）或速动资产的变现损失等，项目业主即可按照自己的实际情况，适当利用公司自有资金。

通常，如果企业的自有资金额度在百分之三十以内，而对房地产开发商认为看好的个别建设项目，预计收益大大超过银行存款利息，则房地产开发商也会依据自身的能力适当加投自有流动资金。而针对一般项目，如果预期收益率较低，房地产商会尽量减少由自身投资的风险。

（二）银行贷款

商业银行贷款，一直是中国传统的重要投融资模式，大量中小企业利用商业信贷合同向银行进行融资拆借，并建立了债权债务关系，以进行社会资本的融入。银行贷款按期限可分成长期借款和中短期贷款，按货币可分成外币信贷和人民币贷款等，按主要用途可分成流动资金信贷和固定资产贷款等。由于银行总是资本的比较丰富者，向商业银行借款也通常是房地产企业最一般的投资方法，特别是具备“开发贷”的项目，房地产企业不会错过这些优质的融资渠道。

（三）预售筹资

预售楼盘是房地产开发公司一贯采用的营销与融资战略。楼盘预售对地产公司和客户均有利可图，地产公司能够利用预售筹措大量的项目资金。许多公司可以通过预售房产而没有再向金融机构贷款，缩短了资本筹措的环节，从而节约了融资费用。此外，预售房产还能稳定销售市场，从而减少销售经营的风险。

（四）直接投资

直接投资，是指公司通过以股权投资、合作开发等形式吸引企事业单位、民间或者外商等直接投入资本，这部分资金投入通常也会作为公司部分或者全部的资本需求源泉。这种方法是非股份制企业筹集资本金的主要形式，投资的资金规模也可按照需求调整。

（五）发行股票

股票必须是由股份公司发售的，作为对股东权益的投资证明。利用企业发行股票而实现的直接投资，也属于股本投资，是企业实现自有资金的另一种途径。发行股份企业能够把所需资本加以等额分配，以较小面额的股份加以计量，而一旦企业通过申请批准，股份就能够挂牌，在资本市场上也可以自由流动，既便于社会广大股东参与企业交易，也有利于公司融资。目前，因为房地产行业不能在境内上市，所以很多房地产企业会选择在港交所上市。但要实现公司股票挂牌，仍必须做更多的工作。

（六）发行企业债券

这种方法也是在市场经济条件下企业最普遍的投资形式，但不同于银行贷款，公司可按合法方式向任何公司、社会组织、事业机关甚至社会个人发行债券，并约定在相应期限内偿还本金支付利息，从而建立证券拥有人与证券发放人间的债权债务关联；相较于股票，在符合条件的情形下，债券能够自由在市场上流动和转让。虽然发展企业债券也比较有利于扩大融资，但在目前条件下，中小企业不易取得发行资格，政府及相关监管部门的审查也较为严格。

（七）融资租赁

这是公司借资的一个独特表现形式，一般都是融资租赁公司根据企业的特殊需求来采购相关机械设备，然后采用约定方法把所购机械设备长期租借给企业使用，承租企业解决了资金不足的问题，融租租赁企业也能够获得一定利润。融资租赁适合于需购置大额机械设备而缺乏大量流动资金的公司。

（八）商业信用

商业信用也可以算作一个商业借款关系，这个关系的形成既可能来源于商品赊销中的延期付款，也可以是企业预售款项。这种因交易与支付的时机不同，形成了公司之间的信用行为，可能被看作房地产企业短期资本筹措的特殊机会，比较适用于有一定知名度的房地产企业的短期资金周转。

（九）民间借款

这种主要向非金融机构拆借资金的融资方法，是一项债务融资。与商业银行借贷相比，民间借贷的资金灵活程度更大，也更为方便，但往往成本高出银行借款许多。

（十）工程承包融资

建设工程发包资金属于外部投资中的直接债务投资。在建设市场竞争激烈的状况下，存在一些有一定经营能力的承包人为了争取到施工任务，会自愿带资施工。[①]这样一来，房屋开发公司就可以把一部分投资的困难和风险交给建筑承包人。相当于由建筑承包人借贷给开发商，开发公司可以根据约定来偿还或承担利息。但这种利息率一定要优于银行存款利息，小于商业借贷利息，更要小于已开发项目的实际投资回报率，这样才会对各方都有益。

在房地产开发公司选择这种投资方法时，需要对工程承包商的经营能力作出严密的审核，对其融资方法也需要作出仔细的分析。当然，虽然施工承包商投入方式在市政工程建设项目中比较普遍，但在实际开发建设项目中更多的是一些开发公司通过要求施工承包人“垫资”达到缓解融资问题的压力，这也是《建筑法》所限制的。

（十一）房地产私募基金

私募股权房地产投资基金，是指通过向机构投资者或者富裕的个人发放收益凭证筹集资金，然后交给专门的房产融资管理机构运营，基金主要用于投入房屋行业链中的公司或建设项目，并获得投资收益与本金保值的一种特殊投资形式。具体来说，就是一种未上市的房地产公司进行资金保障，并进行资产运营和监管的融资体系。其结构一般由普通合伙人和有限合伙人共同构成。普通合伙人主管房地产业的运营与管理工作，承担无限责任。有限合伙人行使产权，不介入运营，并按照其出资额履行有限责任。

私募股权房地产融资基金，作为房地产融资的一个新工具，融合了私募股权融资的高收益率与传统房地产融资回报的低风险特性。私募股权房地产基金能够汇聚房地产开发公司本身无法取得的所需权益以及短期投资，同时由于融资方式多样性、管理专业化，大大降低了经营风险，资金有限或欠缺投资经验的投资人也同样能够获取房地产投资的巨大利润。

---

① 《政府投资条例》于 2019 年 7 月 1 日正式施行。条例规定，政府投资项目不得由施工单位垫资建设。

6

CHAPTER

第六章

房地产投融资法律服务

一、提供房地产投融资项目分析法律服务

1. 研究、分析项目所在地房地产投融资相关政策

房地产作为居民重要的资产，房地产政策变化引起人们的关注，厘清房地产政策思路成为引导预期和进行市场预测的关键。在投资阶段，我们需要针对项目所在地的房地产开发、投资、融资政策做具体的研究和分析。特别是对当地开发方向、企业资质的要求及流程规范性的要求，对所涉及的政策进行透彻的研究和分析，以便后续为相关方提供更优质的法律服务，出具法律风险提示及法律意见。

2. 就房地产开发项目是否符合当地政策提供法律意见

针对拟开发的房地产进行可行性分析，并根据当地相关具体政策综合分析拟开发项目是否满足当地相关政策的要求，为房地产开发专营公司、房地产开发兼营公司、房地产开发项目公司等房地产开发商提供法律咨询，并就拟开发项目的可行性提供法律意见。

3. 对投资所在地进行实地调研和考察

对投资所在地进行调研和考察，是企业实施房地产开发战略的第一步，也是最关键和最重要的一步。调研和考察的结果将直接影响投资的成败。一般来说，企业对投资地区进行审查，大致应该分为以下几个方面：

（1）宏观环境审查：包括政治局势、自然环境、人文环境、贸易物流环境、交通环境等方面。

（2）市场审查：包括商品的价格水平、商品的需求情况、商品的购买力情况、产品认证和质量保证的要求、地方市场的销售体系和销售方式等。

（3）投资环境审查：包括注册成立公司的手续和费用、投资法律保护、对投资的优惠条件和鼓励措施、投资指导性目录、生产资料的供给及价格水平、生产原材辅料的可供性及价格水平、税收、社会治安、国民待遇原则、当地合作伙伴情况的审查、一般日常生活费用等。

（4）金融环境审查：包括地方银行的汇率水平、银行管制、银行系统、流动资金的贷款要求等，企业一般可以自行对上述情况予以了解，当然也可以委托投资所在地的律师或相关代理机构代为审查。

二、提供项目尽职审查法律服务

房地产并购项目的尽调，分为房地产项目及公司主体两个板块的法律尽职调查。

1.公司主体尽调内容

（1）主体

（2）业务

（3）资产

（4）债权债务

（5）人员

其中，需特别关注公司是否合法设立并有效存续，股东出资情况（隐形股东、出资不到位）、代持、股东间的特殊约定（如固定回报、对赌），不良贷款记录、债权效力、担保效力、诉讼时效、偿债能力、履约情况、现有及潜在违约事件，工程合同签署方式（需招标工程是否履行了招标程序）、合同价款支付情况（付款节点及支付情况、是否可能产生工程款优先受偿权）、项目开发进度是否与合同约定一致，较大金额的其他应付款是否因正常生产经营发生等。

2.房地产项目尽调内容

（1）土地取得

（2）规划、设计

（3）建设（报建、施工、竣工验收、办证）

（4）销售

（5）运营

其中，需特别关注土地取得程序是否合法，地价款及税费缴纳，土地使用权期限，出让合同规划条件等限制，各建设证照是否齐备、完整、连续、一致、对应。

3.尽调方法

律师尽调的常用方法如下表所示。

表 6-1　律师尽调的常用方法

方法	注意事项
网络查询	国家企业信用信息公示系统（http://www.gsxt.gov.cn/index.html） 全国组织机构统一社会信用公示查询平台：https://www.cods.org.cn/ 全国社会团体查询：http://app.gjzwfw.gov.cn/jmopen/webapp/html5/qgshttcx/index.html 境外非政府组织办事服务平台：https://ngo.mps.gov.cn/ngo/portal/index.do 国家知识产权局：https://www.cnipa.gov.cn/ 中国商标网：http://sbj.cnipa.gov.cn/ 国家知识产权局 - 专利检索及分析： http://pss-system.cnipa.gov.cn/sipopublicsearch/portal/uiIndex.shtml 国家版权局：http://www.ncac.gov.cn/ 工信部 ICP/IP 地址 / 域名信息备案管理系统：https://beian.miit.gov.cn/#/Integrated/index 全国市场监管动产抵押登记业务系统：http://dcdy.gsxt.gov.cn/loginSydq/index.xhtml?isNotLogin=1 全国建筑市场监管公共服务平台：http://jzsc.mohurd.gov.cn/home 信用中国：https://www.creditchina.gov.cn/ 中国市场监管行政处罚文书网：http://cfws.samr.gov.cn/ 中国人民银行征信中心：http://www.pbccrc.org.cn/ 中国裁判文书网：https://wenshu.court.gov.cn/ 中国执行信息公开网：http://zxgk.court.gov.cn/ 全国企业破产重整案件信息网：http://pccz.court.gov.cn/pcajxxw/index/xxwsy 巨潮网：http://www.cninfo.com.cn/new/index 中国证券投资基金业协会：https://www.amac.org.cn/
审查尽调资料	根据项目前期研究和分析出具尽调清单，结合被尽调方提供的资料，进行梳理，必要时可补充资料清单，以便进一步调查。
访谈	两类人群： 公司高管：主要介绍公司情况，解答疑问，挖掘尽调清单未涉及的、或对方认为没必要提供的信息 普通员工：无须刻意访谈，驻场时日常或不经意的聊天可能取得重要信息
实地调查	收集及整理资料，核查原件；踏勘现场（十分必要，项目现状、是否被查封、被第三方控制、相邻关系等一目了然）； 工商、国土、规划、建设等部门查档、访谈、查证
函证	通常为会计师采用的方式，但律师也可采用
与会计师、税务师沟通	法律主要是定性，其他专业机构主要是定量 互相沟通可更全面了解项目情况及风险

4. 常见风险点

结合房地产尽职调查项目，总结以往房地产项目尽调风险，常见的房地产风险如下表所示。

表 6-2　常见的房地产风险

风险分类	具体法律风险
土地取得	· 征地、拆迁、补偿难度大、耗时长、成本大，土地拆迁的完成时间存在不确定性 · 未办理农用地转用审批手续而征、用地，农用地转用的完成时间存在不确定性 · 公司能否竞得土地存在不确定性 · 以非法转让形式取得土地 · 拟收购土地存在土地闲置情况 · 遗留拆迁或补偿问题 / 纠纷 · 土地剩余使用期限短 · 未满足开发条件而转让房地产开发项目
土地取得	· 土地使用权出资瑕疵 · 欠缴土地出让金，或出让金已缴足但存在逾期情况 · 地方政府部门违法擅自减免土地出让金
规划、设计	· 擅自改变土地规划用途 · 擅自改变项目建设规划（如容积率） · 控规还未出台，导致容积率、限高等指标不确定 · 道路建设规划未出台，导致道路征地面积不确定，或土地因市政道路扩建被部分占用 · 项目内需规划建设变电站、配建学校、医院等 · 存在水源保护区、工业区块线、不可移动文物等
建设	· 拟收购项目尚未完成工程合同的结算 · 房地产开发资质等级较低 · 暂定资质未及时申请核定资质等级 · 未办理工程规划和施工许可即开始施工 · 逾期开工、逾期竣工 · 未履行房地产项目环境影响评价审批 · 外商投资房地产项目立项审批（未立项 / 拆分项目立项） · 厂房、宿舍改建为孵化器、长租公寓无实操依据
销售	· 未经验收即交付使用 · 无证预售逾期交房 · 将商业、办公改成公寓 · 沿街住宅影响项目展示面 · 公司为购房人贷款提供阶段性担保 · 售后返租 / 售后包租 / 以租代售
其他影响交易结构的风险因素	· 股权代持 · 股权被质押、冻结 · 土地被抵押、查封

三、提供项目交易结构法律服务

（一）就交易结构要素提供法律服务

在前期审查和尽职审查的基础上，如果企业决定继续投资，还需要考虑投资拟采用的交易结构。在交易结构的设计方面，可根据具体情况分别设计不同的交易模式。不同交易结构的设计，牵涉不同的问题，如融资、审批等，需要予以综合把握与平衡。

（二）就交易模式提供法律服务

1.项目搭建

项目搭建属于前期准备阶段，律师需要针对投资方或融资方的需求进行研究和分析，可提供如下法律服务：

（1）审阅项目基础材料，必要时对项目进行实地考察，从客户的投融资需求、投融资目的和融资资金用途出发，根据项目的实际情况，推荐、协助设计、选择融资模式和搭建交易架构。

（2）提供与项目有关的法律信息，最新的投融资法律法规、监管政策资讯。

（3）搭建融资项目的参与主体，对各意向参与主体进行初步法律调查，包括了解调查其工商信息，股权结构，经营情况，信用资信，涉诉情况，公告披露的财产、法律信息等，知识产权，不动产信息等。如民间贷款，可以查询职业放贷人名录，或者检索出借人在法院系统的民间借贷案件情况，是否在同一基层法院民事诉讼中涉及20件以上，涉嫌属于职业放贷人，防止借贷合同无效。

（4）融资方与意向投资方、其他意向参与主体、相关监管部门进行沟通、磋商和谈判，维护融资方利益。

（5）协助项目投融资所需文件材料的准备和审查。

（6）审阅合作意向书、保密协议等项目搭建阶段的法律文件。

2.项目交易结构分析

（1）对融资模式和交易结构的合法性、合规性、可行性和法律风险进行分析，并提供专业的法律意见、法律风险预测及对策。

（2）分析交易结构的优势和劣势，提供关于优化、完善交易结构的法律意见。

（3）分析交易结构中需要着重关注的要素：

①是否设立集合资金信托计划。如果是AB结构的，常见形式是银行方面作优先级，另一资管方作劣后级。能否设立信托或者借助委贷或其他的“通道”，这与市场及监管政策有关。退一步讲，即使不能采取通道模式，资金方与需求方同样可以进行交易，只是需要调整部分的风控措施。设立了信托计划的，则通过信托计划向目标公司进行增资或者作为抵/质押权人接受抵/质押。

②就项目的周期而言，如果是项目的整个建设与运营，则可能至少需要5年；如果仅是尾端的收购或者销售，则2年左右较为常见。

③房产抵押：根据项目情况，一旦取得房产证（可能涉及赎楼、分证、过户等环节）即要求将房产抵押至信托计划或者资金方，然后根据实际的出售情况，分批进行解除抵押。“一边抵一边解”来控制项目风险。每笔资金提款前应确保提款金额不高于对应抵押物的评估值，并办妥抵押登记手续。

④土地证抵押至信托计划名下或者与资金方共管。

⑤取得股权与公司治理：即涉及股权转让或增资的情形，需要在资金方进入公司后，改选董事会、增设董事以及增加重大事项的一票否决权；相应的修改章程及董事会议事规则。简言之，通过掌握项目公司股权来监管运营风险。在实务中，资金方进行增资时常会约定必要前提，如项目取得的可售建筑面积达到一定的标准等。

⑥股权质押：将持有物业的项目公司的股权全部或一部分质押给信托计划或资金方，办妥质押手续。

⑦公章、法人章、财务章、合同章及公司证照、重大合同交由双方共管。

⑧资金需求方及关联公司的实际控制人、股东、法定代表人签订连带担保保证合同。

⑨银行账户的共管：资金需求方重要账户进行共管并签订资金监管协议、资金归集协议，约定所有销售回款划入监管账户，且账户密钥交由资金方管理。资金的归集比例，根据项目的去化率进行约定。

⑩退出安排：包括股权的回购、回购权的丧失以及在保证一定股权收益的前提下进行股权退出。

⑪其他项目文件——除以上涉及的各类文件外，还需留意法定代表人、股东、实际控制人配偶签署的共同债务承诺函；债务披露承诺函、瑕疵担保合同、拆迁成本控制文件、进度预算及工程安排说明文件及董事会、股东会决议等批准文件。

⑫违约金条款——重点关注借款提前到期的情形（重大违约）以及提前还款违约金的约定。

3. 针对不同融资模式可提供的法律服务

（1）股权投资

①提供股权投资交易结构搭建法律服务，分析交易结构的合规性和可行性。

②对新设公司、增资扩股涉及的前置条件、工商流程、公司内部批准文件和法律流程（如召开股东会、董事会、修改公司章程等）事宜提供法律意见和指引。

③对股权比例的设置、股东会、董事会等组织机构的设立、表决机制的设置、涉税问题等事宜，提供专业法律意见。

④如涉及国有企业的股权，提供产权交易程序的法律指引和国资监管的法律政策要求。

⑤协助股权投资退出，起草退出协议（如股权上市转让、股权协议转让、被投资企业回购等），协助相关程序办理。

⑥对外商投资创业投资企业提供境内法律服务。

（2）银行贷款

①提供关于当地银行对房地产企业或房地产项目发放贷款条件的法律法规、政策。

②为办理银行贷款的流程，提供法律指引。

③为土地及在建工程的抵押事宜进行合法合规性论证，对抵押登记流程提供法律指引。

（3）私募基金

①分析房地产项目是否符合私募基金备案要求；

②在符合私募基金备案要求的前提下，为房地产私募基金提供如下法律服务：

a. 对基金募集的资金来源、募集的方式、私募基金管理、私募基金的退出机制、清算、解散等事宜进行合法合规性分析。

b. 对私募房地产投资基金的登记备案提供法律指引。

c. 分析是否存在非法集资的法律风险，具体从是否依法定程序批准、发行对象是否特定、募集方式是否公开、是否含有保本收益承诺等方面进行分析。

d. 对各类私募基金（包括私募股权和创业投资基金、母基金、房地产基金及QFLP、QDLP、QDII[①] 等基金）的设立方式、设立条件等设立事宜出具法律意见。

---

① QFLP 基金是指由国外投资者作为有限合伙人认缴的私募股权基金。
QDLP 基金是指合格境内有限合伙人基金，即境外投资者到境内募集资金，然后再投资境外的基金。
QDII 基金是指在一国境内设立，经该国有关部门批准从事境外证券市场的股票、债券等有价证券业务的证券投资基金。

e.就私募管理人登记、重大事项变更登记、入会登记等事宜提供法律指引。

f.就私募基金及管理人的变更、运营、管理、合规提供法律意见。

（4）信托

①提供交易结构合法合规性分析，提示法律风险和法律建议。

②根据不同的交易结构，为客户提供增信措施法律建议，如房地产企业提供资产抵押、股权质押、集团或实际控制人担保、设置监管账户等。

③为信托计划出具专业法律意见书，协助客户设立信托计划。

（5）上市

①就房地产企业在香港上市H股、在纽约上市N股、在新加坡上市S股、在伦敦上市L股等的上市要求、上市申请流程等事宜，提供专业的法律意见。

②针对房地产类企业的特点，为融资方制作尽职调查清单，并安排专项工作进度表。通过企业高管访谈、审核企业提供资料、实地勘察、询征相关政府主管部门意见、走访重点客户和合作伙伴等尽调核验方法，对拟上市融资企业进行尽职调查，并出具法律尽职调查报告。

③根据交易结构，协助制定、调整融资企业的治理结构。

（6）中资美元债

①协助境内企业完成发改委外债备案：根据《国家发展改革委办公厅关于对地方国有企业发行外债申请备案登记有关要求的通知》第一条的规定，所有企业（含地方国有企业）及其控制的境外企业或分支机构发行外债，需由境内企业向国家发改委申请备案登记。作为企业聘请的境内中国律师，需依据公司章程协助出具关于本次借用外债、对本次借用外债提供担保（如有）等事项的董事会、股东会决议文件或国资委的必要批准。

②协助境内企业获取银行同意函：境内律师在梳理相关限制性条款后，可协助发行人或担保人与相关金融机构沟通，获取金融机构就本次外债项目的盖章版书面同意函/豁免函，或通过快递、邮件等方式向债权人发送书面告知函。

（7）ABS与CMBS

①参与资产证券化模式的选择及构架，搭建基础债权/收益权资产选择或组合，符合发行人实际情况的合法交易结构的策划与设计，风险的预判与防范。

②结合资产产生、存续的合法性、有效性、风险性作出评估并提供法律意见，同时综合衡量资产作为证券化目标的相应积极要素、消极要素，筛选适格的基础资产，并确定组合方式构建资产池。

③协助SPV的构建，根据交易模式对拟定SPV与其他主体签订一系列协议。

④提供基础资产的转让或交割的法律服务。

⑤针对证券化产品到期后的终止和清算法律服务，确定终止和清算事宜后配合就资产证券化产品的终止期限提供法律意见。

⑥参与清算小组的专项计划清算并出具《清算报告》，律师作为法律专业人员参与清算工作。

（8）融资租赁

①根据客户的自身优势、市场定位、业务模式等因素为客户提供投资形式、投资可行性相关的法律咨询意见。

②为融资租赁方案设计提供法律意见。

③就融资租赁法律关系、租赁物范围、不能作为租赁物的范围等事宜出具法律意见。

④对关于不动产及租赁物需关注的风险进行法律分析。

⑤对不同的融资租赁交易结构需关注的重点进行法律分析，提供法律建议。

四、提供参与会议谈判法律服务

对参加会谈的律师而言，在项目谈判前，就应当与客户进行充分的沟通，以对项目的具体情况有一定的了解，如法律法规政策、客户情况、自身优势等。在对项目情况的可行性、可能发生的结果进行分析后，向客户提出合理建议，确定谈判方案。在谈判时可参照如下流程：

第一，就公司介绍、技术问题和项目介绍等制作幻灯片以便双方交流；

第二，确定谈判方案的主要内容；

第三，拟定谈判的初步程序和谈判提纲；

第四，将谈判成果及时整理成文字，让各方签字后作为正式的法律文件。谈判过程中主要涉及的会议记录、会议纪要、备忘录等法律文书为之后的合同解释、合同履行、争议解决打下基础。这也是规避合同谈判风险的主要途径；

第五，根据会议记录，找到合作难点、切入点，为客户提供风险提示及可行性建议。

五、提供房地产投融资交割法律服务

（一）对整个交易流程进行最后的把控，避免产生刑事法律风险

房地产企业投融资活动正常生产经营，往往离不开证券发行、交易机构、银行系统

的支持。与房地产有关的企业必须严格按照有关证券、金融法规履行相关的手续，避免违反法律法规，甚至产生刑事风险。针对刑事风险，主要围绕以下几个关键点开展法律服务：

第一，对房地产投融资交易中涉及的主体进行资质文件复核，排查出不具交易资格的主体，及时叫停，以规避刑事风险；

第二，对整体交易方案进行审阅分析，及时发现并排查实际交易中容易构成的刑事犯罪风险；

第三，针对审查中发现的问题，结合实际情况，对交易方案进行修改、完善；

第四，对投融资主体的签约、交易流程进行全流程跟踪、指导，并及时提供法律问题咨询服务；

第五，对企业高管人员进行合规知识技能培训，避免因违规操作产生刑事风险；

第六，协助企业修改完善章程及规章制度，帮助企业预防、识别合规风险，建立完善的合规制度；

第七，对企业内部人员违规行为进行调查，并就处理建议方案出具法律意见书；

第八，对企业运营状况进行合规性评价，出具法律意见书，并对企业合规发展提出法律建议；

第九，为企业提供与合规相关的服务或者常年顾问服务，对企业的合规管理进行全程跟踪服务；

第十，代理企业合规相关诉讼纠纷案件等，维护企业的合法利益。

（二）参与相关协议主要条款的起草与谈判，促成交易

经过前期尽职调查、交易结构沟通谈判准备工作后，双方已充分了解交易双方在整个交易中所处的地位、所存在的问题等。对于尽职调查中发现的问题或对交易本身存在的对自身的不利因素，可以委托律师通过协议条款的设置而予以解决。开展法律服务如下：

第一，结合尽调报告问题，对整体交易利弊进行分析，出具具有建议性的分析意见；

第二，参与企业内部会议，梳理合同条款，并整理会议纪要；

第三，代为起草、修改交易相关合同文件，在提供房地产投融资协议草拟或审改过程中，往往需要结合以往已经签订的合同体系（如投资合同、合资合作开发合同、施工合同、材料采购合同、工程委托监理合同、装修合同、物业管理合同等）来综合分析，保证投融资协议的全面性、合规性，同时提高合同条款的可行性，尽最大限度维护委托

人的利益；

第四，参与交易双方合同条款谈判会议，代为解答谈判中的问题，对疑难问题提供建议，并整理谈判会议纪要；

第五，进行签约前的合同审查、校对工作，做好最后的问题排查工作，并指导签约主体各方进行签约，避免发生合同无效的情形。

（三）提供设立项目公司的法律服务，完善项目公司管理制度

房地产企业股权投资时一般可能会涉及项目公司的设立。在实践中，以房地产企业股权融资为例，出资方/收购方一般会通过后期管理的方式对项目公司进行控制，以便对融资资金及银行后续贷款资金的使用及对公司重大事项拥有决策权，进而确保资金合理运用，以及项目按期完成。此时，出资方/收购方的代理律师会通过对项目公司章程的设置，出资方/收购方委派董事、财务经理或者第三方中介机构人员的方式对项目公司的印鉴证照，以及资金等方面进行监管，或在设计融资交易结构时通过设定股权质押、关联公司提供连带责任保证等第三方信用增级等方式控制风险。通过委托律师参与项目公司的设立，有利于委托方后续掌握项目公司的控制权，主要关注的法律服务如下：

第一，检索、搜集项目当地的有利政策（如税收优惠），对项目公司设立提供合理的建议；

第二，结合《公司法》等法律法规，对项目公司的流程、运作等事宜提供专业的法律建议；

第三，代为起草项目公司设立涉及的方案、项目公司章程、股东协议及其他有关法律文件；

第四，结合项目公司的人员安排、财务人事制度等规定，出具完善法人治理结构的法律意见书；

第五，协助项目公司建立和健全人事管理制度、财务管理制度、印章管理制度、合同管理制度等基本制度。

（四）为付款流程及交易结构提出建设性意见

房地产投融资中不可避免会涉及土地费用的问题，双方的合作或者出资方提供资金的大前提是融资方已经取得的土地。但在实践中，房地产企业的资金缺口往往是出现在拿地阶段。此时，交易可能会遇到“瓶颈”，出资方要求融资方自筹资金取得土地使用

权后再对项目进行融资，而融资方恰恰又是因为无法自行筹资才找到出资方寻求合作机会。这是一场双方的博弈。此时，律师可以就付款流程和交易结构向交易双方提供合理的建议。具体可以提供的法律服务如下：

第一，结合交易特点，设置附条件生效的“转让条款”“回购条款”“质押条款”；

第二，设置合理付款、转股节奏，并与交易各方进行沟通，保障交易安全的同时促进交易；

第三，指导、协助企业及时进行转股所需的工商变更手续，提前备齐所需材料，提高办事效率等；

第四，跟踪整个付款流程、转股流程，就实操中问题提供咨询服务，必要时代为出具所需文书。

（五）设置解除与终止协议的条款，设置投资退出机制

在房地产投融资活动中，出资方的目的是通过投资行为获得现金回报，诉求是在盈利阶段时可获利退出，而在亏损阶段能够止损退出。因此，对于出资方而言，在交易架构中设置合理的退出机制尤为关键。如融资型房地产私募投资基金，出资方一般要求在一定时期，触发投资退出情形的时候，通过正常清算退出、模拟清算退出、对外转让股权、处置底层资产或解除、终止交易等方式退出。律师应尽可能保证委托人在合法利益得到最大保障的情况下能够顺利地退出交易。

具体可以提供的法律服务如下：

第一，分析各类退出方式的利弊，提出具有参考性的建议，并出具法律分析意见书；

第二，代为设置退出机制的构成条件及时间节点，保障委托方可及时止损的合法权益；

第三，代为搭建合法的、可操作的退出操作流程，避免在实践中因约定不明而发生纠纷；

第四，代为设置退出交易后的维权条款，保障委托方的合法权益；

第五，代理交易退出事宜所引发的诉讼、仲裁纠纷案件等。

7

CHAPTER

第七章

房地产投融资模式分析

第一节 民间借贷

一、基本概念

所谓民间借贷，是指除了金融机构以外的其他民事主体之间以借贷业务为基础，实施的以资金的出借及本金、利息返还为主要权利义务内容的民事法律行为。依据《最高人民法院关于审理民间借贷案件适用法律若干问题的规定》（法释〔2020〕17号）第一条规定，最高人民法院将民间借贷明确为“自然人、法人和非法人组织之间进行资金融通的行为”。

二、交易结构

民间借贷一般由非金融机构单位、个人向借款人提供贷款。借款人一般是项目开发商，也有可能是购房者。借款人向贷款人偿还本金及利息，部分还需支付服务费，若借款人逾期未偿还本息，还有可能需要承担罚息或违约金的责任。此外，贷款人一般还会要求借款人提供担保。具体民间借贷交易架构如下图所示：

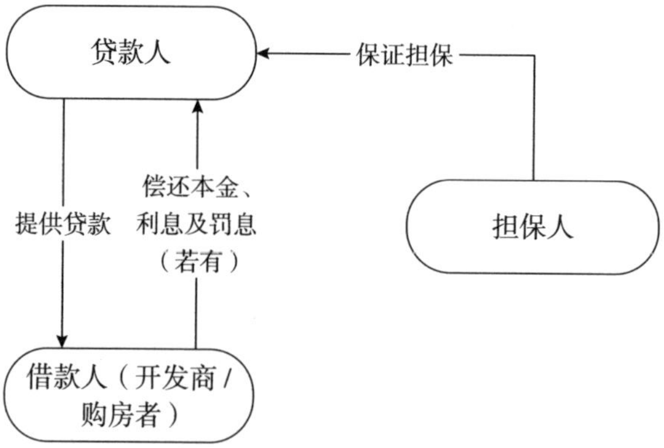

图 7-1 民间借贷交易架构

三、民间借贷利息

相较于2015年8月6日发布的《最高人民法院关于审理民间借贷案件适用法律若干问题的规定》，如表7–1所示，2020年12月29日发布的《最高人民法院关于审理民间借贷案件适用法律若干问题的规定》对利息最大的调整在于：将“两线三区”模式转变为以4倍一年期LPR为分界线的“一线两区”模式，删除了自然债务区的安排。LPR的引入将分界线由固定利率转变为浮动利率，并相应调整了未明确约定情形下的逾期利率。

表7–1　民间借贷司法解释利息规定对比

2015版	2020版	2021版
第二十六条　借贷双方约定的利率未超过年利率24%，出借人请求借款人按照约定的利率支付利息的，人民法院应予支持。 借贷双方约定的利率超过年利率36%，超过部分的利息约定无效。借款人请求出借人返还已支付的超过年利率36%部分的利息的，人民法院应予支持。	第二十六条　出借人请求借款人按照合同约定利率支付利息的，人民法院应予支持，但是双方约定的利率超过合同成立时一年期贷款市场报价利率四倍的除外。 前款所称“一年期贷款市场报价利率，是指中国人民银行授权全国银行间同业拆借中心自2019年8月20日起每月发布的一年期贷款市场报价利率。	第二十五条　出借人请求借款人按照合同约定利率支付利息的，人民法院应予支持，但是双方约定的利率超过合同成立时一年期贷款市场报价利率四倍的除外。 前款所称“一年期贷款市场报价利率”，是指中国人民银行授权全国银行间同业拆借中心自2019年8月20日起每月发布的一年期贷款市场报价利率。
第二十九条　借贷双方对逾期利率有约定的，从其约定，但以不超过年利率24%为限。 未约定逾期利率或者约定不明的，人民法院可以区分不同情况处理……	第二十九条　借贷双方对逾期利率有约定的，从其约定，但是以不超过合同成立时一年期贷款市场报价利率四倍为限。 未约定逾期利率或者约定不明的，人民法院可以区分不同情况处理……	第二十八条　借贷双方对逾期利率有约定的，从其约定，但是以不超过合同成立时一年期贷款市场报价利率四倍为限。 未约定逾期利率或者约定不明的，人民法院可以区分不同情况处理……

由上表不难看出，在适用LPR的“一线两区”模式下，新规调整了利率的司法保护上限的计算机制，以LPR的浮动利率上限取代了原来固定利率上限的规定。经对近年来的LPR抽样查询（如表7–2所示），自2019年9月以来，一年期LPR整体走低，2020年4月后稳定在3.85%左右，以此计算4倍一年期LPR即15.4%，较之2015年8月6日发布的

《最高人民法院关于审理民间借贷案件适用法律若干问题的规定》司法保护区上限24%降幅明显。

表 7-2　LPR 变化表（抽样）

时间	一年期 LPR
2019 年 9 月	4.20%
2019 年 12 月	4.15%
2020 年 3 月	4.05%
2020 年 6 月	3.85%
2020 年 9 月	3.85%
2021 年 3 月	3.85%
2021 年 5 月	3.85%

四、民间借贷常见问题分析

（一）民间借贷主体混淆问题

一般来说，若借贷合同上盖有企业公章，从表面上看，借款人即房地产企业，但在实践中，企业的借贷行为比较特殊，往往是自然人代为进行洽谈，如果遇到未加盖企业公章，仅有法定代表人或其他人员签章的情形，此种情况借款人又该如何认定呢？

针对仅有法人代表人签字的情形：因法定代表人身份特殊，其既可以代表负债企业又可以代表个人，则管理人审查时应重点审查借款用途。若法定代表人以负债企业名义举债且款项用于企业生产经营，那么借款人毫无疑问是负债企业。同时，若法定代表人虽以个人名义举债但款项用于企业经营，此时也可认定借款人是负债企业。但若法定代表人以单位名义举债但款项却是用于其自身消费的，则该借款明显属于法定代表人的个人债务，与负债企业无关。

针对其他人员签字的情形：房地产企业中也存在工作人员为企业生产经营举债签章的行为，遇到此种情形，一是管理人要审查该人员的身份、与企业的关系、是否在企业担任职务等；二是要审查借款用途，款项是否实际转入企业或用于企业的生产经营；三是审查其代理权限，如该人员是否曾对外代表负债企业签订过类似合同或办理过款项结算事宜。经审查若符合上述条件，则可以认定借款人即负债企业。

（二）民间借贷合同效力的认定问题

民间借贷合同效力的认定，可以从以下几个方面进行：

一是资金来源审查。在民间借贷中，出借人需具有出借能力且出借的资金必须是自有资金，若其自身欠有银行贷款，还通过套取金融机构贷款转贷的，抑或存在向其他盈利法人借贷、向本单位职工集资、向公众非法吸收存款等方式取得款项后转贷的情形，则民间借贷合同无效。

二是审查出借人是否为职业放贷人。一般来说，自然人、法人或非法人之间临时性的、偶然性的借贷行为一般是被允许的，但出借人若以借贷为业，并将借贷收入作为主要收入来源，或者在一定期间内多次反复从事有偿民间借贷行为，即可被认定为职业放贷人。

三是审查借款用途：合法的借贷行为才受法律保护，否则不受法律保护。

（三）对民间借贷事实是否成立的问题

事实审查既是民间借贷关系的关键，也是民间借贷关系的难点。在实践中，我们应重点围绕借贷合意和资金交付这两点开展相关工作。

一是借款合意。出借人和借款人是否达成借款合意直接关系到二人之间借贷事实成立与否的问题。而认定是否达成借贷合意，要看双方是否签订借款协议、借据、欠条等书面凭证是最主要、最快速的方法。若无书面凭证，亦可从双方资金往来如备注的款项性质、利息支付等，或者从日常往来中探寻双方是否有达成借款的合意。

二是资金交付。民间借贷合同是实践合同，只有实际交付了款项，实际出借了资金，民间借贷合同才生效，才有权利主张债务人偿还。而关于资金交付的审查：首先，审查资金交付方式，是一次性支付还是分期交付，是现金支付还是转账支付，若出借人主张转账，则其需提供银行、微信等转账凭证，若主张是现金支付，则要审查清楚包括但不限于取款情况、交付地点、交付时间、在场人员、交付时资金用什么包装等交付细节；其次，审查交付金额，是否全部交付出借资金，是否预先扣除利息的情形等；最后，审查资金交付对象，资金交付给了谁，是否在企业担任职务，是否指定收款人、是否有代理权限等。

第二节　股权投资

房地产公司的股权投资既可以发生在项目公司初始设立阶段，如投资的房地产项目比较大时，由多家房地产企业共同出资设立项目公司联合开发，作为股东共享收益、共担风险。此时，投资资金阶段介入较早，股权投资一般为新设投资。房地产公司的股权投资也可以发生在项目公司存续期间，即增资投资，如在项目开发资金不足，难以通过“债性融资”的手段（如贷款、发债、发行短融中期票据等）筹集资金时，选择股权融资也是一种不错的选择。此时，投资资金介入较晚，股权投资一般为后续增资。

一、股权投资的含义

《公司法》及相关法律法规并未明确定义“股权投资”，但按照一般实务理解，股权投资，是指通过投资行为取得被投资单位的股权的活动，是企业（或者个人）为了控制或者参与某一公司实体的经营活动购买的其他企业（准备上市、未上市公司）的股权或以货币资金、无形资产和其他实物资产直接投资于其他单位并取得被投资单位的股权，通过分得利润的方式取得投资回报。股权投资，既可以是新设投资和后续增资，可以是公开发起设立或募集，还可以是非公开转让。

二、股权投资的类型

新设投资，是指在发起人以持有的财产用于成立新公司主体进行项目运营的投资行为。在《公司法》中属于公司设立的范畴，公司设立需要发起人按照法律规定的条件和要求，完成一系列的程序（如工商手续、租房、制定公司章程、规章制度、税务手续等），为组建公司使其取得独立的法律人格。

增资，是指在公司存续期间，经公司权力机构的决议程序依法依规实施，增加公司认缴注册资本的法律行为或事实。增资，可以分为非上市公司增资和上市公司增资两类，本书所分析的均为非上市公司股权投资的法律实务问题。

三、股权投资的交易架构

1. 根据公司设立或后续增资进行区分，股权投资的交易架构如下图所示：

（1）新设投资

新设投资型的股权融资交易架构，显而易见，各方达成合作意向，通过设成立新公司的形式进行投资。由股东1、股东2……（鉴于本章节讨论的是股权投资模式进行融资，故在此特指涉及2名或以上投资主体）通过签订投资协议，约定各方出资设立项目公司，由项目公司进行投资项目的运营与开发。由各投资者按照认缴金额比例享有项目公司的股权，各股东协商一致制定《公司章程》。

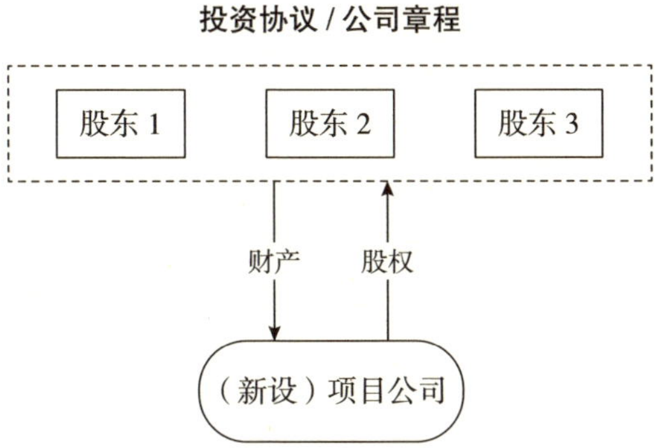

图 7-2　新设投资型的股权融资交易架构

（2）后续增资

存续投资型的股权融资交易架构，与新设投资型的股权融资交易架构最大的不同，就是原始股东外的投资者是在项目公司已经存续的阶段加入，对项目进行融资。投资者通过增资扩股的形式，将资金提供给项目公司，从而取得相应的股权。

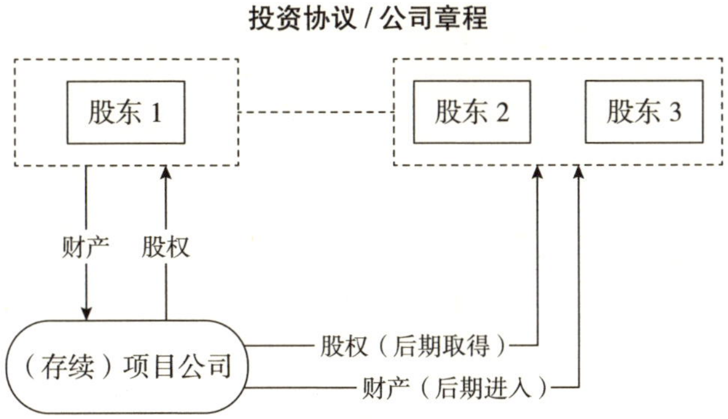

图 7-3　后续增资型的股权融资交易架构

2. 根据投资方对象的区别进行分类，可以分成两大类：一类是传统的房地产企业间联合开发地产项目而进行的收并购行为（交易架构参考图7-2及图7-3）；另一类是为战略投资者而设计的房地产类的真股融资类产品，该融资类产品主要有两种：一种是地产私募股权基金；另一种是“信托+基金或有限合伙”的优先股产品。

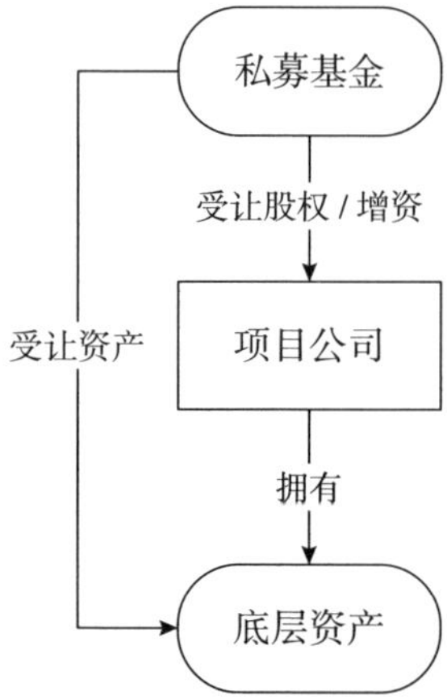

图 7-4　地产私募股权基金股权投资交易架构

地产私募股权基金交易结构中最大的特点是，为项目公司提供资金并受让项目公司股权的投资者为私募基金，是通过发行基金证券的方式，募集投资者的资金后委托给专业人员专门从事房地产的投资。私募基金一般有三种形式：公司型私募基金、合伙型私募基金和契约型私募基金。

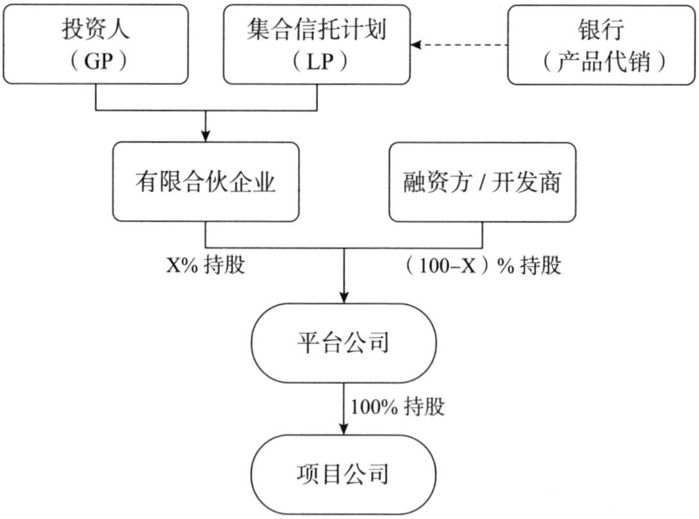

图 7-5　“信托 + 基金或有限合伙”的优先股股权投资交易架构

“信托+基金或有限合伙”模式，一般是由融资方/开发商牵头打造一个有限合伙人基金，再引入信托资金成为LP（有限合伙人），主要负责资金，而GP（普通合伙人）主要负责有限合伙企业或基金的运营管理。有限合伙企业或基金就相当于一个SPV（特殊承载体，项目公司），而信托资金投资的则是一个有限合伙基金，而并非直接投到房地产项目上，从而以非房地产信托名目绕开监管。然后，合伙企业与开发商共同成立平台公司，平台公司通过股权收购方式受让转让方持有的项目公司股权。

四、股权投资的优势

股权投资，在资金使用、资源整合和政策支持方面具有明显优势：

（1）资金使用

房地产企业进行股权融资，最直接的影响是解决资金难题。有了足够的资金，企业就可以更加游刃有余地解决当下的问题，也能够更好地为未来探索合作的机会奠定良好的基础。

（2）资源整合

房地产企业的强强联手，可以让自身在同行中有更强的竞争力。资源整合能让房地产企业走得更远。同样，若引入的是战略性私募投资者，可以帮助项目公司完善股东结构，建立起有利于企业上市的治理结构、监管体系和财务制度。

（3）政策支持

2021年年末，中国人民银行、银保监会出台《关于做好重点房地产企业风险处置项目并购金融服务的通知》，鼓励银行稳妥有序地开展并购贷款业务，重点支持优质的房地产企业兼并收购出险和困难的大型房地产企业的优质项目。2022年1月6日，承债式并购贷款政策落地，针对出险企业项目的承债式收购，相关并购贷款不再计入“三条红线”的相关指标。

五、债权融资与股权融资的优势、劣势对比

债权融资实际上就是企业借钱融资，最简单且最常见的债权融资就是“借贷”。因此，与股权融资相比，债权融资最大的特点是固定的、定期的本息偿还。企业的债权融资会体现在财务报表上，属于企业负债，这会给企业财务带来压力。房地产企业债权型融资多为银行贷款、发行债务性融资工具。房地产企业债权型融资的优点是一般能够以较低的利息且在保持股东原有股权结构不变的情况下取得项目所需资金，能让企业在原

有发展方向的基础上前进，不因融资而产生股权等纠纷，但其缺点也很明显，即需要在财务报表中体现负债，对企业而言，无疑会造成一定的财务压力。

股权融资，即通过引入新的股东，原股东转让其股权或通过增资扩股的形式，使新股东取得股权，并向原股东或目标公司提供项目运营所需的资金。股权融资，从资金使用时间而论，较债权融资更长，并不会像债权融资般存在还本付息的时间限制。与此同时，股权融资在一定程度上能够增强企业实力，为企业在对外竞争中增加优势。不过，股权融资也存在缺点，于原股东而言，股权融资的缺点是，原有股权架构的变动，新股东的加入，让企业将面临控制权分散，甚至可能会存在失去控制权的风险。

六、"明股实债"的认定

"明股实债"作为一种债权融资工具，但披着"股权投资"的外衣，又被称为"阶段性股权让渡"或者"带回购条款的股权性融资"。"明股实债"从其字面意思上可以理解为投资人以股权融资的形式对目标公司进行投资，但通过协议的形式约定收取固定的收益，实现其债权投资的目的。"明股实债"通常会有双方约定股权回购、第三方收购股权等形式退出对企业的持股，从而实现获得固定收益、保本的真实目的，即"明股实债"的一大特征是约定"股权转让/股权回购"。"明股实债"并非法律概念，是从实践中衍生出来的词汇。

在"三道红线"新规的压力下，高负债、高杠杆的房地产企业难以融资，"明股实债"成了多家房地产企业铤而走险的做法，有的是房地产股东不愿意让渡股权收益而出此下策，也有的是难以找到合适的股东，于是接受投资方以"明股实债"的方式进行入资。

根据监管部门下发给试点房地产企业的《试点房地产企业表外相关负债监测表》（以下简称《监测表》）填表说明："明股实债融资指按实质重于形式原则应计入有息负债但计入企业权益的融资，包括但不限于出资机构为金融机构，与投资者约定固定回报或特殊分红条款，试点房地产企业定期进行回购且进行担保或实物资产抵押的股权投资。其中，试点企业表内指试点企业所有者权益中符合上述定义的明股实债融资，参股未并表（联、合营）住宅地产项目和并表（子公司）住宅地产项目指项目公司所有者权益中符合上述定义的明股实债融资"[①]的要求，基本可以认定，房地产企业间存在与投资者约定固定回报或特殊分红的条款（如带刚兑属性的对赌和回购义务），则容易被归类为"明股实债"融资。因此，按照《监测表》的要求，"明股实债"虽然会在实现财务

① 《三张监测表穿透房企表外负债 最严融资新政考验开发商资金链》，载 https://www.163.com/dy/article/FPAPQO1I05198CJN.html，最后访问时间为 2022 年 6 月 22 日。

报表中的“出表”，但仍需按“三道红线”的监管，及时披露并申报负债金额。

七、“明股实债”与“真股投资”的区别

房地产的股权融资，“明股实债”的认定主要是因其“债权”实质，名为“股权”，目的在于避开监管。一般我们要判断是否为“明股实债”，会看看该股权投资交易中，是否存在融资方强制性的到期股权回购义务，以保证投资方享受固定的分红或收益等约定。在实操中，“对赌条件”的设置与“明股实债”容易被混淆。如上文所述，监管部门对于“明股实债”表现的认定中提到的“对赌和回购义务”，指的是“带刚兑属性的对赌和回购义务”，必须要给投资者保本，甚至保收益的情形，而并非所有的“对赌和回购义务”都会被认定为“明股实债”。

就实操层面而言，如果在股权交易中，投融资双方在协议中直接约定，融资到期后的投资人可无条件退股并取得保本收益，毫无疑问会被认定为“明股实债”，因此，该如何合理设置“对赌条件”，避免真股投资中的“对赌条件”被误认为“明股实债”，是大多数房地产企业及投资者最为关注的问题，经过对司法判例的研究分析以及对市场中多数产品的观察，总的来说可以归纳为以下七大点：

第一，投资方是否根据自己的投资额承担目标公司的经营风险。“明股实债”的投资人不承担，而设置“对赌条件”的投资人需承担；

第二，投资方是否参与公司的实际经营活动，设置“对赌条件”的投资人参与公司实际经营活动，“明股实债”的投资人一般不参与，但也有可能为了监管项目公司或融资方的资金状况从而参与到项目公司部分经营环节中；

第三，投资方在“明股实债”中获取的股权是否必然退出，“明股实债”投资人到期必定退出，而设置“对赌条件”的投资人并不必然退出项目公司；

第四，股权是否变更登记至投资方或投资方指定人名下，设置“对赌条件”的投资人必然会进行工商变更登记取得项目公司股权，“明股实债”投资人虽并不必然需要办理股权过户，但实践中一般也会办理；

第五，股权转让价格的公允性，若约定“一元”“零元”转让几乎成为“明股实债”的一种典型特征；

第六，是否设置了担保措施，“明股实债”投资人为了保证债权的实现，多数情况下会设置相应的担保措施，而在真股权投资情况下的股东是不会要求设置“担保措施”的；

第七，是否存在“阴阳合同”的操作，这是“明股实债”的常规操作。

第三节　银行贷款

房地产的金融属性，决定了商业银行、房地产行业之间属于相互依赖、相辅相成的关系。一方面，房地产企业需要大量的资金支持用于开发房地产项目的建设；另一方面，商业银行的利润大部分来源于房地产贷款的高比例利息。因此，很多商业银行经营者为了扩大银行利润，纷纷将银行的业务开拓重点放在房地产开发贷款业务上。但房地产开发贷款金额大、利率高、周期较长，随着房地产贷款业务比重的大幅度上升，使得房地产金融风险成为金融风险防范的重要关注点。

一、房地产开发银行贷款内涵

房地产开发贷款，是指商业银行对房地产开发企业发放的用于住房、商业用房和其他房地产开发建设的中长期项目贷款。目前，我国各家商业银行对房地产开发贷款的授信政策具体要求大同小异。本文整合了各大主流商业银行的政策要求（会有差异，具体以实际贷款银行公布的条件为准），基本要求如下：

（一）房地产开发企业开发资质及财务状况等要求

一般要求房地产开发企业或其控股股东具有如下条件：一级及以上房地产开发资质；财务结构合理，扣除预售款等影响因素后整体负债率应不高于65%；未有大额其他应收、应付等关联方占款。

（二）项目合规性要求

“四证齐全（国有土地使用权证、建设用地规划许可证、建设工程规划许可证、建设工程施工许可证）”且满足银行最低自有资金要求：25%—30%的自有资金投入，项目专款专用。

（三）项目抵押担保要求

房地产开发贷款原则上一般以项目对应土地及在建工程抵押。土地及在建工程抵押额度，一般是土地7折或者总投资6折，取两者较低值。

（四）贷款利率

在基本利率基础上上浮，通常上浮20%左右。

二、房地产开发贷款办理流程

不同银行贷款流程会略有差异，具体要求以贷款银行为准。常规房地产开发贷款的流程如下：

（一）意向银行审批

审批内容包括额度、利率、期限、担保方式等。

（二）所需资料审批

（1）项目公司及股东基本资料，如营业执照、法人身份证、资质证书、开户许可证、公司章程、验资报告、三年审计报告及近期财务报表、股权结构图等。

（2）项目证照及其他资料：项目工程形象进度表、集团各项目情况一览表、借款申请书、法人简介、立项批复、建设用地规划许可证、建设工程规划许可证、国有土地使用证、建筑工程施工许可证、土地合同及土地付款凭证、环评报告、项目可行性报告（测算、上会PPT）、总包方/设计公司/监理公司资质证书等。

（3）若土地需要评估的，还需出具评估报告。

（三）融资方案选定

对比贷款额度、放款节奏、还款要求、利率、期限、担保方式、监管户出款条件等，选择最有利的融资方案。

（四）借款合同审核

准备好借款合同、股东会或董事会决议、抵押合同、担保合同、借款借据、监管协议、核保资料等。

（五）专项审计报告

若项目公司所有者权益未达到银行贷款要求，还需增加所有者权益，如出具其他应付款转增资本公积专项审计报告。目前机构要求自有资金覆盖土地款。

（六）办理土地/在建抵押

- 土地抵押登记申请表原件；
- 双方法人资格证明书原件、土地登记委托书原件及双方法人、代理人身份证复印件；
- 双方企业营业执照复印件副本（必须经工商年检并加盖公章）；
- 抵押合同（抵押物清单）、借款合同原件；
- 评估报告或双方价值协议书原件；
- 供股东或董事会决议原件及公司章程复印件（工商盖章）；
- 土地证复印件、原件各一份；
- 土地抵押承诺书原件；
- 土地使用权抵押登记实地勘察表原件；
- 未领预售证联系单（证明）。

（七）项目中收费

若出现银行借款合同约定的利率与综合的利率不一致的情况，则银行一般会采用“中收费用”[①]方式作为银行利息的补充。

---

① 备注：“中收费用”指的是银行再给用户办理中间业务时所收取到的费用，在办理这类业务时，银行既不是债务人也不是债权人。而是处于受委托代理地位，以中间人身份进行各项业务活动。实务中大部分是先确定实际执行利率，然后再返回来套“LPR+nBPs”（基准利率加点n个基点）的公式（格式）的情况。贷款人经常性地将借款人的融资成本拆分成两部分：一部分表现为“贷款利率”，另一部分表现为银行服务费用。于借款人而言，其融资成本没有变化；于贷款人而言，其向借款人收取融资成本的“名目”增加了。贷款人选择这一拆分方式动机有很多，可以是基于完成中间业务（或表外业务）收入的业绩指标，也可能是响应央行及银保监会“金融机构向实体经济让利“号召而进行的伪饰。不论何种动机，贷款银行收取服务费存在比较大的合规风险，主要是因为其涉嫌中间业务（或表外业务）乱收费。根据《中国银行业监督管理委员会办公厅关于商业银行服务收费有关问题的通知》的要求，银行收取中收费用须坚持“定价测算原则，对属于市场调节价的各项服务价格，必须进行合理科学的成本测算，明确服务定价成本依据、收费项目的成本结构和收益覆盖成本的情况，不得在未测算的情况下，进行统一收费或联合收费”、“不得为追求中间业务收入的高增长率乱收费”。

（八）提款资料及提款审批

- 施工相关合同：总包、桩基、材料采购、装修等合同；
- 监理报告；
- 付款审批单、入库单等；
- 收据、发票等。

（九）贷款本金到账确认

- “项目四证”齐全及时跟踪贷款发放；
- 及时完成项目后续分次到位的各笔贷款的沟通；贷款本金金额、需注意到账时间确认无差错。

（十）贷后管理

- 工程进度表，销售进度表；
- 银行报表金额务必准确，提供的银行报表务必与原融资报表一致；
- 根据银行合同的标准完成利息计算，确保每月/季利息计算准确无差错；
- 维护好和贷款银行的合作关系。

（十一）还款

根据批复和合同相关约定，及时和金融机构沟通了解应还款的金额；注意贷款到期日，归还金额、日期无差错。

（十二）土地抵押注销登记

归还银行贷款后，及时办理土地抵押注销登记。

（十三）贷款评估

对合作的金融机构进行评估，包括但不限于：贷款额度、放款速度、还款贷款等配合程度和预售资金监管程度等。

三、风险防范及建议

（一）开发贷款企业应开立唯一销售资金监控户

很多商业银行面对“强势”的开发商，一般要求企业贷款项目要开立销售资金监控户，而不是唯一销售资金监控户。但开立唯一资金监控户可以很好地防范项目重复融资的风险，确保贷款项目的销售资金全部回笼贷款行，加强商业银行对贷款企业资金的把控力度，以及加强商业银行贷款资金的安全。此外，为了确保贷款项目的完全封闭运作，贷款行应该与贷款企业约定项目销售现场只能开立贷款行的POS机具进行收款，个人购房按揭贷款必须在贷款行进行等。

（二）降低非项目土地及在建工程抵押的抵押率

谨慎评估抵押物价值，提高抵押物要求，对于规划和自然资源部门认定闲置3年以上的房产不予接受，降低房产抵押的风险。一般商业银行要求房地产抵押率为不超过70%，对于房地产开发贷款而言，房产抵押的风险高于项目土地及在建工程抵押的风险，因此建议房产抵押的抵押率不超过50%以缓释抵押风险。

（三）追加土地作为第二抵押的条款

对于某些特殊房地产企业无法提供项目土地抵押的情况，应积极要求企业在提供其他房产抵押的基础上，追加项目土地做第二抵押权的处理。虽然第二抵押权效力劣后于第一抵押权人，但也加强了贷款行的贷款资金安全程度，同时再加上之前的房产抵押的担保条件后，贷款行的贷款资金得到了进一步的保障。

（四）抵押空档期要求提供100%保证金或相同条件的其他担保

目前，商业银行的普遍做法是抵押空档期要求企业提供集团担保即可。但此类做法风险较大，因为如果贷款企业在抵押空档期出现违约，银行行权周期长且较困难。建议商业银行要求贷款企业提供100%保证金或相同条件的其他担保，如要求企业提供相应的股票质押、理财产品质押等担保性较强的担保，确保商业银行贷款资金的安全。

第四节　私募基金

一、私募基金的概念

私募基金，又名私募股权投资基金。依据《私募投资基金监督管理暂行办法》第二条的规定，私募投资基金（以下简称私募基金），是指在中华人民共和国境内，以非公开方式向投资者募集而设立的投资基金。

房地产行业的私募基金，是指由专门人员经营管理、定向投资以进行房地产开发建设和运营的私募基金，这类私募基金一般以房地产建设项目（也包括房地产企业）为主要融资标的，资金投向于房地产业发展的各个阶段，具体涵盖了楼盘开发和建设、楼盘预售和运营管理等。

二、房地产私募基金的现状

首先，房地产私募股权投资基金不仅要适应有关私募基金的全部通用规定，而且还要适应《证券期货经营机构私募资产管理计划备案管理规范第4号——私募资产管理计划投资房地产开发企业、项目》（又称《备案管理规范第4号》）中对私募资产管理计划投资热点城市普通住宅地产项目、向房地产开发企业提供融资用于支付土地出让价款或补充流动资金等规范要求，具体如下：

1.热点城市，暂停备案，热点城市即房地产价格上涨过快的城市，包括北京、上海、广州、深圳、厦门、合肥、南京、苏州、无锡、杭州、天津、福州、武汉、郑州、济南和成都16个城市，热点城市范围并非固定不变，将根据住房和城乡建设部相关规定适时调整范围。

2.《备案管理规范第4号》列举了禁止投资房地产的具体方式，包括但不限于委托贷款，嵌套信托计划及其他金融产品、受让信托受益权及其他类资产收（受）益权、以名股实债的方式受让房地产开发企业股权。

3.《备案管理规范第4号》明确禁止私募产品向房地产开发企业提供融资用于支付

土地出让价款、提供无明确用途的流动资金贷款，以及直接或间接为各类机构发放首付贷等违法违规行为提供便利。

其次，《备案管理规范第4号》并非禁止基金投资于所有房地产行业，只是对地域、投资资金用途等作出限制，对于符合要求的房地产项目，资产管理人须详细披露融资方、项目情况、担保措施等信息，并且应当完善资金账户管理、支付管理流程，加强资金流向持续监控，防止资金挪作他用。

再次，由于房地产私募股权投资基金负债标的的特定属性，在房地产私募股权投资基金的融资模式中极易产生明股实债等债权融资，基金本身的复杂性以及合规管理风险都较大。

最后，由于房地产私募股权投资基金的融资体量通常都相当大，易于形成系统性风险，所以是我国证券投资基金业协会的重要监督对象，产品备案的难度大。

三、房地产私募基金类型

（一）公司型房地产私募基金

公司型房地产私募基金，是指拥有独立法人资格的有限责任公司。公司型房地产基金依照章程规定成立，基金份额持有人即为有限公司的大股东，行使股东的权利和义务。私募投资基金的全部财产均由基金有限公司进行管理。该类型基金将公司型房地产私募股权投资基金的投资人作为企业的大股东。因为，公司型房地产私募股权投资基金可能把投资管理服务委托给其他金融机构，所以，它的投资管理结构可以分为自我管理型和委托管理型。

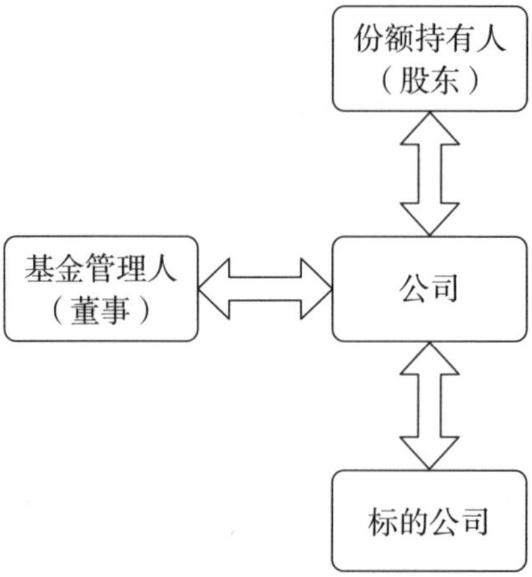

图7-6　公司型房地产私募基金

（二）合伙型房地产私募基金

合伙型房地产私募基金不具有独立法人资格。合伙型房地产基金根据合伙设立，一般至少有一个承担无限责任的合伙人，由基金管理公司管理。

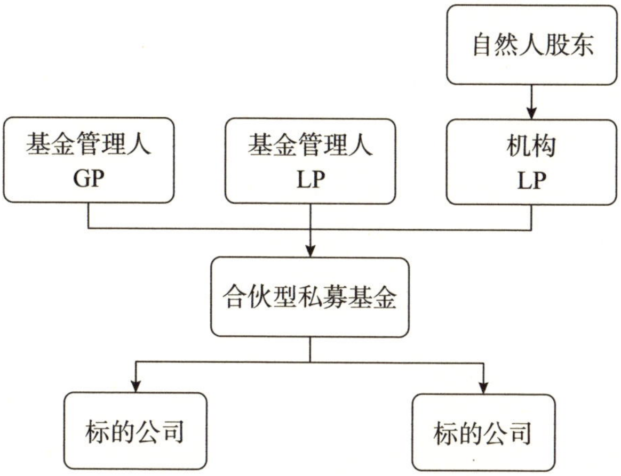

图 7-7　合伙型房地产私募基金

（三）契约型房地产私募基金

契约型房地产基金是根据基金合同而设立的，《信托法》是契约型基金成立的法律基础。契约型房地产基金不具有法人资格。契约型房地产基金的投资人，是指信托合同中所约定的受益人，对资金如何使用及所作出的重大决策一般不具有发言权。契约型房地产公司因不具备法人资格，一般不得向银行贷款。其通过基金合同经营基金财产。契约型房地产基金原则根据基金合同契约成立、运转，当合约到期，基金运作也就结束了。

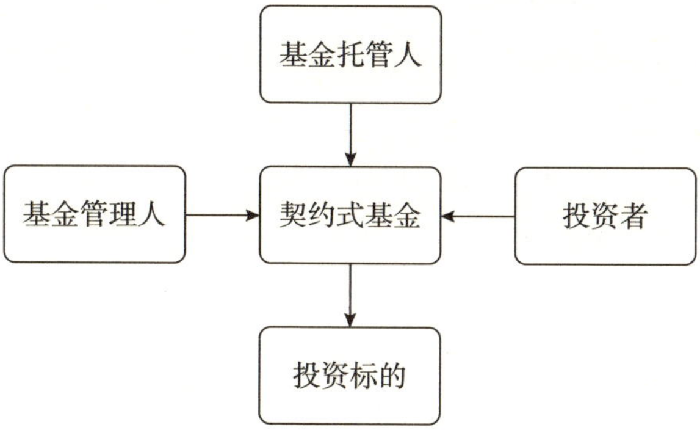

图 7-8　契约型房地产私募基金

四、房地产私募基金交易结构

房地产私募股权基金，主要是由基金的募集阶段、投入阶段、管理阶段和退出阶段四大阶段构成。这四个阶段紧紧衔接，各个环节都包括了专门人事、工作事项等，并通过严密的全过程管理防范私募股权基金的融资风险。具体来说，房地产私募股权交易结构分为：投资项目预审、尽职调查、合同谈判与签约、管理和退出。

1.资本的筹措与设立

房地产私募股权基金一般采取承诺出资的方法，这与证券投资基金不同。当基金管理公司在找到适当的融资机会时，只需按照提前规定的日期公告全体基金份额持有人注资即可。在具体的融资活动中，基金募集有特定的集资期间。通常基金在到期日届满时会宣告基金份额认购截止。

2.项目筛选

（1）信息获得：基金投资者应该对自身的特点和利弊有所了解，并据此选择合适的合作伙伴。关于项目的直接资讯可在投资报告中获取，也可从银行、代理商、项目咨询、法律顾问、会计师、评估师等第三方途径获取。上述资料结合到一起可以让投资者对项目公司有一种更为理性的总体认知。

（2）甄选因素：基金管理人必须通过仔细研究个人、技术、价格、控制权、风险等因素，进行甄选，从而判断是否进行投资。针对私募股权房地产投资基金的投资战略的差异，房地产项目公司还需要根据其投资开发项目的各个阶段，挑选不同战略的地产基金。在房地产开发阶段，由于项目风险高、投资回报大，需要寻找更偏好风险的机会型基金；在房地产项目建设经营初期，由于投资能够产生比较稳定的收益率，因此风险和收益都较小，地产公司应该将其卖给核心型基金[①]；如果房地产项目竞争白热化或者供大于求，不能产生稳定的收益，需要进行再次整理定位，此时就应该引入价值增长型基金或机会型基金[②]。

（3）尽职调查及专门评审：房地产私募股票基金管理人经过甄选确定最终投资意向之后，可委派专门的律师团队和审计师队伍对该目标企业开展尽职调查和专门评审，以

---

① 核心型基金：又称核心型私募地产基金。核心型基金以持有稳定经营资产为主，收益和风险都较低。

② 增值型基金通过对成熟基金的重新定位和再开发来创造增值收益，风险和回报居中；机会型基金通过参与项目开发或持有新兴市场物业来获取高回报，同时也承担相应的高风险。

全方位地了解并把握其相关状况。房地产私募基金的尽职调查，主要涉及房地产开发公司的基本状况和基本要求，以及项目的合规性。

除了对注册资本、资产构成、净资产、总资产、公司年报、股东资料等展开调研之外，也要对房地产经营中涉及的法律争议和案件，以及土地房屋的实际所有权状况进行调查。同时，房地产业的建设位置、用地范围、建设范围、房产类别、周围建筑物、工程用地证、土地规划证明、项目规划许可证、工程开工证和产品销售证明等，以及资金，市场定位，建造过程和质量保证也是尽职调查的重要内容。

3.投资的策略和交易条件谈判

在房地产私募股权合作中，将由房地产私募股权基金管理人与目标公司进行全面谈判和交流，以最大限度地获取利润、避免融资风险。

谈判主要内容包括：交易价格、公司控制权、金融工具的类型、投资组合的资金构成、对未来投资的需求、管理的介入，以及资本退出方面的安排等内容。

4.方案设计

私募股权投资基金所关注的设计重点，涉及评估价格、股东席位设置、投资者否决权和企业管理机构、退出策略、确认合同条件清单。如果因为投资者和引资方之间的出发点和收益差异、或者税务考虑差异等，在评估过程和合同条款清单的协商中产生意见分歧，可向审计师和律师事务所寻求帮助。

5.进入目标公司

房地产私募股权基金，通常都是通过分批分期的资本注入进入目标公司。在每批或每次投资前，私募股权基金会通过公司的运营进展情况来评估能否实现预期收益目标。其间，基金会积极进行有效的监管以减少投资风险。

6.管理与运营

私募股权基金的管理人在将资本投入目标房地产公司时，对公司今后的资本使用用途承担控制与监测的职能，不得将基金用作土地出让价款、补充流动资金、首付贷。此外，项目管理人还需向投资人充分揭示有关融资方、项目状况、保障措施等信息，并需健全投资账户管理、支付管理等流程，以做好对资本流动的持续监测，保证基金用于合同约定的用途。

按照最新《私募投资基金备案须知》要求，私募股权投资基金和私募资产配置基金必须封闭式运营，备案后不能公开认/申购（认缴）和赎回（退出），其他基金封闭式运营期内的分红、放弃项目减资、对违规投资人除名或更换及其基金份额转让不在此列。新规同时规定，在下列情况同时满足，允许新增投资人或提高既存投资人的认缴资金，但提高的认缴出资额不能高于备案认缴出资额的3倍：（1）基金的形式为公司型或合伙型；（2）基金依法设立并由有资格的基金托管人托管；（3）基金必须处于约定的投资期内；（4）基金进行组合投资，投资于单一标的的投资资金不超过基金最终认缴出资的50%；（5）经全体投资者一致同意或经全体投资者认可的决策机制决策通过。

7.项目退出

经过资本运营，项目实现了盈利，按照基金合同和投资各方协商一致，私募股权基金退出主要采用股权转让或者在项目完成后通过清算、类REITS等方法，实现退出。

第五节　信托

一、信托的概念

（一）信托的概念

根据《信托法》第二条的规定，信托，是指委托人基于对受托人的信任，将其财产权委托给受托人，由受托人按委托人的意愿以自己的名义，为受益人的利益或者特定目的，进行管理或者处分的行为。

房地产信托，是指信托公司按照委托人的意愿以自己的名义，为受益人的利益或者特定目的，将信托财产用于房地产开发项目的行为。

（二）相关术语的概念

一个完整的信托法律行为，至少需要信托当事人、信托财产、信托行为和信托目的四个要素组成。

信托当事人：包括委托人、受托人以及受益人。委托人是提供信托财产的人，其有权指定和监督受托人、确定受益人。受托人则承担着管理、处分信托财产的责任，其应遵守信托文件的规定，为受益人的最大利益处理信托事务。在我国，受托人是特指经中国银行业监督管理委员会批准，并领取金融许可证的信托公司。受益人是在信托中享有信托受益权的人。

信托行为：是指委托人与受托人双方签订信托协议，确认信托关系的行为。

信托财产：是指通过信托行为从委托人手中转移到受托人手中的财产，受托人因信托财产的管理运用、处分或者其他情形而获得的财产，也归入信托财产。信托财产既包括有形财产，如股票、债券、物品、土地、房屋和银行存款等；又包括无形财产，如保险单，专利权商标、信誉等。

信托目的：是指委托人通过信托所要达到的目的。

二、房地产信托业务的现状和趋势

自2003年中国人民银行发布相关文件限制房地产企业的银行融资以来，房地产信托成为不少信托公司的主营业务。但伴随2020年房地产行业的转型和整顿，信托资金投向房地产的占比呈现持续下降势头，多家信托公司对持有的房地产公司股权进行了缩减。中国信托业协会于2022年3月22日发布《2021年度中国信托业发展评析》显示："受房住不炒、规范房地产融资、防控房地产金融风险等因素影响，资金信托投向房地产的占比也自2020年开始下降，2021年底继续降至11.74%，同比下降了2.23个百分点，在所有投向中的占比名次也从前两年的第三位下降到了位居第五的倒数第二。"

表7-3　2017—2021年信托业务结构变化概览

年度		2017	2018	2019	2020	2021
按来源分类						
单一资金信托	金额	12.00万亿元	9.84万亿元	8.01万亿元	6.13万亿元	4.42万亿元
	占比	45.73%	43.33%	37.10%	29.94%	21.49%
集合资金信托	金额	9.91万亿元	9.11万亿元	9.92万亿元	10.17万亿元	10.59万亿元
	占比	37.74%	40.12%	45.93%	49.65%	51.53%
管理财产信托	金额	4.34万亿元	3.76万亿元	3.67万亿元	4.18万亿元	5.54万亿元
	占比	16.53%	16.55%	16.98%	20.41%	26.98%
按功能分类						
主动管理信托	金额	10.60万亿元	9.46万亿元	10.95万亿元	11.30万亿元	12.08万亿元
	占比	40.38%	41.64%	50.70%	55.17%	58.81%
融资类	金额	4.43万亿元	4.35万亿元	5.83万亿元	4.86万亿元	3.58万亿元
	占比	16.87%	19.15%	26.99%	23.71%	17.43%
投资类	金额	6.17万亿元	5.11万亿元	5.12万亿元	6.44万亿元	8.50万亿元
	占比	23.51%	22.49%	23.71%	31.46%	41.38%
事务管理类	金额	15.65万亿元	13.25万亿元	10.65万亿元	9.19万亿元	8.47万亿元
	占比	59.62%	58.36%	49.30%	44.84%	41.20%

续表

年度	2017	2018	2019	2020	2021
按股向分类占比					
工商企业	27.84%（1）	29.90%（1）	30.60%（1）	30.41%（1）	27.73%（1）
金融机构	18.76%（2）	15.99%（2）	13.96%（4）	12.17%（6）	12.44%（4）
基础产业	14.49%（3）	14.59%（3）	15.72%（2）	15.13%（2）	11.25%（6）
证券投资	14.15%（5）	11.59%（6）	10.92%（6）	13.87%（5）	22.37%（2）
房地产	10.42%（6）	14.18%（4）	15.07%（3）	13.97%（4）	11.74%（5）
其他	14.33%（4）	13.74%（5）	13.72%（5）	14.45%（3）	14.47%（3）

数据来源：根据中国信托业协会公开数据整理。

随着房地产行业相关的降准降息、房贷宽松、放贷加速等利好政策的出现，房地产行业政策趋向稳健。虽然房地产信托规模一降再降，但在未来，其仍然属于信托的重要业务之一。

三、房地产信托融资的主要模式

根据信托财产的运用方式进行划分，房地产信托融资的主要模式包括以下四类。

（一）债权类信托

信托公司将信托资金以信托贷款的方式发放给符合贷款条件的房地产企业，用于房地产项目的开发建设，房地产企业按约定向信托公司支付本息，信托公司再向投资者分配投资收益和本金。信托贷款模式是房地产信托业务最简单、最基本的模式，由于监管变严，单纯的信托贷款模式已不能满足房地产企业的发展需求，近年来逐渐由贷款模式转向股权模式。

贷款类型：信托公司可以向房地产企业发放开发贷款、基本建设贷款、房地产并购贷款和经营性贷款等，但根据《中国银监会办公厅关于加强信托公司房地产、证券业务监管有关问题的通知》和《中国银监会办公厅关于加强信托公司房地产信托业务监管有关问题的通知》的规定，严禁向房地产企业发放流动资金贷款，严禁以购买房地产企业资产附回购承诺等方式变相发放流动资金贷款；不得向房地产企业发放用于缴交土地出让价款的贷款；不得以信托资金发放土地储备贷款；严禁信托公司以商品房预售回购的方式变相发放房地产贷款。

风控增信措施：信托公司发放信托贷款时，房地产企业需提供资产抵押、股权质押、集团或实际控制人担保、设置监管账户等增信措施。

符合信托贷款条件的房地产企业：根据与信托相关的法律规定，房地产信托贷款必须满足“四三二”的合规性要求：①四证齐全，是指用款项目必须持有国有土地使用证、建设用地规划许可证、建设工程规划许可证、建筑工程施工许可证。②作为用款项目已投入自有资金比例不低于30%。但《国务院关于调整和完善固定资产投资项目资本金制度的通知》（国发〔2015〕51号）调整了30%的比例要求：保障性住房和普通商品住房项目维持20%不变，其他项目由30%调整为25%。③融资的房地产企业或其控股股东资质应不低于国家建设行政主管部门核发的二级房地产开发资质。实务中，开发商除需满足“四三二”条件外，还需提供符合信托公司要求的土地使用权和在建工程作为抵押物以及其他增信措施。此外，开发商是否实缴出资、用款项目是否处于权利限制状态等也是信托公司重点关注的问题。

注意：根据最新的《中国银保监会关于开展“巩固治乱象成果促进合规建设”工作的通知》（银保监发〔2019〕23号，以下简称23号文）的规定，除了信托贷款，信托公司只要以投资附加回购承诺方式、通过股权投资+股东借款、股权投资+债权认购劣后、应收账款、特定资产收益权等变相对房地产开发项目提供融资的，仍然适用“四三二”条件的规定。

债权类信托贷款交易结构图如下所示：

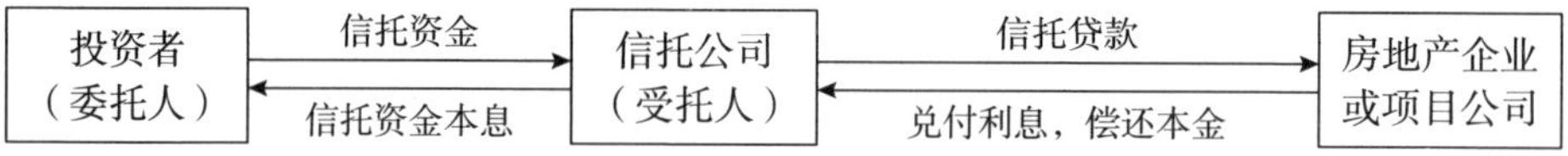

图7-9　债权类信托贷款交易结构

（二）股权类信托

信托公司将信托资金以受让股权、增资扩股、增加资本公积（以及股东借款）或新设公司的方式，直接投入房地产项目公司，进而通过对股权的分红、减资或转让股权获得投资收益，再向投资者返本和分配投资收益。在股权类信托中，信托公司必须在项目公司中处于实际控制地位，保证对项目公司的重要事宜拥有决定权，从而确保信托目的的实现。同时也要考虑项目的经济效益和市场前景，以确保信托资金在信托期限届满或约定条件发生时能成功退出。

风控增信措施：资产抵押；股权质押；向项目公司委派董事或者财务总监、印信保管、账户监管；集团或实际控制人担保。

操作方式：

1.信托公司以信托资金直接入股项目公司、受让股权、参与增资扩股等方式，成为项目公司的股东，在约定期限届满或约定条件满足时，由房地产企业或其他第三方受让信托公司的股权。

交易结构如下图所示：

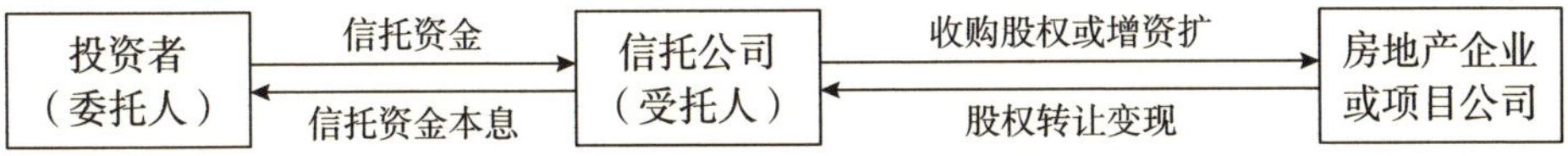

图 7-10 股权类信托交易结构 1

2.信托公司持有房地产企业或项目公司的少量股权，成为股东后再以股东借款形式向项目公司借款，即“股加债模式”。但不管采用哪种方式，都必须实际入股，而不能是明股实债模式。

交易结构如下图所示：

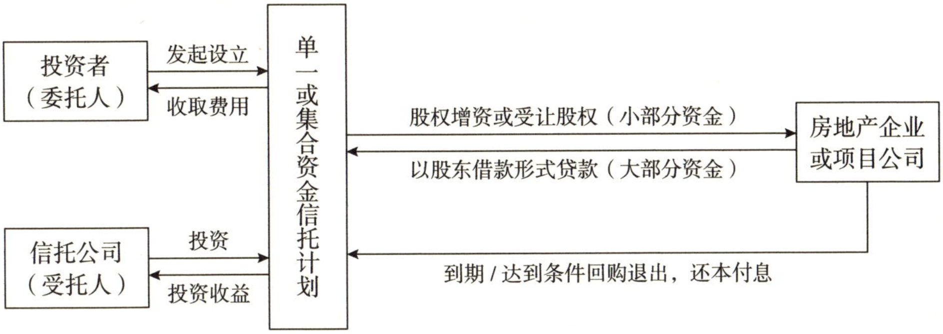

图 7-11 股权类信托交易结构 2

因银保监会发布的23号文，前述两种操作方式也受到了限制。现在主要是类优先股投资和真股投资。真股投资对赌的条件需要合理、通过审计；如果设置的业绩目标明显无法完成，大概率触发回购的，则会被认定为明股实债。且真股权投资不能约定融资方到期就必须受让股权实现退出，只能约定优先受让股权。

（三）收益权类信托

收益权类信托，是指房地产企业将其应收账款、债权、股权收益权、租金、土地收益权等特定资产权益（可让渡的、专属性且在未来可产生稳定现金流的权益）分为优先受益权和劣后受益权，并将优先受益权转让给信托公司，信托公司以信托资金支付受让款项。到期后以关联方回购特定资产优先受益权和特定资产产生的收益作为还款来源。如果信托计划到期未能实现兑付，则信托公司有权处置资产进行补足优先受偿权的权益，而房地产企业所持的劣后受益权滞后补偿。

适用类型：这种模式一般用在已建成、产权清晰、且能产生稳定现金流的物业资产上，如大型商场、写字楼、酒店等。

收益权类信托交易结构如下图所示：

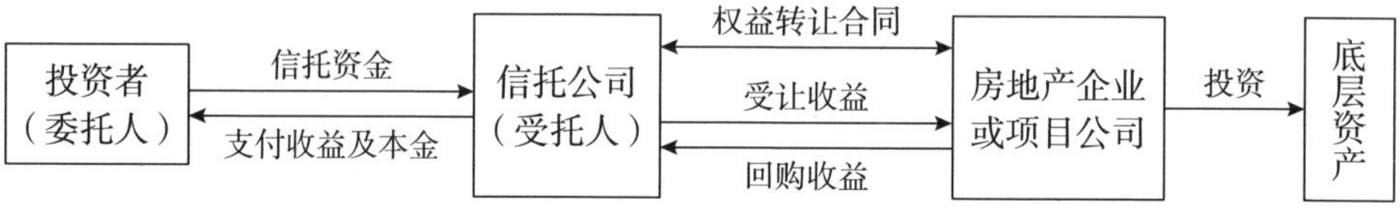

图 7-12　收益权类信托交易结构

（四）混合类信托

混合型模式也被称为夹层融资模式，即将贷款、股权和权益类三种模式组合在一起使用，期限配置等方面均较为灵活。

混合类（股+债）信托交易架构如下图所示：

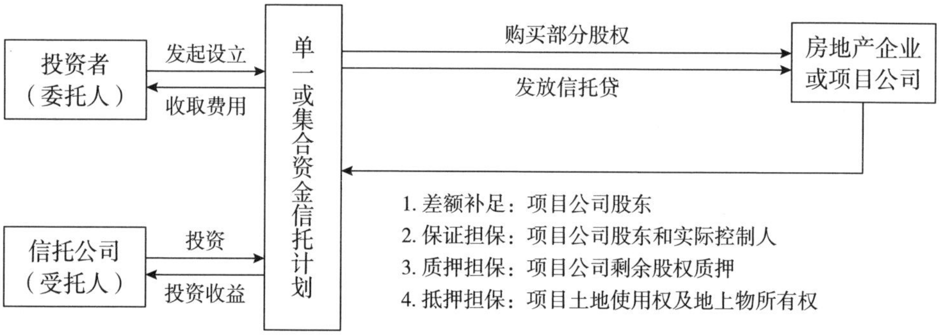

图 7-13　混合类（股 + 债）信托交易架构

四、运作流程和指引

（一）前期准备阶段

1. 信托产品立项

对房地产信托产品进行前期项目调研后，信托业务部门开展确定产品框架、撰写立项报告、撰写可行性报告等工作，并依次分别在部门内部和公司内部进行评估和批准立项。在该阶段，信托公司可以与客户签订合作意向书、保密协议等文件。

2.尽职调查

信托产品各方达成初步合作意向后，信托公司作为受托人，亲自或委托第三方就本次信托相关的各类事项，如项目公司、房地产项目等开展现场调查、信息收集、资料分析等一系列活动，并就可行性分析、合法性、风险评估、有无关联方交易等事项出具尽职调查报告。

3.内部评审

在前期工作完成的基础上，信托业务部门将房地产信托产品上会报告给信托公司，从而进入房地产信托产品内部审核阶段，风控、法务、合规、营销、运营等部门会对报批材料的完整性和规范性、信托产品的合规性、交易结构的合理性、风控措施的有效性、可能发生的运营风险、受托人的管理风险以及法律责任等方面给予反馈意见，信托业务部门就反馈意见做相应的完善工作。通常情况下，信托公司内部评审通过后，信托业务部门会开始自行或委托律师制作相关法律文件。

4.事前报告

信托公司正式设立房地产信托产品前，还应向监管部门进行报告，并获得监管部门的口头意见（窗口指导），对于长时间未取得监管部门明确意见的，信托公司原则上认为监管部门不同意，只能放弃该信托项目；但不排除监管部门在认为房地产信托产品总体可行的情况下也可能会给予修改方案，信托公司应当调整信托方案以达到监管部门的要求。

5.账户开立

由于信托计划的资金实行保管制，在信托计划存续期间，信托公司应当选择经营稳健的商业银行担任保管人。房地产信托财产的保管账户和信托财产专户应当为同一账户。

6.产品推介与募集

信托公司直接向合格投资人推介房地产信托产品，应有规范和详尽的信息披露材料，明示信托计划的风险收益特征，充分揭示参与信托计划的风险及风险承担原则，如实披露专业团队的履历、专业培训及从业经历，不得使用任何可能影响投资者进行独立风险判断的误导性陈述。信托公司可委托商业银行代为向合格投资者推介信托计划。

信托公司推介信托计划时，不得有以下行为：（1）以任何方式承诺信托资金不受损失，或者以任何方式承诺信托资金的最低收益；（2）进行公开营销宣传；（3）委托非金融机构进行推介；（4）推介材料含有与信托文件不符的内容，或者存在虚假记载、误导性陈述或重大遗漏等情况；（5）对公司过去的经营业绩作夸大介绍，或者恶意贬低同行；（6）中国银行业监督管理委员会禁止的其他行为。

7.信托产品的成立

信托计划推介期限届满，未能满足信托文件约定的成立条件的，信托公司应当在推介期限届满后30日内返还委托人已缴付的款项，并加计银行同期存款利息。在信托计划成立后，信托公司应当将信托计划财产存入信托财产专户，并在5个工作日内向委托人披露信托计划的推介、设立情况，并在信托公司的官网上发布房地产信托产品正式成立的公告。

8.信托财产的运用

信托产品成功设立后，信托公司会将信托资金划付至信托合同约定的房地产项目中。在房地产信托项目中，往往涉及债权、股权等财产权利的交易环节，在实务中，为提高效率，信托公司会在信托产品成立前与各方当事人签订好相关协议。

第六节　上市

一、上市的概念

上市，是指发行人在特定的证券交易场所，首次向社会公众公开发行股票并上市流通，投资者认购股份并向发行人支付认购款项，从而使发行人达到融资的目的。对即将上市的公司来说，上市融资的主要方式是通过首次公开发行股票（IPO）来融资，而对于已经首次公开发行股票的上市公司来说，其再融资的主要方式是配股或增发股票（包括公开增发和非公开增发股票）。

上市融资是直接融资的一种，且企业所融资金属于权益性资金，发行人既无须承担利息，也无须向投资者进行偿还。但上市融资须满足相关法律法规以及证券交易所的各项规则与条件，且上市融资的法律流程复杂。因此，上市融资对房地产企业而言，是较为理想的融资方式，若上市成功，将会对发展有诸多利好，包括企业运作更加规范，融资渠道更广、企业品牌形象提升等。同时，上市融资实施难度较大，对房地产企业的要求较高，仅适合于经营情况良好、运作规范的房地产企业，且目前在我国境内，房地产企业不能上市。

二、房地产企业上市现状及趋势

2010年，为遏制部分城市房价过快上涨，国务院发布《关于坚决遏制部分城市房价过快上涨的通知》后，中国证监会暂停了房地产企业的上市、再融资及并购重组。2021年4月16日，中国证监会发布《科创属性评价指引（试行）》，上海证券交易所同步发布《科创板企业发行上市申报及推荐暂行规定》，均规定了：禁止房地产企业在科创板上市。2021年11月12日，北京证券交易所发布《北京证券交易所向不特定合格投资者公开发行股票并上市业务规则适用指引第1号》，明确禁止房地产企业在北交所上市。因此，目前房地产企业无法在中国境内上市。

在当下的房企上市融资环境下，部分房地产企业通过分拆旗下的物业板块达到上市融资的目的。其中，华润置地等大型房企已分拆成功，除了物业板块之外，园林、文旅等板块也是房企实现上市融资的选择方式。

现中国境内的大部分大型房地产企业均已实现上市，后面的中小型房地产企业也在积极筹备上市，但中小型房地产企业资金链紧张，负债高，而上市又很看重企业的业绩和经营质量。因此，部分中小型房地产企业的上市之路并不顺利，不少房企递交的招股书出现多次失效的情况。

自2020年以来，香港证券交易所对内地房地产企业上市的要求越来越严格，但即使如此，因房地产企业暂无法在内地上市，境外上市仍然是房地产企业的上市首选。并在当前国内融资环境收紧的情况下，赴境外上市可能会成为房地产企业融资的一个重要选择。

三、房企上市融资的主要模式

（一）境外直接上市

境外直接上市，是指境内房地产企业直接向境外证券交易所（如中国香港证券交易所、纽约证券交易所、新加坡证券交易所、伦敦证券交易所等）申请挂牌上市交易。香港国际化程度高，且拥有成熟的地产专业投资人和金融监管体系、便捷的海外集资方式，港股市场对地产公司的估值相对偏高等优势。因此，港交所是房地产企业的上市首选，而内地房地产企业赴港上市主要存在红筹上市和H股上市两种方式。

在审核房地产企业上市申请的过程中，香港联交所一般会关注如下法律问题：

第一，企业是否满足房地产开发企业的设立条件，是否存在未取得资质证书或超越资质证书从事房地产开发经营的情形；

第二，是否签订土地出让合同或未取得土地使用权证，将影响后续申领相关建筑工程许可证等报建文件，因此需在招股书中进行披露：根据香港联交所《主板上市规则》，物业估值报告必须说明有关方是否已取得有关物业的法定所有权。根据香港联交所《创业板上市规则》，申请人物业业务中的物业权益，必须就其绝大部分中国物业拥有长期所有权的证明书，即使该等物业已竣工。

第三，是否未经招标程序即开始施工。公司需及时缴纳罚款及按主管部门的要求进行整改，以避免在无法取得施工许可证的情况下进行施工。

第四，是否未取得预售许可证即开始预售，该等不合规的预售所得款项将不能被记入公司的收入，且公司应停止正在进行的预售，及时缴清罚款并补办理预售许可证。

第五，在房地产开发企业资质证书过期的情况下进行房地产开发，公司应关注证书续期的进度并适时向主管部门取得续期期间可进行开发的书面确认，以避免此类情况的发生。

除了前述列明的法律问题以外，香港联交所一般还会关注房地产企业的负债率、融资协议项下违约情况、关联方资金拆借、土地房产瑕疵、环保、安全生产等问题，并对该等情况提出相应的披露要求。

（二）红筹上市

H股上市申请需要经内地、香港两地证券监管机构的核准。由于境内政策对房地产企业的上市限制，目前房地产企业通过发行H股的方式在境外上市难以实现。因此，红筹上市是大部分境内房地产企业港股上市的选择。

红筹上市，是指由境内房地产企业的实际控制人搭建境外持股架构，在境外的离案法域英属维尔京群岛（BVI）等设立控股公司（特殊目的公司SPV），房地产企业在境内进行非纳入上市体系公司的剥离、同业竞争公司的纳入等重组行为。然后将境内房地产企业的资产和权益以股权收购、资产收购或协议控制（VIE）等形式注入或转移至SPV，通过SPV持有境内资产或股权，最终以SPV为上市主体在境外上市。

红筹方式分为大红筹和小红筹，大红筹是指通过收购或行政划拨等方式，将境内的企业权益注入SPV中，以实现SPV在境外上市的目的，此种模式的主体一般是国内大型国有企业或具有地方政府背景的企业。根据《国务院关于进一步加强在境外发行股票和上市管理的通知》，大红筹需要证监会、商务主管部门、发改委、国资委的审批。小红筹是指通过股权并购或资产并购等方式，将境内的企业权益注入SPV中，以实现SPV在境外上市的目的。小红筹模式的主体一般是私营企业，无须境内证监会的审批，程序较为便捷。因此，目前所称的红筹上市一般均指小红筹模式。

房地产企业在红筹上市中需要注意的地方：

第一，房地产企业体量大、资产重、股本溢价高，境内资产在出境过程中的股权转让需占用大量资金，且可能会产生较高的税负成本。根据《关于外国投资者并购境内企业的规定》第十四条规定，应以资产评估机构对拟转让的股权价值或拟出售资产的评估结果作为确定交易价格的依据。因此，建议境外公司在境内设立外商独资企业（WFOE），并以外商独资企业作为主体去收购境内控股公司，则股权转让在两个境内公司之间发生，这有利于减少股权转让所需的现金和税务成本。

第二，一般房地产企业均有多个项目、关联公司，为方便红筹上市，建议设立境内控股公司，将全部项目、关联公司纳入旗下。在实际控制人为中国居民的情况下，若存在境内控股公司，仅需对控股公司进行外资并购即可；若境内公司不存在统一的控股公司，则需要对各个项目公司分别进行“合资企业-外商独资企业（JV-WFOE）两步走”的动作。

第三，房地产集团企业一般存在物业管理、建筑施工、房屋销售等相关业务的公司。因此，在确定拟上市公司的主营业务后，需要将上市体系内主营其他业务的公司进行剥离。在考虑确定拟上市主营业务及公司范围时，需要综合考虑拟上市公司的体量、业务独立性、尽职调查复杂性等因素。

（三）借壳上市

借壳上市，是指非上市房地产企业通过收购或其他合法方式获得上市公司的实际控制权，将原上市公司资产、业务进行必要处置或剥离后，再将自己所属业务装进已上市公司并成为其主营业务，从而实现未上市资产和业务间接上市的行为。此前，不允许创业板借壳上市。但自2019年起，中国证监会《关于修改〈上市公司重大资产重组管理办法〉的决定》作出重大修改，允许创业板借壳上市。

因近几年国家对房地产行业的调控日益趋紧，特别是出台《国务院办公厅关于继续做好房地产市场调控工作的通知》后，中国香港地区的投资者对于内地房地产企业的港股反应普遍不好，新股常常难以获得较高的估值，且赴港IPO的过程烦琐、变数大，相较而言，借壳上市不仅交易时间短、成本低，不需要过多的土地储备和手续，且房地产企业可以自由选择将部分资产注入壳公司。

借壳上市的主要步骤包括：找到壳公司（上市公司）——壳公司剥离原资产（净化壳公司）——境内房地产企业获得壳公司控制权——将本公司的境内资产通过外资并购，实现资产出境后再注入壳公司，或者由壳公司或其子公司进行外资并购，将境内资产直接注入上市壳公司（将本公司资产装入壳）。

取得上市公司控制权主要包括三种方式：股份转让、增发换股和间接收购。

借壳上市的交易结构如下图所示：

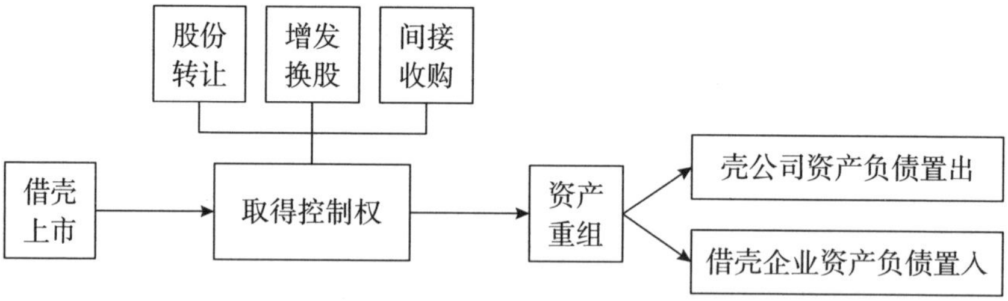

图7-14　借壳上市的交易结构

2.借壳方案

借壳方案主要有股权转让+资产置换、股权转让+增发换股、股权回购+增发换股、资产置换+增发换股、资产出售+增发换股，具体如下：

股权转让+资产置换方案：壳公司原控股股东向拟借壳企业协议转让其持有的壳公司股份，借壳方取得壳公司的控制权后，与壳公司进行资产置换，收购壳公司原有的业务及资产，同时将拟上市的业务及资产注入上市公司，作为收购其原有资产的对价。

股权转让+增发换股（反向收购）方案：壳公司原控股股东向拟借壳企业协议转让其持有的壳公司股份，借壳方取得上市壳公司的控制权后，由壳公司向拟借壳企业的全体（或控股）股东定向增发新股，收购其持有的拟借壳企业股权；壳公司再向其原控股股东出售其原有的业务及资产。

股权回购+增发换股方案：壳公司向原控股股东出售全部业务及资产，同时回购并注销原控股股东所持有的壳公司股份，股份不足以支付壳公司原有业务及资产的，以现金补足；壳公司向拟借壳企业的全体（或控股）股东定向增发新股，收购其持有的拟借壳企业股权，增发换股后，拟借壳企业的控股股东成为壳公司的新控股股东。

资产置换+增发换股方案：壳公司将全部业务和资产转让给拟借壳企业的控股股东，并同时向其增发新股，换取其所持有的拟上市企业股份；借壳企业控股股东取得壳公司的原有业务和资产后将其转让给壳公司原大股东，以换取后者所持有的壳公司股份，双方差额部分以现金补足。

资产出售+增发换股方案：壳公司将原有的全部业务及资产出售给其控股股东；壳公司再向拟借壳企业的全体（或控股）股东定向增发新股，收购其持有的拟借壳企业股权。

四、房地产企业上市流程（以港股为例）

1.准备阶段

（1）在确定要在赴港上市的计划后，应先召开一次会议，与保荐人、承销商、律师、评估师、会计师召开上市会议，寻求各中介机构在上市过程中的通力协作。

（2）保荐人需要为拟上市公司作出定量分析，并对其各个方面进行评估，以符合香港联交所《主板上市规则》和《创业板上市规则》的要求。

（3）各个中介部门结合拟上市公司的具体情况，对公司的业务、股权结构、财务状况等方面进行重组，使之成为符合上市规定、吸引投资者的新实体。

2. 审批阶段

（1）重组完成，拟上市公司就可以向香港联交所提出上市申请。

（2）香港联交所针对是否符合上市资格、是否适合上市等问题进行初步审阅。

（3）详尽审阅上市申请后，香港联交所仍可因资讯不完备而发回申请，发回的申请可进行二次审核（快速复核）。

（4）香港联交所出具意见。

3. 销售、发行阶段

（1）聆讯结束获得批准后，拟上市公司和承销商开始股票发行宣传工作。

（2）上市公司根据发行时的市场状况决定一个价格区间，然后邀请投资者在价格区间预先表示认购意向，最后以认购结果决定最终发行价。香港市场以配售和公开招股为主要方式，完成新股定价及挂牌上市。

4. 涉密敏感信息书面说明

根据2022年4月8日中国证监会会同财政部、国家保密局、国家档案局4部门发布《关于加强境内企业境外发行证券和上市相关保密和档案管理工作的规定（征求意见稿）》，拟增加如下程序性要求，明确企业保密责任：境内企业境外发行上市过程中向证券公司、会计师事务所等证券服务机构以及境外监管机构提供文件、资料时，就提供的涉密敏感信息具体情况提供书面说明。证券公司、证券服务机构应当妥善保存上述书面说明以备查。

第七节　中资美元债

一、概念

中资美元债，是指中国境内企业（包括境内企业或其控制的境外企业或分支机构）在境外市场发行的、按约定还本付息并以美元计价的债券。一般来说，发行美元债的境内企业，往往拥有长期稳定的运营模式，或有政府的支持。

就房地产企业而言，其体量大，资金需求量也很大，经常会借新债还旧债，风险并不低，但是房地产企业拥有土地房产等固定资产，所以在债券市场还是较受欢迎。目前，房地产美元债相对集中在香港联交所交易。

二、中资美元债的现状及趋势

2017年房地产调控政策密集出台，境内融资监管收紧，且美元债相关监管政策的放松。因此，房地产美元债迅速扩张，发行规模也大幅上升。2020年以来，尽管受到一定影响，但是境外投资者对于中国经济的信心得以继续维持，房地产美元债依然受欢迎。但2021年以来，房地产企业违约率攀升，以往高收益房地产的中资美元债价格下跌，尤其是担忧房地产企业的还款意愿和还款能力，地产中资美元债市场信心遭到打击，导致发行人融资成本大增，再融资难度上升。为进一步完善企业外债管理，促进中资企业境外债券市场长期健康稳定发展，2021年10月26日，发展改革委外资司会同外汇局资本司召开部分重点行业企业外债座谈会，听取参会企业的经营情况、外债偿付计划和意见建议。会议指出，“将继续在外债备案登记、资金出境等方面满足企业合理合规的外债置换和偿付需求，同时要求企业不断优化外债结构，严格按照批准用途使用外债募集资金，自觉遵守财务纪律和市场规则，积极主动做好境外债券本息兑付准备，共同维护企业自身信誉和市场整体秩序。”[①]总体来看，中资美元债监管趋严，健康稳定发展是主旋律，房地产中资美元债融资渠道需要在合法合规的基础上开展。

三、中资美元债融资的主要模式

（一）直接发行

直接发行，是指境内企业作为发行人直接在境外发债。直接发行不要求发行人在境外注册公司，结构简单，避免了间接发行所需增信措施相关的额外成本，发行利率也较低，但直接发行的门槛最高，监管要求也较高。且根据《企业所得税法实施条例》的规定，境内企业在支付债券利息时，需代扣代缴境外投资人10%的预提所得税，实质上增加了发行成本。

根据《国家发展改革委关于推进企业发行外债备案登记制管理改革的通知》（发改外资〔2015〕2044号）的规定，取消了企业发行外债额度审批，企业只须事前向国家发改委申请办理备案登记手续，并在每期发行结束后向国家发改委报送发行信息即可，大大简化了企业发行美元债的流程。《中国人民银行关于全口径跨境融资宏观审慎管理有关事宜的通知》（银发〔2017〕9号）规定，对企业和金融机构，中国人民银行、国家外汇管理局不实行外债事前审批，企业改为事前签约备案，金融机构改为事后备案。

中资美元债融资直接发行交易结构如下图所示：

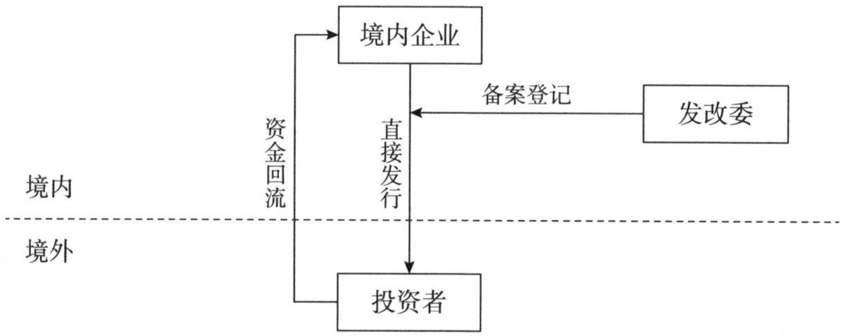

图7-15　中资美元债融资直接发行交易结构

① 资料来源：国家发展改革委外资司会同外汇局资本司召开部分重点行业企业外债座谈会，载https://www.ndrc.gov.cn/fzggw/jgsj/wzs/sjjdt/202110/t20211026_1300964.html?code=&state=123，最后访问日期为2022年8月9日。

（二）间接发行

1.担保发行

担保发行，是指境内企业在境外设立一个子公司，享受当地税收优惠，然后由境外子公司发行美元债，再以外资企业身份将募得资金投回国内。但是境外子公司拥有很少或几乎没有资产。因此，本发行模式需要增信措施去增强境外投资人的信心，进而降低发行人的融资成本。增信措施主要分为两种，一种是由境内母公司担任担保人，提供无条件和不可撤销的担保；另一种是母公司在银行开具备用信用证（SBLC），由境内银行或其境外分行担任担保人。

（1）境内母公司担保发行

母公司担保发行结构简单，程序时间也较短，同时让母公司直接进入境外投资人的视野，可能会提高国际声誉。但其发行利率会直接受到母公司信用评级的影响，若母公司信用评级不高，那美元债的发行利率可能也较高。另外，根据《跨境担保外汇管理规定》（汇发〔2014〕29号）的规定，跨境担保属于内保外贷，须在外汇局备案，并遵守内保外贷的相关规定。

境内母公司担保发行交易结构如下图所示：

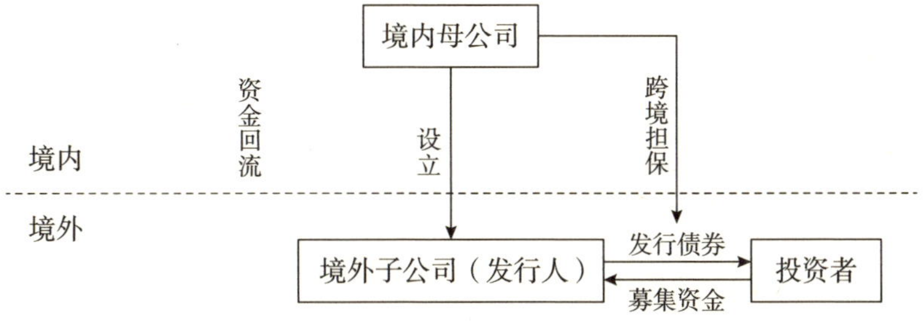

图7-16　境内母公司担保发行交易结构

（2）银行提供备用信用证（SBLC）担保

美元债采用银行备用信用证（SBLC）发行方式的，其发行利率会直接受到提供备用信用证的银行信用评级的影响，一般来说，银行信用实力比企业强。且根据《跨境担保外汇管理规定》的规定，境内银行可自行提供融资性对外担保，无须逐笔向外汇局申请核准，发行难度降低。但银行提供备用信用证会收取一定的费用，进而提高了发行人的融资成本。

银行提供备用信用证担保交易结构如下图所示：

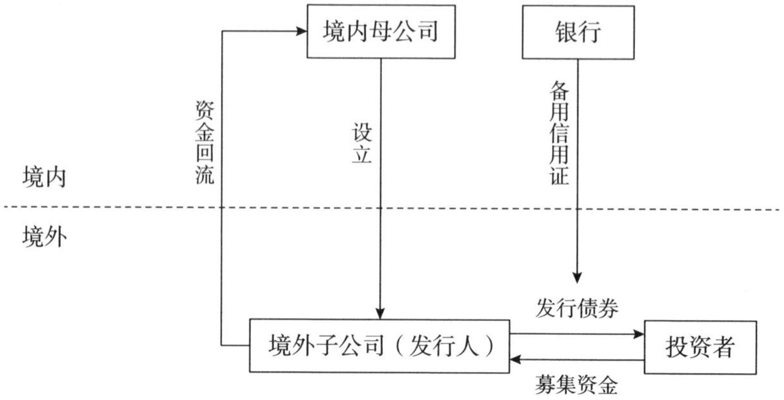

图 7-17　银行提供备用信用证担保交易结构

2. 维好协议＋股权回购发行

维好协议＋股权回购发行，是指由境外子公司发行美元债，境内母公司与境外子公司签订维好协议，约定境内母公司需要维持境外子公司有足够的流动资金以用于偿还债券本息，若将来境外子公司出现现金流困难不足以偿还本息，境内母公司须承担补充资金的责任，但境内母公司不是偿债主体和担保人，境外投资人不能直接要求母公司偿还债务。在此情形下，一般会增加股权回购协议承诺或流动性支持承诺来增强信用，即若发行人出现偿还债券本息的危机时，境内母公司会从境外子公司收购境内项目公司的股权，将收购对价支付给境外子公司，再用于偿还债券本息。

企业在银行的授信额度是有限的，所以担保可能会受到跨境担保的额度限制，但维好协议非担保，避免了跨境担保限额。但维好协议发行结构较为复杂，且因为维好协议的增信效力较弱，所以债券发行的票面利率将会较高。

“维好协议＋股权回购发行”交易结构图如下所示：

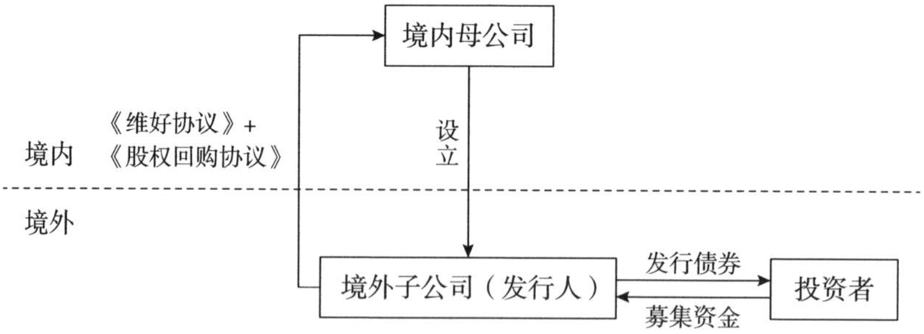

图 7-18　维好协议＋股权回购发行交易结构

3. 红筹架构发行

红筹架构发行，是指先由境内企业的创始股东在英属维尔京群岛、开曼群岛设立离岸公司，然后通过各种方式让离岸公司实际控制境内权益，最后以该离岸公司作为发行主体发行美元债。在此发行模式下，境内企业直接提供担保的情况较少，通常由境外子公司以其自有资产和持有的境内企业股权对发行人进行担保。

采用红筹架构发行方式的美元债一般不涉及境内担保，避免了跨境担保限额。但红筹架构的发行结构较为复杂，发行人为境外壳公司，但其主要资产与业务均在境内，导致境外投资人难以直接追溯到境内企业的情况。

红筹架构发行交易结构如下图所示：

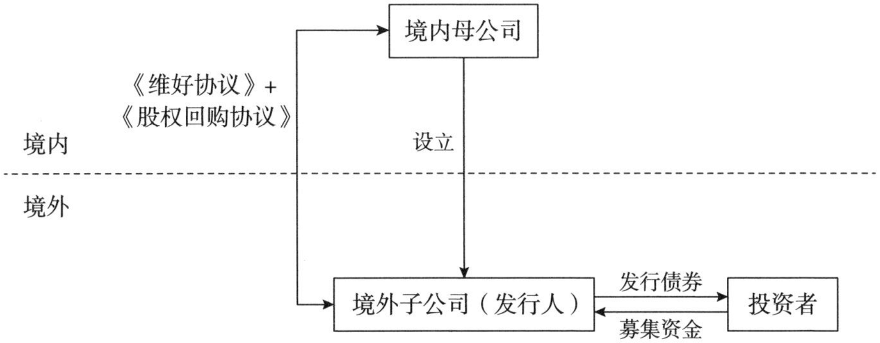

图 7-19　红筹架构发行交易结构

四、中资美元债发行流程

（一）备案登记阶段

境内企业发行中资美元债首先需要在发改委办理备案登记手续。

（二）指定中介机构阶段

一般在债券发行的第一周，发行人会选定本次债券发行的中介机构，包括国际发行人律师、国际承销商律师、中国发行人律师、中国承销商律师、审计师、评级机构（如需要）、信托银行和印刷商等。

（三）启动项目阶段

在选定中介机构后，发行人会召开启动大会，开始启动业务、法律、财务等方面的尽职调查工作，并联系评级机构并准备评级说明材料。发行人在此阶段，也可初步接触潜在投资者，为后期的销售策略制定做准备。

（四）准备发行文件阶段

发行人需准备发行所需的各种文件，包括募集说明书、法律意见书、条款协议、代理协议、认购协议等文件。同时，召开评级机构说明会，草拟路演演示材料及投资者问题等。

（五）路演与定价阶段

准备好发行债券所需的各种文件和材料后，发行人就可以举办路演及投资者会议，了解投资者认购需求与意向价格，确定定价策略。具体包括：开展安排路演及投资者会议、录制网上路演、刊印和分发发行通函、公布交易、路演、公布交易前尽职审查、定价及签署等工作。

（六）发行与簿记阶段

在进行路演与投资者会议后，发行人确定最终发行价格，发行债券并簿记建档。在投资者根据需要认购后，进行分配投标量并完成交割。债券发行完成后，发行人需要向发改委报送发行信息并在国家外汇管理局登记外债。具体包括：发行通函定稿、投资者认购、结算前尽职审查、提交法律意见、结算及交割等工作。

第八节　ABS

资产证券化最早起源于美国的抵押贷款市场。2005年，中国人民银行和中国银监会发布《信贷资产证券化试点管理办法》，我国资产证券化试点正式启动，历经17年的探索、修正和完善，逐步实现从审核制过渡到备案制，规模快速扩大，发行速度增快，业务主体不断扩展，融资成本逐步市场化。

2017年房地产金融调控趋严，“用好增量，盘活存量”成了很多房地产企业的一项选择。在此阶段下，资产证券化业务发展趋势迅猛，ABS融资工具成为全国各地多家房地产所青睐的融资工具之一。

一、ABS的概述

（一）ABS的定义

ABS，全称Asset-backed securities，直译为“资产支持证券”。《证券公司及基金管理公司子公司资产证券化业务管理规定》（中国证券监督管理委员会公告〔2014〕49号）第二条规定：“本规定所称资产证券化业务，是指以基础资产所产生的现金流为偿付支持，通过结构化等方式进行信用增级，在此基础上发行资产支持证券的业务活动……”由此可知，ABS是一种特殊的、新型的金融工具，属于资产证券化的业务活动。

目前，从发起人、基础资产及监管机构的差别进行区分，ABS可以归为三大类：第一大类，由银行业机构发行的信贷ABS，受中国银保监会监管；第二大类，金融机构和非金融机构发行的企业ABS，受中国证监会监管；第三大类，由中国银行间市场交易商协会资产支持票据（Asset-Backed Notes，ABN，发行产品为票据，但本质与ABS一样）。本书因主要介绍基础设施及房地产投融资的融资工具，故本章节主要针对第二大类中房地产企业ABS进行分析。

目前，我国对ABS依然持鼓励和支持的态度，如《中国人民银行、中国银行保险监督管理委员会、中国证券监督管理委员会、国家外汇管理局关于规范金融机构资产管理业务的指导意见》（银发〔2018〕106号）明确禁止非标资金池和期限错配，但把资产证券化业务排除在外，对面临“三条红线”融资压力的房地产企业而言，ABS将资产出表释放了表内空间，缓解了表外融资回表挤占表内空间的压力，无疑是进行“非标转标”的最优方案。

（二）ABS的特点

1. 投资多元化与多样化

有人说：“ABS是个筐，什么都可以往里装。”也就是说，ABS在基础资产、交易结构、担保方式以及到期日可存在多元化的搭配，市面上的ABS产品呈现多样化的特征。比如，房地产应收账款类、设备租赁权益和银行贷款收益权等，都可以作为ABS的基础资产。另外，投资人购买的有价证券有分优先级和劣后级，优先级利息低但安全性高，劣后级利息高但安全性低。若现金流出现问题，优先兑付优先级的利息，劣后级可能连本金也亏掉，而这样设计也是为了满足不同风险和收益偏好的投资人的需求。

2. 有效的隔离机制

转化为证券化产品的基础资产，必须是真实的、完全的转移（需由专业机构进行产品设计），与原始权益人进行彻底隔离，原始权益人如果破产或者产生任何法律纠纷，都不会牵扯到该基础资产，即原始权益人的债权人不可以与以该基础资产进行相互抵销。

3. 可预期的现金流

隔离出来的基础资产产生现金流的频率可能不规律，但投资者持有的证券，却是固定期间付息还本，市面上的ABS产品都会对现金流的稳定性与可预测性进行合适的设置，以保证不会发生逾期偿还的违约事件。因此，这也给投资者带来了足够的信心，获得投资者的喜爱。

4. 较高的信用评级

ABS也可以被认为是最安全的投资工具之一。作为ABS的核心——基础资产是在发行前，专业机构的价值评估与评级是必要条件（《评估报告》是发行所需提交的文书之一），因此市面上ABS产品的按期偿还本金、利息能力是经得住专业机构评估的，市面上的ABS产品最高信用评级能得到3A级。

5. 事件风险概率小

因为ABS产品经过结构性重组，实现了对基础资产的保证，从而提供了针对事件风险引起的评级下降的保护措施。投资者对于没有保证的公司债券的主要担心在于，不论评级有多高，一旦发生对发行人产生严重影响的事件，评级机构将调低其评级，但ABS产品是在管理人独立管理的专项资产管理计划中运行，因此其安全性也得到一定的保证。

二、ABS模式

（一）ABS的构成要素

我们要想了解ABS模式，就必须要了解ABS所涉及的各类构成要素。具体要素如下：

1. 监管机构

ABS监管机构主要包括：中国证券业协会、中国证券监督管理委员会和中国基金业协会发行主体。

2. 基础资产

企业所拥有的具有可预期稳定现金流的特定资产债权或收益权的特定资产。

3. 发起人/原始权益人

基础资产的原始持有企业。

4. 专项资产管理计划

管理人发起设立的特殊目的载体（SPV），用所募集的资金依约购买原始权益人所持有的基础资产，进行管理并获取受益的金融产品。

5. 管理人

通过设立特殊目的载体（SPV）的证券公司、基金管理公司子公司。

6. 发行市场

ABS发行市场主要包括：证券交易所、全国中小企业股份转让系统、机构间私募产品报价与服务系统、证券公司柜台市场。

7. 登记托管和清算结算

中国证券登记结算有限责任公司。

8. 投资主体[①]

资产支持证券应当面向合格投资者发行，发行对象不得超过200人，单笔认购不少于100万元人民币发行面值或等值份额。

---

① 《证券公司及基金管理公司子公司资产证券化业务管理规定》（中国证券监督管理委员会公告〔2014〕49号）第二十九条规定。

9.合格投资者[①]

合格投资者应当符合《私募投资基金监督管理暂行办法》（中国证券监督管理委员会令第105号）规定的条件，依法设立并受国务院金融监督管理机构监管，并由相关金融机构实施主动管理的投资计划不再穿透核查最终投资者是否为合格投资者与合并计算投资者人数。

（1）自然人普通投资者认定条件

具备相应的风险识别能力和风险承担能力，投资于单只私募基金的金额不低于100万元且符合以下标准的个人：金融资产不低于300万元或者最近3年个人年均收入不低于50万元的个人。

（2）机构普通投资者认定条件

具备相应的风险识别能力和风险承担能力，投资于单只私募基金的金额不低于100万元且符合下列相关标准的机构：净资产不低于1000万元。

（3）自然人专业投资者认定条件

同时符合下列条件的自然人为专业投资者：

①金融资产不低于500万元，或者最近3年个人年均收入不低于50万元。

②具有2年以上证券、基金、期货、黄金、外汇等投资经历，或者具有2年以上金融产品设计、投资、风险管理及相关工作经历，或者属于经有关金融监管部门批准设立的金融机构专业投资者的高级管理人员、获得职业资格认证的从事金融相关业务的注册会计师和律师。

（4）机构专业投资者认定条件

同时符合下列条件之一的机构为专业投资者：

①经有关金融监管部门批准设立的金融机构，包括证券公司、期货公司、基金管理公司及其子公司、商业银行、保险公司、信托公司、财务公司等；经行业协会备案或者登记的证券公司子公司、期货公司子公司、私募基金管理人。

②上述机构面向投资者发行的理财产品，包括但不限于证券公司资产管理产品、基金管理公司及其子公司产品、期货公司资产管理产品、银行理财产品、保险产品、信托产品、经行业协会备案的私募基金。

③社会保障基金、企业年金等养老基金，慈善基金等社会公益基金，合格境外机构

① 《私募投资基金监督管理暂行办法》（中国证券监督管理委员会令第105号）第十二条规定；《证券期货投资者适当性管理办法》（中国证券监督管理委员会令第170号）第八条规定。

投资者（QFII）、人民币合格境外机构投资者（RQFII）。

同时符合下列条件的法人或者其他组织：

①最近1年末净资产不低于2000万元；

②最近1年末金融资产不低于1000万元；

③具有2年以上证券、基金、期货、黄金、外汇等投资经历。

三、ABS的融资模式

房地产企业ABS融资模式主要有购房尾款、租金收益权、物业费、供应链、住房租赁和类REITs（商业物业股权）等。目前市面上的房地产企业ABS产品，各有千秋，侧重点也有所差异，最主要的差别是基础资产和交易结构的区别。

供应链ABS的信用债属性最强，房地产供应链ABS的交易特点是核心企业（房地产企业）的介入，借此提供产品的信用。供应链ABS在依赖债务人信誉的同时，也造成了风险较高、增信效果较弱的问题，其安全性相对依赖房企集团自身资质。

购房尾款ABS交易结构通常比较简单，基础资产为购房尾款，以单SPV为主，由项目公司与原始权利人（一般为房地产集团公司）将基础资产内部归集并搭配设置循环购买。该产品一般会约定赎回机制，要求原始权益人对未建成房屋、购房人授信未通过银行审查等不合格资产进行赎回。同时，受到开发贷政策的影响，管理人在筛选购房尾款产品的基础资产时，一般会选择监管更为宽松的项目入池。但保险起见，原始权益人或关联企业出具的《承诺函》《担保函》也是该产品的常用手段。

物业费ABS和类REITs较多采用双SPV结构，两者的交易结构有类似之处，但在本质上仍有不同，最大的区别就是基础资产及企业是否持有物业所有权。根据不同的房地产企业情况及资产情况，可以选择发行更适合自身的资产证券化产品。例如，物业费ABS的基础资产是有质押的物业费收入收益权，CMBS的基础资产是有抵押的物业贷款收益权，而类REITs通过取得项目公司股权间接控制物业。

四、ABS的融资运作流程

ABS融资运行模式，是指由管理人发起设立特殊目的载体，购买原始权益人其所持有的具有可预期稳定现金流的特定资产（基础资产），并将基础资产通过结构重组后转化为资本市场有价交易证券的交易。合格投资者可以通过购买并持有资产支持受益凭证，对基础资产池所产生的现金流或剩余权益按约定享有请求分配的权益，同时也承担投资失败的风险。具体流程如下：

第一，管理人根据与投资者签订的《认购协议》之约定，取得认购资金，管理人接受投资人的委托，通过专项资产管理的方式，设立并管理专项资产管理计划。此时，管理人可以聘请专业中介机构为专项资管计划的合法运作提供各类专业服务。

第二，原始权益人将其所持有所有权或相关权益的基础资产，通过签订《资产买卖/出售协议》之约定，将基础资产转让予管理人；此时，管理人代表专项计划作为买方，按照前述协议的条款和条件，向原始权益人支付购买相应的基础资产的相应价款。

第三，一般情况，《资产买卖/出售协议》会约定，委托原始权益人作为运营机构，依旧对基础资产中的特定用户负有持续责任和义务，即由原始权益人负责基础资产的收取和催收等工作。

第四，管理人与托管人签订《托管协议》，由托管人为专项计划资产提供托管服务。在整个交易中，管理人对专项资产管理计划提供管理服务。

在资产证券化的运作过程中，有一项尤为重要的环节，同时也是有助于提高资产信用级别的行为，就是“信用增级”（完善增信措施环节）。我们根据提供信用增级的主体进行区分，增信方式一般有两种即内部信用增级和外部信用增级。顾名思义，内部信用增级就是由发行人/原始权益人提供的信用增级，如直接追索权和超额担保的方式；外部信用增级也就由与本项目无直接关联的第三方通过提供保险、设立基金等行使予以支持，提升项目信用级别的方法。

第九节　CMBS[1]

一、CMBS的定义

CMBS是房地产企业ABS的重要组成部分，属于商业房地产抵押贷款支持证券。CMBS的基础资产是商业房地产的抵押贷款，还款来源归入基础资产池内的商业地产未来收入，该产品以商业地产未来收入作为还款来源，其背后逻辑：作为证券化产品的商业房地产抵押贷款对借款人没有追索权，所以需要由其他具有可预期的现金流来源作为还款来源。

二、CMBS的优势

1.融资规模大

CMBS采用的是最新物业估值法，评估价格高，因此能融资到的资金也更多。根据市面上发行的CMBS产品来看，CMBS融资规模可达到标的物业评估价值的50%，最高甚至可达标的物业评估价值的70%，对于发行企业而言，发行该类产品具有较大的吸引力。

2.期间偿还少

CMBS产品在存续期间，商业物业产生的现金流，一般只能覆盖利息和少量本金。在产品存续尾期，商业物业仍然有相当大的剩余价值，本金不一定要在项目存续期间完成全部摊还。因此，该类产品的本金归还不必摊分在存续期内，从而变相扩大融资规模。

3.资金用途灵活

CMBS较之于经营性物业贷款，其募集的资金，在使用上更为灵活，交易所监管较之更为宽松。募集说明书中也无须CMBS产品披露资金的用途。

4.融资期限长

CMBS产品期限长，十几年甚至以上的产品比比皆是。无论是发行人，还是银行

① Commercial Mortgage Backed Securities，商业抵押担保证券。

投资者，都是较佳的选择。发行人通过发行CMBS获得融资，减缓资金压力，对于银行而言，投资CMBS，风险权重相较于发放经营性贷款低，且若使用表外理财资金时，CMBS为标准化产品，并不占用非标额度。

三、CMBS的融资模式

市场上CMBS主要以“信托+资产支持专项计划”或“委托贷款+资产支持专项计划”为主。

1. “信托+资产支持专项计划”：即通过设立信托计划，向商业物业持有人发放信托贷款，以未来的租金或运营管理费收取权、物业股权为质押物，再由资产支持专项计划购买该信托收益权（抵押贷款）作为基础资产；

2. “委托贷款+资产支持专项计划”：一般要求房地产企业母公司信誉较强。该模式下需要借助该母公司的支持，为借款人提供外部增信措施。在签订《委托贷款协议》后由委托贷款银行向持有该商业物业的项目公司发放委托贷款。而该项目公司以未来的租金或运营管理费收取权、物业股权为质押物作为内部增信措施。

市场上既有“双层SPV结构”的CMBS产品，也有“单层SPV结构”的CMBS产品，产品种类丰富。

四、CMBS的融资运作流程

以常见的“委托贷款+专项计划”模式举例：

第一，原始权益人委托贷款银行，向其指定的借款人提供贷款，三方通过签订《委托贷款协议》后，委托贷款银行依据约定向原始权益人发放贷款，借款人获得贷款资金，原始权益人取得对该委托贷款的债权。

第二，借款人取得贷款资金，以其持有的标的物业的经营收益，用于偿还委托贷款。

第三，原始权益人将持有的借款人的全部权益质押，计划管理人作为唯一质权人；借款人将其所持有的物业资产（一般为商业地产）抵押给委托贷款监管银行。同时，原始权益人会提供外部增信，如原始权益人的法定代表人或关联企业就借款人所承担的委托贷款本息支付义务，提供不可撤销的连带责任保证担保。此外，一般增信措施还会有，如借款人作为差额支付承诺人，即借款人就委贷监管账户自然季度内归集的标的物业经营收益低于对应季度标的物业经营收益预测值部分承担差额支付义务。

第四，由计划管理人设立资产支持专项计划，投资者进行认购。计划管理人与投资者通过签订《认购协议》，约定由投资者将认购资金，委托计划管理人以专项资产管理方式进行管理。投资人取得资产支持证券后，成为资产支持证券持有人。

第五，由计划管理人与原始权益人签订《资产买卖协议》。

第六，专项计划设立后，根据《资产买卖协议》之约定，计划通管理人以专项计划资金，用于支付原始权益人持有的委托贷款债权。完成前述交易后，专项计划获得委托贷款债权。

第七，在贷款期间，委托贷款每年还本付息。

第十节　短融中期票据

一、短融中期票据的定义

中期票据，简称中票，是指具有法人资格的非金融企业在银行间债券市场发行并约定在一定期限还本付息的债务融资工具。

短期融资券，又称“商业票据”，是指具有法人资格的非金融企业在银行间债券市场发行（由国内各家银行购买但不向社会发行）和交易并约定在一年期限内还本付息的有价证券，属于短期票据。

除此之外，还有一种发行时间更短，对发行规模无限制的短期票据融资工具——超短期融资券。

近期，多家工程公司/供应商以“某大房地产商票逾期兑付”将其起诉至法院，很多人会误以为这里所说的“商票”是短期融资券，实则不是。这里所说的“商票”，其实是“商业承兑汇票”，商业承兑汇票是指出票人签发的，委托由付款人在指定日期无条件向持票人或收款人支付票面上的确定金额的票据。我国在20世纪80年代就已推出了商业承兑汇票，短期融资券直到2005年才正式推出。后来为满足企业对低成本、及时高效的超短期资金融资需求，在短期融资券的基础上，超短期融资券应运而生。

二、商业票据与商业承兑汇票的区别

表 7–4　商业票据与商业承兑汇票的区别

项目	商业承兑汇票	短期融资券	超短期融资券	中期票据
签发 / 发行主体	具有法人资格的非金融企业	具有法人资格的非金融企业	具有法人资格的非金融企业	具有法人资格的非金融企业
签发 / 发行规模	无限制	注册额度不得超过企业净资产 40%	无限制	注册额度不得超过企业净资产 40%

续表

项目	商业承兑汇票	短期融资券	超短期融资券	中期票据
期限	不超过1年	不超过1年	不超过270天	多为3—5年
发行管理方式	随时可签发	注册制	注册制	注册制
是否需要信用评级	否	是	是	是
签发/发行对象	与之有真实贸易背景的企业	银行间债券市场投资者	银行间债券市场投资者	银行间债券市场投资者
流通场所	企业间背书，银企间贴现，金融机构间转贴现	银行间债券市场交易	银行间债券市场交易	银行间债券市场交易
支付场景	企业贸易中	企业在金融市场上的融资	企业在金融市场上的融资	企业在金融市场上的融资
管理部门	人民银行、银保监会	人民银行、中国银行间市场交易商协会	人民银行、中国银行间市场交易商协会	人民银行、中国银行间市场交易商协会
登记托管机构	上海票据交易所	上海清算所	上海清算所	上海清算所
管理法规	《票据法》《商业汇票承兑、贴现与再贴现管理暂行办法》等	《银行间债券市场非金融企业债务融资工具管理办法》《银行间债券市场非金融企业短期融资券业务指引》《银行间债券市场非金融企业债务融资工具发行注册规则》	《银行间债券市场非金融企业超短期融资券业务规程（试行）》	《银行间债券市场非金融企业债务融资工具管理办法》《银行间债券市场非金融企业中期票据业务指引》《银行间债券市场非金融企业债务融资工具发行注册规则》

三、房地产票据融资的应用

中期票据、短期融资债券等商业票据融资，是房地产企业重要的融资补充手段。特别是中期票据，兼备期限长与低融资成本的优势，是房地产企业的优先选择。但拿到中期票据亦有一定的难度。现在能发票据的都是大型房地产企业，中小型房地产企业没那么容易，参与发行或认购的金融机构要看具体房企的资产状况等硬指标，会有一系列跟踪评级报告，信用等级高的房企或国企更容易获得认可。

在“三条红线”融资环境下，房地产企业不断创新，探索在合法合规且价格更低的票据融资模式。目前“绿色中期票据”与“并购中期票据”是房地产企业的优先选择。

四、短期融资中期票据的交易模式

根据《银行间债券市场非金融企业债务融资工具发行注册规则》的规定，满足发行条件的项目公司可以在银行间交易市场发行中期票据、短期融资债券等债券融资，可以在中国银行间市场交易商协会注册后发行项目收益票据，一般模式如下：

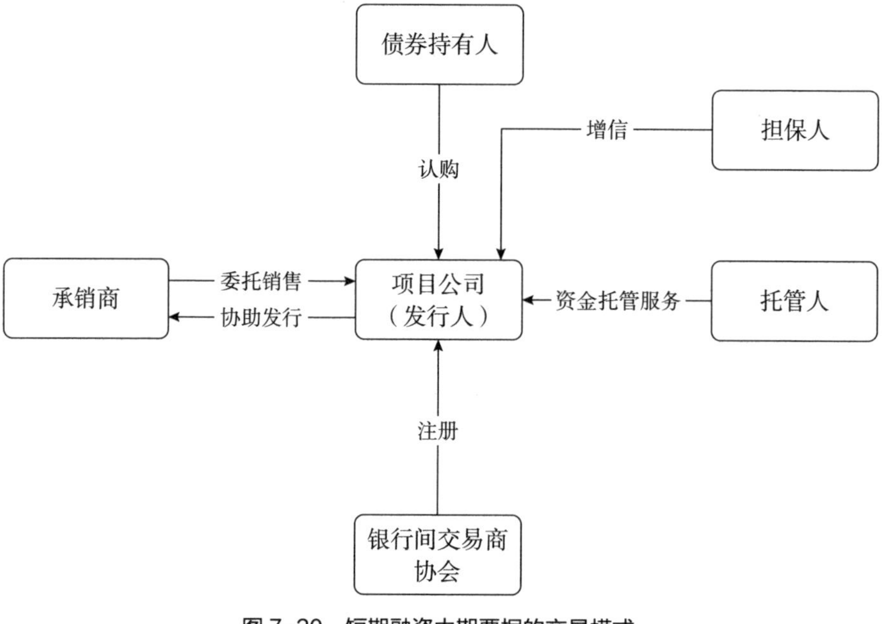

图 7-20　短期融资中期票据的交易模式

短融中期票据的交易模式简单概况为，发行人向中国银行间市场交易商协会注册短融中期票据，发行人选定承销商并与其签订《委托销售合同》，由承销商负责承销事宜（包括但不限于后期尽调），由托管人提供资金托管服务。中期票据发行后，投资人认购成为债券持有人，到期分得本金和利息。发行的债券融资工具一般会进行增信，如提供担保人或发行人承担连带责任。

五、企业申请发行短融中期票据的流程

1. 申请发行票据涉及的机构

（1）银行间市场交易商协会（负责受理企业债务融资工具的发行注册，设立注册委员会，通过注册会议决定是否接受发行注册）。

（2）中介服务机构包括：承销机构、信用评级机构、会计师事务所、律师事务所、信用增进机构等。

2. 申请发行票据涉及的流程

（1）表达发行意向

企业需在内部形成发行票据的意向，并将发行意向传达给承销银行（金融机构），金融机构据此开展前期营销和调查等工作，并将上述工作收获取的信息（包括但不限于：拟发行企业的基本情况、财务状况、发行意向、发行产品品种和规模以及企业偿还债务能力等）报至总行公司部。

（2）确立初步意向

在完成初步营销，且发行企业与承销银行协商一致后，双方签订《承销合作意向书》。《承销合作意向书》需由承销银行报送至总行进行审批。接下来，发行人与承销银行就签订《主承销协议》，进行有关承销方式、发行费用等条款的协商议定。

（3）开展尽职调查

承销机构组织成立项目尽职调查小组，对发行人的基本情况（包括但不限于历史沿革、股权结构、产品市场、财务状况、募集资金用途、发展前景等）进行调查分析研究并披露风险。尽职调查小组需协助发行人制定募集资金的使用监管制度、偿债保障措施，并洽商具体的发行方案（方案内容包括但不限于发行额度、期限、利率区间等）。

（4）完成申请及注册文件

完成尽职调查工作后，根据银行间交易商协会的有关规定，由发行人与各中介机构依约依法完成发行短融中期票据的申报及注册文件。

（5）注册

送交至银行间市场交易商协会的注册文件如下：

①债务融资工具注册报告，需要附发行企业权力机构出具的同意发行短融中期票据的决议；

②主承销商出具的《推荐函》及相关中介机构出具的《承诺书》；

③企业发行短融中期票据所需披露的文件；

④其他用于披露信息的证明文件（文件须真实、有效）。

银行间市场交易商协会在接受注册后会出具《接受注册通知书》，有效期为2年。

（6）发行

在接到《接受注册通知书》后，进入准备发行的阶段，需要发行人根据自身需求，自行确定发行时间、发行品种，并就此准备材料进行报备和信息披露。

发行企业需要在规定的时间内，通过中国货币网和中国债券信息网公布拟发行短融中期产品的发行公告、募集说明书、信用评级报告、法律意见书、近三个会计年度经审计财务报告和最近一期会计报表等材料。发行价格可以用招投标或询价方式确定。投资人认购，承销团缴款、债券过户。

（7）市场公告及产品流通

根据《银行间债券市场非金融企业债务融资工具信息披露规则》的规定，定期或不定期对短融中期票据的发行规模、利率等情况，在银行间债券市场进行公告。发行后，短融中期票据产品可在全国银行间债券市场流通转让。

（8）到期按时还本付息

企业应当在短融中期票据的本息兑付日5个工作日前，在中国货币网和中国债券信息网上公布本金兑付和付息事项的有关事宜，并将兑付资金及时、足额划入中央结算公司指定的资金账户。中央结算公司在到期日向投资人支付本息。

须注意的是，上述流程可能因承销机构不同略有差异。

第十一节　融资租赁

一、融资租赁的概念

（一）融资租赁的概念

根据《金融租赁公司管理办法》第三条规定，融资租赁，是指出租人根据承租人对租赁物和供货人的选择或认可，将其从供货人处取得的租赁物按合同约定出租给承租人占有、使用，向承租人收取租金的交易活动。根据《中华人民共和国民法典》第七百三十五条的规定，融资租赁合同是出租人根据承租人对出卖人、租赁物的选择，向出卖人购买租赁物，提供给承租人使用，承租人支付租金的合同。因此，融资租赁的特殊性在于其涉及三方当事人，即出租人、承租人、出售人，既有买卖关系又有租赁关系。

房地产融资租赁是融资租赁的一种，是指出借方（从事房地产融资租赁业务的公司）把房地产出租给承租方（房地产商品的需求者），租赁期间，承租方按照融资租赁协议向出租方支付费用，租赁期限届满后，按照融资租赁协议的约定，出租方与承租方确定出租物（房地产）的权属。

（二）相关术语的概念

融资租赁的基本概念包括出租人、承租人、租赁物、租金公示登记等。

出租人：融资租赁的出借人一般是指从事融资租赁业务的融资租赁公司或融资租赁专业子公司或金融租赁公司、金融租赁公司专业子公司专门设立的项目子公司。根据《金融租赁公司管理办法（2014）》（中国银行业监督管理委员会令2014年第3号）第二条的规定，金融租赁公司是指经银监会批准，以经营融资租赁业务为主的非银行金融机构。金融租赁公司名称中应当标明“金融租赁”字样。根据《中国银保监会办公厅关于印发金融租赁公司项目公司管理办法的通知》（银保监办发〔2021〕143号）的相关规定，金融租赁公司、金融租赁公司专业子公司可以依照相关法律法规，为从事融资租赁业务等特定目的而专门设立的项目子公司。因此，任何拟从事融资租赁业务的公司，都必须经银监会批准。

出租人必须是在租用期完成之前就拥有租赁物所有权的人，并且在租赁期完成后需按照出租人与承租人的约定确定租赁物的归属。出租人可以从承租人取得租金收入。

承租人：一般房地产融资租赁的承租人，是指将房地产从出租人处租用，并在融资租赁协议中履行了租金交纳义务的一方。

租赁物：租赁物由承租人决定。与传统租赁有所不同的是，当承租人与出租人之间协议租用期届满，承租人只须缴纳一定名义货款即可实现租赁物所有权转移，在融资租赁协议中对出租人在租赁期内租赁物上所设立之担保或其他权益进行了必要的约束，以充分保障承租人的合法权益。房地产融资租赁的租赁物与一般融资租赁的租赁物不同，一般融资租赁的租赁物随着租赁期限的拉长是不断贬值的，而房地产融资租赁的租赁物（特别是在一线大城市）存在随着租赁期限的拉长反而升值，因此，房地产融资租赁的租赁物在租赁期限届满后不一定归属承租人。

租金：融资租赁的租金区别于普通租赁合同的租金。租金对承租人来说，不仅包含租赁物使用价值，也应包含融资功能价值；出租人的目的除获得租赁物外，还需要收回融资成本并获得一定的收益。出租人为了适应承租人的要求、通过从出售方手中获得了租赁物，这将使得租赁物可流通性降低，所以融资租赁服务合同的租金通常比普通租赁的租金还要高。在通常情形下，双方协议承租人可以在租赁期届满后直接获得，或者以交付名义货价的方法获得租赁物，租金中应包含设备的购置成本、出租人的合理利润及其他费用。

公示登记：根据《关于进一步做好中小企业金融服务工作的若干意见》（银发〔2010〕193号）提出完善融资租赁公示登记系统，加强融资租赁公示系统宣传。根据《关于利用全国融资租赁企业管理信息系统进行租赁物登记查询等有关问题的公告》的规定，全国融资租赁企业管理信息系统（http://leasing.cbit.com.cn）是融资租赁服务平台，可以在上面登记公示。

二、房地产融资租赁业务的现状和趋势

根据《金融租赁公司管理办法》（中国银行业监督管理委员会令2007年第1号）第四条的规定，适用于融资租赁交易的租赁物为固定资产，银监会另有规定的除外。房地产是否属于固定资产，一种观点认为，在会计定义上房屋为不动产，可以作为融资租赁物。另一种观点认为，融资租赁要反映资产融资特征。固定资产应当是能创造价值的，

而不只是投资或出售，与设备生产可以创造价值不同，房地产只是消费品，在实际运用中不能为社会提供价值；设备价格是在不断贬值的商品，而房地产主流趋势都是上涨的，所以房地产不属于固定资产，不属于适格的融资租赁标的物。

但近年来随着楼市的持续走高，房地产项目投资速度的放缓以及去库存政策的实施，房地产业务形式更加多样化。同时具有融资与融物功能的房地产融资租赁服务也应运而生。目前法律法规中并未明文禁止将房地产作为租赁物，但目前部分监管政策也肯定了房地产融资租赁服务。财政部门已分别在2009年和2012年出台文件对融资租赁的房产税问题和售后回租的税收问题作出细化规范；地方政府如舟山市政府也于2015年发文引导融资租赁机构根据有关法规，进行房屋、土地使用权等房地产租赁经营。这些说明了，房地产融资租赁已经出现在中国目前的融资租赁实践中。结合全国融资租赁企业管理信息系统和企业信息查询系统显示，目前已经有多家融资租赁公司具有房地产融资租赁业务。

最高院在审理以房地产等不动产作为租赁物的融资租赁合同性质的认定认为，对租赁物包括企业厂房、设备在内的融资租赁合同是有效的；对于以在建住宅商品房项目作为租赁物，以房地产开发商作为承租人、租赁公司作为出租人的“融资租赁合同”一般会认定无效；对于以城市的市区道路、保障房等限制流通物作为租赁物的融资租赁合同是无效的，该类融资租赁的租赁物本身并不具有担保功能，实际上是变相扩大了政府债务的风险，出租人无法取得租赁物的所有权，承租人也不能实际占有、使用租赁物。

考虑到房地产融资租赁业务的开展在实务和理论均尚存争议，融资租赁公司应谨慎选择适格租赁物，并且完善融资租赁相关手续，以免后续产生纠纷。

三、房地产融资租赁融资的主要模式

常用的融资租赁模式主要有三类，包括直接租赁模式、售后回租模式、间接租赁模式。

（一）直接租赁模式

直接融资租赁，是指由融资租赁企业以自有资本购入承租人指定的房屋产权，再把该房屋出售给承租人（出卖人和承租人非同一方）。这种投资模式有效的减轻了公司在项目前期的融资压力，达到了项目投融资合理搭配目的。

（二）售后回租模式

售后回租模式是一个很经典的融资租赁方式，是指融资租赁企业在买入并取得房屋产权后再把该房屋返租给承租人（出卖人和承租人是同一方）。在售后回租模式的基础上，还有融资租赁企业把在出售房屋时产生的应收账款出售给了商业银行，并以此进行固定资产的盘活，即售后回租保理方式。该种模式特别适合于拥有重大新投资项目，但资金不足的房地产公司以及拥有快速升值资产的房地产公司。

（三）间接租赁模式

间接租赁模式是以与房地产相关的设施作为租赁物进行售后回租，间接完成对房地产项目的融资。

四、运作流程和指引

（一）直接租赁模式

具体流程：

1. 承租人选择供货商（房地产商）和租赁物件；

2. 由承租人向融资租赁企业提出房地产融资租赁业务意向；

3. 融资租赁企业和承租人与供应企业之间开展技术、商务合作谈判；

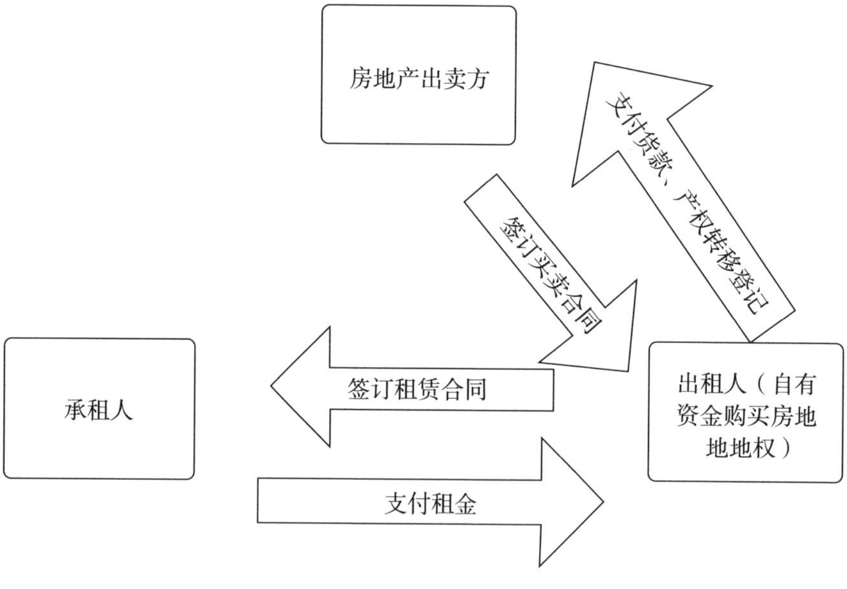

图 7-21　直接租赁模式流程

4. 由出租人和承租人签订《房地产融资租赁协议》；

5. 融资租赁企业与房地产出卖方签订《房地产买卖合同》；

6. 融资租赁企业用在资本市场上募集的资本支付给房地产出卖方；

7. 由融资租赁企业向承租人提供房地产租赁物；

8. 承租人按期支付租金；

9. 在出租期满，经承租人正常履行的前提下，融资租赁企业可以将房地产租赁物的使用权转让给承租人。

（二）售后回租模式

具体流程：

1. 原始房地产所有者，将房地产出卖给融资租赁企业。

2. 由融资租赁企业支付原始房地产所有者货款。

3. 由原房屋所有者作为承租人，向融资租赁企业租回已出售的房地产。

4. 由承租人定期交纳租金给出租人（融资租赁公司）

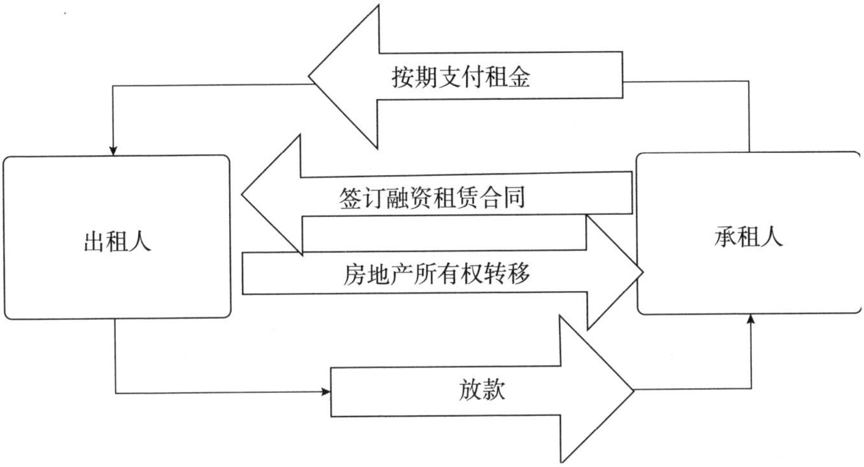

图 7–22　售后回租模式流程

8

CHAPTER

第八章

房地产投融资案例分析

第一节　民间借贷

XFTF房地产投资有限公司公寓项目民间借贷案例

一、基本情况

XFTF房地产投资有限公司（以下简称XFTF地产公司）是某村集体经济组织留用地（土地性质为国有建设用地）合法开发主体。因公寓开发需要，XFTF地产公司与广州AYD互联网小额贷款有限公司（以下简称AYD贷款公司）达成一系列合作协议，为公寓开发、出租和经营提供一条龙的融资服务。双方就某公寓项目融资签订了《借款合同》《业务合作协议（小贷）》《保证合同（SYC-小贷）》《认租协议》《广州市房屋租赁合同》《房屋租赁协议》《公寓租赁权转让协议》等一系列法律文件。

二、投融资模式

XFTF地产公司作为项目开发商，通过农村“三资平台”取得与村集体经济组织合作开发本项目的主体资格，由XFTF地产公司负责本项目的建设、开发和运营。本项目建设完成后，运营模式主要采用租赁的方式，AYD贷款公司以民间借贷的方式向XFTF地产公司出借1.2亿元的开发建设资金的同时，负责为承租人提供租房贷款，承租人以贷款金额和部分自有资金交给XFTF地产公司作为租金，而开发商则为承租人的贷款合同提供保证（担保）。如此形成闭环，环环相扣，开发商、承租人和贷款公司形成稳定的合作关系。这就基本解决了项目开发、租赁环节的资金问题。

此外，对于部分承租房子，以后本人不想亲自打理房子的承租人，可以签订《公寓租赁权转让合同》，让地产公司代为出租和管理。

三、交易架构

结合下图，本项目的交易结构主要为XFTF地产公司将建设好的公寓出租给承租人，出租期限为20年，期满后自动续签20年，承租人需一次性支付租金，如承租人自有租金不足以支付，则可以向AYD公司借款，承租人还本付息，XFTF地产公司提供借款担保，承租人可以再将租赁物出租给其他承租人，也可以交由专业的租赁公司来管理运营。

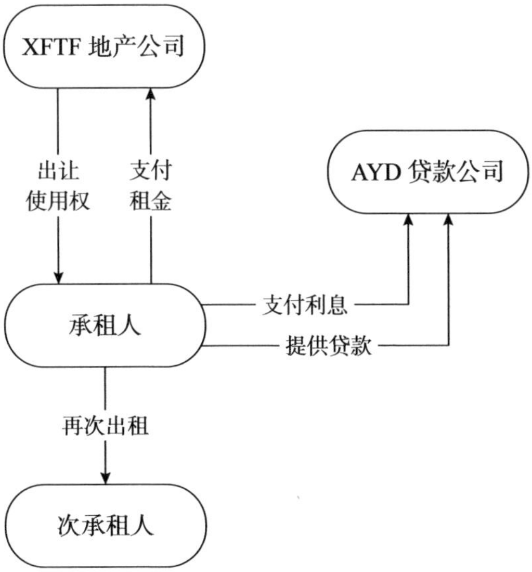

图8-1 民间借贷案例交易架构图

四、主要法律文书

（一）《房屋租赁合同》

房屋租赁合同当事人为XFTF地产公司（出租人）和承租人。双方按照官方租赁合同签署的合同，以便于办理登记备案等官方手续，进一步明确双方合法的法律关系。若一方违约，则违约方应承担相应的违约责任。

（二）《房屋租赁补充协议》

房屋租赁补充协议当事人为XFTF地产公司（出租人）和承租人。双方通过签署房屋租赁补充协议进一步明确房屋租赁关系，并将各自权利义务更加具体化，如支付租金和交付房屋、租赁期限、违约责任等条款。

（三）《保证合同（SYC- 小贷）》

保证合同当事人为承租人或其关联方、XFTF 地产公司和 AYD 贷款公司。各方基于保证合同建立保证关系，保证人（XFTF 地产公司）为主合同项下债权人（AYD 贷款公司）对债务人（承租人）依合同所形成的债务提供保证担保，XFTF 地产公司同意为承租人提供无限连带责任担保。各方按照合同承担各自权利义务。

（四）《借款合同》

借款合同当事人为 AYD 贷款公司和承租人，承租人可为自然人，也可以为公司。双方基于借款合同建立贷款还款契约，按照合同承担各自的权利和义务。

（五）《业务合作协议（小贷）》

业务合作协议当事人为 XFTF 地产公司、AYD 贷款公司和承租人。三方基于合作协议建立合作关系，按照合同承担各自的权利和义务，如 AYD 贷款公司为承租人发放贷款，XFTF 地产公司协助督促还款和支付服务费用等。

五、常见风险和对应的法律意见

（一）合同订立风险

本案中有部分贷款人想采取简易协议建立贷款关系，或者对贷款合同没有仔细审阅就签署合约，随后又产生纠纷。民间借贷合同是确定当事人之间权利义务的主要根据，借贷双方之间应尽量签订书面合同或出具书面凭证，以便有据可查、减少纠纷。具体建议如下：

1. 借款合同是约定借款人向 AYD 贷款公司借款，到期返还借款并支付利息的合同，一般应对借款数额、币种、利率、期限和还款方式等作出明确约定，如有需要还可对逾期利息、担保、争议解决方式、律师费负担等事项作出约定。应尽量签订书面合同，合同内容尽量明确。

2. 借款合同应形式规范、内容明确。一份完整的借款合同通常包含标题、正文、署名和签订时间四个部分。借款合同要用词准确、语义严谨，避免歧义；最好由借款人当面签名捺印，防止他人冒签；尽量避免涂改，如有修改可在修改处捺印确认；尽量避免留下较大空白，防止单方事后添加其他内容。

3.借贷双方的名称均应以身份证、工商登记等载明的为准，尽量避免使用别名、曾用名、绰号和简称。AYD贷款公司可要求借款人提供身份证、营业执照复印件等，以核实借款人信息，并作为借款合同的附件一并保存。

（二）合同履行风险

本案中有出现支付凭证缺失、收款人审查不严格等现象，这会导致后期增加收款难度或者产生法律纠纷。合同履行应遵守全面履行和诚信履行的原则。民间借贷合同中的履行主要体现为款项的支付，AYD贷款公司应证明实际支付了出借款项，借款人（承租人）应证明实际归还了借款款项。

针对上述情况，笔者的建议如下：

1.款项的支付方式通常包括转账支付和现金支付。支付款项，尤其是大额款项，应尽量以银行转账、网上电子汇款等能够证明款项实际支付的方式进行，必要时可备注借款信息。

2. AYD贷款公司在出借款项时，应避免采取银行卡套现、代刷信用卡、出借银行卡等方式。一旦发生纠纷，上述方式可能会导致AYD贷款公司难以证明借款实际支付。

3.银行转账应尽量通过借款双方本人账户进行，由第三方支付或第三方收款的，借贷双方应作出明确约定。要有书面证据能够证明AYD贷款公司、借款人和第三方的一致意思表示，以避免AYD贷款公司与第三方，或者借款人与第三方有其他经济往来，难以认定款项性质。

4. AYD贷款公司与借款人存在多笔往来款项的，双方应及时进行对账、结算，并留存双方签字确认的原始结算资料，避免因往来款项过多，难以分清款项性质。

5.借款人还款时，应要求AYD贷款公司及时出具收条，或将还款情况在借款合同上注明，并由AYD贷款公司签名，防止产生不必要的纠纷。

（三）诉讼时效风险

权利人若在法律规定的诉讼时效期间内不行使权利，该期间届满后，义务人可以拒绝履行义务，那AYD贷款公司实现债权将面临很大的风险。本案中有部分项目，因法律知识缺乏、工作人员流动和交接疏漏等错过诉讼时效。

针对上述情况，笔者的建议如下：

1. 民间借贷的诉讼时效为三年。民间借贷纠纷中，AYD贷款公司享有的债权已过诉讼时效的，借款人一旦行使时效抗辩权，AYD贷款公司即丧失了通过诉讼程序强制借款人还本付息的权利。AYD贷款公司应重视对催收通知、借款人还款承诺等诉讼时效中断证据的收集和保存，并在诉讼时效期间内提起诉讼或申请仲裁，避免债权的实现受到影响。

2. AYD贷款公司要求借款人在借款合同中作出放弃诉讼时效利益、同意延长诉讼时效期间等承诺。合同中的此类约定违反法律规定，对双方不产生约束力。

3. 诉讼时效抗辩应由当事人主动提出，当事人未提出的，人民法院不能主动援引诉讼时效规定进行裁判。

4. 对于诉讼时效期间届满后，借款人自愿归还的款项，AYD贷款公司可以接受。借款人自愿归还后又要求AYD贷款公司返还的，人民法院不予支持。

（四）民间借贷与非法集资

本案并非典型的开发商贷款，需要规范合同和交易流程，避免被认定为非法集资的法律风险。在实践中，有的民间借贷案件背景复杂，甚至与非法吸收公众存款、集资诈骗等交织重叠在一起，涉及刑事犯罪。

针对上述情况，建议如下：

1. 民间借贷行为本身涉嫌非法集资犯罪的，对民间借贷诉讼人民法院将不予受理或驳回起诉，并将线索、材料移送公安或检察机关。当事人应注意选择正确的救济路径，并及时维权。

2. 非法吸收公众存款、集资诈骗等行为虽然也表现出一定的民间借贷特征，但是与正常的民间借贷之间存在显著区别。非法吸收公众存款是向社会不特定的多数吸收资金且扰乱国家金融秩序，集资诈骗的真正意图在于非法占有。当事人应当予以注意，远离非法集资。

3. 进行民间借贷，要切忌赌博心理，高利之下多有陷阱。AYD贷款公司应对借款人的资信情况充分了解，对借款人的经营状况持续关注，出现风险时及时主张权利，发现违法违规时积极向相关职能部门举报。

第二节　股权投资

GT公司收购JT房地产公司股权案件

（一）项目简介

本项目的主要信息如下。

第一，XC公司为目标公司JT房地产公司股东，持股100%。

第二，2021年，XC公司有意向GT公司转让其所持有的标的公司的80%股权。XC公司与GT公司签订了《股权转让协议》，约定GT公司应于协议生效后十日内将股权转让价款支付给XC公司。

第三，同时，XC公司、GT公司、JT公司以及Z某（XC公司与JT公司的实际控制人）签订了《回购协议》，约定当达到《回购协议》中的股权转让条件时（如XC公司或标的公司出现重大营运危机、财务状况恶化等对GT公司不利的情形），GT公司有权要求将JT公司的股权转让给XC公司，XC公司不可撤销、无条件同意受让JT公司的股权。

（二）交易架构

1. 目标公司（JT公司）股权架构

本案例中，目标公司的股权架构如图8-2所示：XC公司对JT公司享有100%的股权，而Z某通过100%持股平台公司（XC公司的股东），从而实现对XC公司与JT公司的实际控制。

2.《股权转让协议》项下的交易结构

《股权转让协议》项下的交易结构如图8-3所示：XC公司将其所持有的JT公司中的80%股权转让给GT公司，由GT公司向XC公司支付相应的股价款。完成交易后，XC公司自持JT公司股权从100%持股变更为20%持股。GT公司通过本次交易，受让JT公司80%持股。

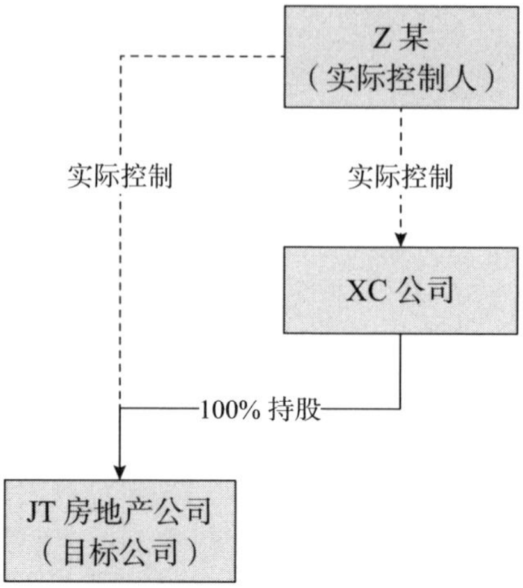

图 8-2　目标公司（JT 公司）的股权架构

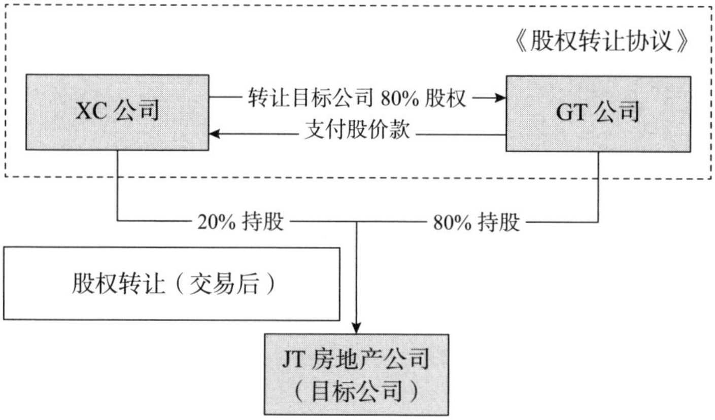

图 8-3 《股权转让协议》项下的交易结构

3.《回购协议》项下的交易结构

《回购协议》项下的交易结构如图 8-4 所示：XC 公司、GT 公司、JT 公司与 Z 某一并签订《回购协议》，约定若发生“回购条件”时，经 GT 公司书面通知后，XC 公司无条件回购此前 GT 公司从其手中受让的对 JT 公司享有的 80% 股权，XC 公司需向其支付回购款。完成交易后，GT 公司退出项目公司的经营，不再持有项目公司的股权，而 XC 公司自持项目公司股权从 20% 持股变更为 100% 持股。

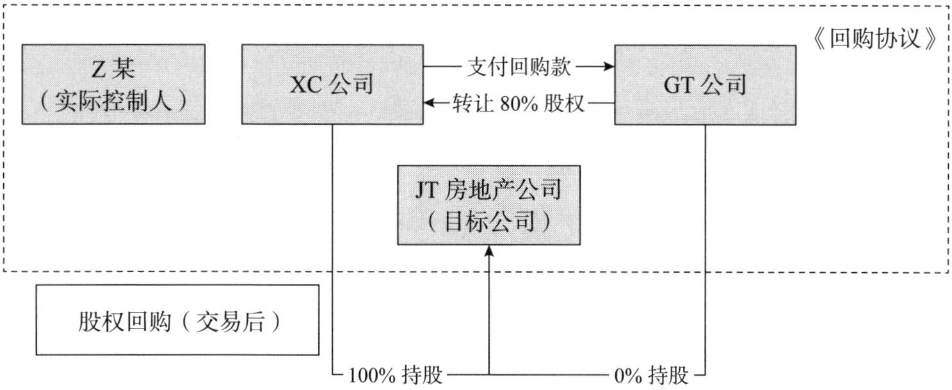

图8-4 《回购协议》项下的交易结构

（三）案例分析

本次交易的核心问题：XC公司与GT公司在本次交易活动中，既签署了《股权转让协议》又同时签订了《回购协议》，是否会被认定为“明股实债”的情形？

在本项目中，本所接受GT公司的委托，为其搭建交易结构并草拟相关合作协议。经调查了解，GT公司的真实意图是参与JT公司名下的房地产开发项目，与XC公司进行合作开发，但鉴于交易双方是初次合作且项目情况较为复杂，GT公司内部难以就本次合作项目达成一致的内部决议。考虑到GT公司与XC公司是初次合作，双方合作根基不牢固，并且JT公司内部管理比较混乱，公司收并购尽调所需资料未能完全按要求提供。因此，GT公司要求提前签订书面协议约定“股权回购”事宜，明确如有XC公司、JT公司与Z某向GT公司隐瞒JT公司的经营相关信息时或者XC公司、JT公司在GT公司投资前或投资后向其隐瞒重大虚假的文件、资料和信息等情形时，GT公司均可以要求XC公司对GT公司受让的JT公司股权予以全部回购。

除此之外，GT公司、XC公司就“提前约定股权回购条款存在明股实债”的问题表示担忧。因GT公司拟就本次收购项目向银行申请并购贷款，对于“真股投资”的认定有实际的需求。又因JT公司名下的房地产项目的后续开发资金不足，需要申请银行开发贷款，故GT公司、XC公司一致表示，需要避免因交易结构设置或合作协议约定出现问题，被监管机构认定为“明股实债”，而无法获批银行贷款。

经研究分析如下：

1.在“股权回购”中，回购主体是JT公司的股东XC公司，该行为实际是股东之间的股权转让，与《公司法》中规定的“股权回购”情形并不一致。股东间内部约定“股权转让”的情形并不违反《公司法》或其他相关法律的规定。因此，本项目中《回购协议》的签订并不违法。

2.《回购协议》合同条款约定：“若XC公司、JT公司或Z某违反诚实信用原则，向GT公司隐瞒目标公司经营的相关信息，侵害GT公司时，或者XC公司、目标公司在GT公司投资前或投资后向其隐瞒重大虚假的文件、资料和信息等情形时，GT公司有权经书面通知后要求XC公司无条件回购GT公司持有目标公司的80%股权。”该条款的设计类似于“对赌条款”。针对“对赌条款”是如何认定的以及法院是否予以支持，分析如下：

根据2019年11月8日，由中华人民共和国最高人民法院印发的《全国法院民商事审判工作会议纪要》（以下简称《纪要》）内容：“实践中俗称的‘对赌协议’，又称估值调整协议，是指投资方与融资方在达成股权性融资协议时，为解决交易双方对目标公司未来发展的不确定性、信息不对称以及代理成本而设计的包含了股权回购、金钱补偿等对未来目标公司的估值进行调整的协议”，本案中，XC公司与GT公司的“股权回购”正是基于对JT公司未来发展的不确定性以及信息不对称的考虑而设计的，根据最高院的《纪要》精神，基本能够肯定法院会支持XC公司与GT公司之间的投融资行为属于股权性投融资。

《纪要》同时规定“人民法院在审理‘对赌协议’纠纷案件时，不仅应当适用合同法（已废止）的相关规定，还应当适用公司法的相关规定……对于投资方与目标公司的股东或者实际控制人订立的‘对赌协议’，如无其他无效事由，认定有效并支持实际履行，实践中并无争议”。因此，在XC公司与GT公司签订的《回购协议》系协议双方当事人真实意思表示的情况下，且未违反法律、行政法规的强制性规定，应合法有效。

结合司法实践分析，《回购协议》并不是被禁止的行为，亦并不必然被认定为“假以股权投资而掩盖真实借贷关系”的行为，即所谓的“明股实债”。在实践中，法院会结合当事人的缔约过程、各方权利义务安排以及实际履行情况综合确定。一般从以下几个方面进行认定：投资方是否根据自己的投资额承担目标公司的经营风险；投资方是否参与公司的实际经营活动；投资方获取的股权是否必然退出；股权是否变更登记至投资方或投资方指定人名下；股权转让价格的公允性；是否设置了担保措施；是否存在“阴阳合同”的操作。

结合上述几个方面，证明本项目不属于“明股实债”的分析如下：

- XC公司与GT公司属于真实的股权性投融资，GT公司正是因为需要承担公司经营性风险，才会进行“对赌条款”的设置；
- XC公司会派员工在项目公司办公，并通过JT公司的《公司章程》以及JT公司

《管理规章制度》的相关规定，实现对JT公司的实质性管理；

- GT公司委托本律师跟踪办理JT公司股权转让的全流程，从工商登记层面完成了股权的交易；
- 《回购协议》约定，当触及协议中的“回购条件”时，需经GT公司书面通知后才会发生后续的股权回购，若“回购条件”不发生或GT公司放弃该项权利不进行书面通知时，回购行为并不会发生；
- 本次融资交易并不涉及担保行为，也不存在“阴阳合同”的操作；
- 《回购协议》约定，股权回购价格是以评估价及原股权转让价款的10%上下浮动两者取高值，定价公允合理。

基于以上分析，XC公司与GT公司的股权交易并不存在会被认定为“明股实债”的一般表现。因此，XC公司与GT公司签订《回购协议》的行为不属于“明股实债”的情形。

第三节　银行贷款

HD房地产有限公司银行贷款罚息认定纠纷案例

一、案件背景

上诉人HD房地产有限公司（以下简称HD公司）因与被上诉人NCSY银行股份有限公司CH支行、一审被告ST房地产开发有限公司（以下简称ST公司）、林某、阮某金融借款合同纠纷一案，不服某省中级人民法院民事判决，向某省高级人民法院（以下简称某省高院）提起上诉。某省高院于2017年12月7日立案后，依法组成合议庭对本案进行了审理。

二、案情概况

（一）签订借款合同

2010年9月19日，NCSY银行股份有限公司CH支行与HD公司签订编号为07×××××02×的《企业借款合同》，约定：借款金额为人民币3亿元；实际借款期限以借款借据为准；本合同项下借款的结息方式为按月结息，付息日为每月的20日；HD公司不按本合同约定的还款期限偿还到期（含提前到期）应付的借款本金时，自逾期之日起，按本合同约定的利率加收50%作为罚息利率，计收逾期利息；HD公司在借款期限内不能按期支付的利息，应按本合同约定的借款利率计收复利；借款逾期后仍未支付的利息，应按本款约定的罚息利率计收复利。

（二）签订担保合同

2010年9月19日，ST公司、LQ、RDQ与NCSY银行股份有限公司CH支行签订编号为07×××××047的《保证合同》，约定：ST公司、LQ、RDQ自愿为广州NCSY银行股份有限公司CH支行与HD公司签订的《企业借款合同》（合同编号：07×××××02×号）项下的债务提供保证（担保）；被担保主债权本金数额为3亿元，期限自2010年9月19日至

2013年9月19日；保证担保范围为主合同债务人应承担的全部债务，包括但不限于全部本金、利息（包括正常利息、逾期利息、复利和罚息等）、违约金、损害赔偿金和债权人为实现债权而发生的一切费用（包括但不限于诉讼费、律师费、财产保全费、差旅费、执行费、评估费、拍卖费等）；ST公司、LQ、RDQ的保证方式为不可撤销连带责任保证。若除本合同约定的担保方式外，主合同项下还存在其他担保（包括但不限于主合同债务人向广州NCSY银行股份有限公司CH支行提供物的担保）的，广州NCSY银行股份有限公司CH支行有权选择优先行使本合同项下权利，要求ST公司、LQ、RDQ承担连带保证责任，ST公司、LQ、RDQ对NCSY银行股份有限公司CH支行承担的保证责任不受任何其他担保的影响，其保证责任的承担也不以NCSY银行股份有限公司CH支行向主合同债务人或其他任何担保人提出权利主张或进行诉讼/仲裁/强制执行为前提。保证期间为自主合同约定的主债务履行期届满之日起两年。同日，HD公司与广州NCSY银行股份有限公司CH支行签订为07×××××046的《质押合同》，约定：HD公司以其名下的CDRH汽贸城项目A区租赁收益权为其与广州NCSY银行股份有限公司CH支行之间签署的《企业借款合同》项下债务设立质押担保。被担保主债权本金数额为人民币3亿元，期限自2010年9月19日至2013年9月19日。

（三）签订抵押合同

2011年11月23日，HD公司与NCSY银行股份有限公司CH支行签订07×××××026《抵押合同》；2011年12月29日，HD公司与NCSY银行股份有限公司CH支行签订编号为07×××××027的《抵押合同》；2012年7月23日，HD公司与NCSY银行股份有限公司CH支行签订编号为07×××××018的《抵押合同》。上述《抵押合同》均约定：HD公司以其名下的房屋在建工程为其与NCSY银行股份有限公司CH支行之间签署的编号为07×××××02×的《企业借款合同》项下债务设立抵押担保。被担保主债权本金数额为3亿元；抵押担保范围为主合同债务人应承担的全部债务，包括但不限于全部本金、利息（包括正常利息、逾期利息、复利和罚息等）、违约金、损害赔偿金、债权人为实现债权及抵押权而发生的一切费用（包括但不限于诉讼费、律师费、财产保全费、差旅费、执行费、评估费、拍卖费等）、主合同在被确认无效、被撤销或者被解除的情况下主合同债务人应当承担的返还贷款及赔偿损失的责任以及主合同债务人或HD公司在主合同或本合同项下的所有其他应付费用。根据上述《抵押合同》的约定，NCSY银行股份有限公司CH支行与HD公司就HD公司名下的488套房屋在建工程办理了在建工程抵押登记。

（四）发放贷款详情

2011年6月30日，NCSY银行股份有限公司CH支行与HD公司签订编号为07×××××003的借据，NCSY银行股份有限公司CH支行向HD公司发放贷款4000万元，借款日为2011年6月30日，到期日为2013年9月19日，月利率6.4‰；2011年11月18日，NCSY银行股份有限公司CH支行与HD公司签订编号为07×××××004的借据，NCSY银行股份有限公司CH支行向HD公司发放贷款3000万元，借款日为2011年11月18日，到期日为2013年9月19日，月利率6.65‰；2011年12月14日，NCSY银行股份有限公司CH支行与HD公司签订编号为07×××××005的借据，NCSY银行股份有限公司CH支行向HD公司发放贷款5000万元，借款日为2011年12月14日，到期日为2013年9月19日，月利率7.7584‰；2012年1月13日，NCSY银行股份有限公司CH支行与HD公司签订编号为07×××××006的借据，NCSY银行股份有限公司CH支行向HD公司发放贷款2000万元，借款日为2012年1月13日，到期日为2013年9月19日，月利率7.7584‰；2012年6月19日，NCSY银行股份有限公司CH支行与HD公司签订编号为07×××××007的借据，NCSY银行股份有限公司CH支行向HD公司发放贷款3000万元，借款日为2012年6月19日，到期日为2013年9月19日，月利率7.4667‰。

（五）初次违约及重组

2013年9月18日，NCSY银行股份有限公司CH支行与HD公司、ST公司、LQ、RDQ就各方于2010年9月19日签署的编号为07×××××02×的《企业借款合同》项下借款重组事宜签订《借款重组协议》，约定：重组借款本金金额为22148万元；重组的借据为07×××××003—07×××××810（共8笔），借款期限全部重组至2014年9月18日止；重组借款利率按照原贷款到期日中国人民银行规定的同期贷款基准利率上浮103.13%执行，罚息利率按原合同约定的原则自动作相应变更；本协议项下的重组金额分期分次偿还，2013年10月31日还1000万元、2013年11月30日还1500万元、2013年12月31日还1500万元、2014年3月31日还4500万元、2014年6月30日还6800万元、2014年9月18日还6848万元；担保人（包括保证人、抵押人和出质人）按上述相应担保合同承担担保责任；本协议生效后，除本协议约定的内容外，NCSY银行股份有限公司CH支行与HD公司双方的其他权利义务仍按原合同的约定执行；若借款人不能按本协议约定的方式还款，则每次未按时还款须上调2%的年利率直至贷款结清为止。NCSY银行股份有限公司CH支行在协议贷款人处盖章，HD公司在借款人、抵押人、出质人处盖章，ST公司、LQ、RDQ在保证人处签名或盖章。

（六）再次违约和诉讼

HD公司未能足额向广州NCSY银行股份有限公司CH支行偿还贷款，各担保人亦未履行担保义务，广州NCSY银行股份有限公司CH支行遂诉至广东省广州市中级人民法院。庭后，广州NCSY银行股份有限公司CH支行向某省广州市中级人民法院提交广州市HD房地产有限公司利息计算统计表，明确其主张的本金数额为15889万元，截至2016年9月20日的利息、罚息和复利的总额为139173921.45元。其中，截至2014年9月18日止的利息为9155492.85元，复利为209931.34元。统计表还载明HD公司于2014年9月26日向广州NCSY银行股份有限公司CH支行偿还29万元利息。HD公司对广州NCSY银行股份有限公司CH支行主张的上述本金数额予以确认，并认为罚息不应再计收复利，对广州NCSY银行股份有限公司CH支行主张的上述利息、罚息和复利数额的其他部分予以确认。另，广州NCSY银行股份有限公司CH支行确认“CDRH汽贸城项目”B区的在建工程抵押登记已全部办理完毕。

三、交易架构

本案例交易架构为NCSY银行向HD房地产开发公司发放贷款并收取利息，ST公司、LQ、RDQ三方为本项贷款提供担保。具体关系图如下：

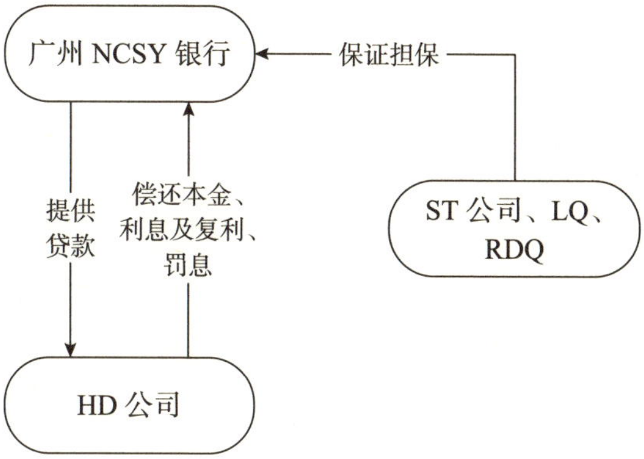

图 8-5　银行贷款案例交易架构

四、法院判决

一审法院认为，本案为金融借款合同纠纷。NCSY银行股份有限公司CH支行与HD公司、ST公司、LQ、RDQ分别签订的《企业借款合同》《保证合同》《抵押合同》《质押合同》《借款重组协议》与借据均是各方当事人的真实意思表示，且不违反法律、法规的强制性规定，合同均合法有效，各方当事人均应依照合同的约定切实履行。NCSY银行股份有限公司CH支行已经履行了合同约定的发放贷款义务，享有按时收回贷款本金及利息收益的权利，但HD公司未依约偿还到期应偿还的贷款本息，构成违约，应承担违约责任。

关于违约责任。一审法院认为，本案为金融借款合同纠纷。NCSY银行股份有限公司CH支行与HD公司、ST公司、LQ、RDQ分别签订的《企业借款合同》《保证合同》《抵押合同》《质押合同》《借款重组协议》与借据均是各方当事人的真实意思表示，且不违反法律、法规的强制性规定，合同均合法有效，各方当事人均应依照合同的约定切实履行。NCSY银行股份有限公司CH支行已经履行了合同约定的发放贷款义务，享有按时收回贷款本金及利息收益的权利，但HD公司未依约偿还到期应偿还的贷款本息，构成违约，应承担违约责任。

关于涉诉案件本金。NCSY银行股份有限公司CH支行主张HD公司尚欠贷款本金15889万元，HD公司对此不持异议，一审法院予以确认。

关于罚息应否计收复利。一审法院认为，根据《合同法》[①]第一百一十三条的规定，损失赔偿额应当相当于因违约所造成的损失。HD公司逾期还款，已按上述罚息利率计付罚息，罚息已经构成对HD公司逾期归还贷款本金给NCSY银行股份有限公司CH支行造成损失的补偿，如再计收复利，将过分高于造成的损失。因此，对借款人不能按期支付的罚息，不再计收复利。另外，关于罚息的标准。因HD公司对NCSY银行股份有限公司CH支行主张的罚息标准不持异议，对此亦予以确认。综上，HD公司应向NCSY银行股份有限公司CH支行支付截至2014年9月18日的利息9155492.85元，复利209931.34元，以及自2014年9月19日起至贷款实际清偿之日止，以贷款本金15889万元为基数，按照月利率2.375%的标准计付罚息，以利息9155492.85元为基数，按照月利率2.375%的标准计付复利，并从中扣除HD公司于2014年9月26日偿还

① 现为《民法典》合同编。

的29万元利息。

关于抵押担保法律关系。HD公司自愿以488套房屋在建工程为涉案《企业借款合同》《借款重组协议》项下债务提供抵押担保，并办理了在建工程抵押登记，NCSY银行股份有限公司CH支行与HD公司之间的抵押担保法律关系成立。HD公司不履行还款义务时，NCSY银行股份有限公司CH支行有权从处分上述房屋在建工程的款项中优先受偿。

关于租赁收益权享有优先受偿权。NCSY银行股份有限公司CH支行主张对项目A区租赁收益权享有优先受偿权。首先，《物权法》[①]第二百二十三条规定，债务人或者第三人有权处分的下列权利可以出质：（一）汇票、支票、本票；（二）债券、存款单；（三）仓单、提单；（四）可以转让的基金份额、股权；（五）可以转让的注册商标专用权、专利权、著作权等知识产权中的财产权；（六）应收账款；（七）法律、行政法规规定可以出质的其他财产权利。第二百二十四条规定，以汇票、支票、本票、债券、存款单、仓单、提单出质的，当事人应当订立书面合同。质权自权利凭证交付质权人时设立；没有权利凭证的，质权自有关部门办理出质登记时设立。本案中，NCSY银行股份有限公司CH支行确认并未就涉案出质权利到相关部门办理出质登记手续。其次，《质押合同》明确约定，以“CDRH汽贸城项目”A区租赁收益权作阶段性质押担保，当办妥项目B区的在建工程抵押登记后，可撤销“CDRH汽贸城项目”A区租赁收益权的质押担保。NCSY银行股份有限公司CH支行确认项目B区的在建工程抵押登记已全部办理完毕，故NCSY银行股份有限公司CH支行不再享有对作为阶段性质押担保的项目A区租赁收益权的优先受偿权。故对NCSY银行股份有限公司CH支行主张对项目A区租赁收益权享有优先受偿权的诉请不予支持，予以驳回。

关于保证责任。ST公司、LQ、RDQ自愿与NCSY银行股份有限公司CH支行签订《保证合同》、NCSY银行股份有限公司CH支行与ST公司、LQ、RDQ之间的保证法律关系成立。HD公司不履行涉案债务的还款义务时，NCSY银行股份有限公司CH支行诉请ST公司、LQ、RDQ对涉案债务承担连带清偿责任，符合法律规定，予以支持。三名保证人经一审法院合法传唤拒不到庭应诉，亦未提出任何答辩意见，应视为放弃抗辩权利。ST公司、LQ、RDQ在承担了上述保证责任之后，有权依照《担保法》[②]的相关规定向HD公司追偿。HD公司未按期还款，各担保人亦未履行担保义务，NCSY银行股份有限公司CH支行遂提起本案诉讼，依照《诉讼费用交纳办法》的相关规定，相应财产保全费应

① 现为《民法典》物权编。

② 现为《民法典》物权编。

由HD公司、ST公司、LQ、RDQ承担。HD公司相应抗辩意见不予采信。

一审判决：一、HD房地产有限公司在判决发生法律效力之日起十日内向NCSY银行股份有限公司CH支行清偿借款本金15889万元及利息、罚息与复利（截至2014年9月18日利息为9155492.85元，复利为209931.34元；自2014年9月19日起至贷款实际清偿之日止，以贷款本金15889万元为基数，按照月利率2.375%的标准计付罚息，以利息9155492.85元为基数，按照月利率2.375%的标准计付复利，并从中扣除广州市HD房地产有限公司于2014年9月26日偿还的29万元利息）；二、在HD房地产有限公司不履行第一判项时，NCSY银行股份有限公司支行对广州市HD房地产有限公司名下488套房屋在建工程折价或拍卖、变卖所得的价款享有优先受偿权；三、福安市三泰嘉美房地产开发有限公司、LQ、RDQ对HD房地产有限公司的上述债务承担连带清偿责任，并在承担连带清偿责任后有权向HD房地产有限公司追偿；四、驳回NCSY银行股份有限公司CH支行的其他诉讼请求。如果HD公司、ST公司、LQ、RDQ未按判决指定的期间履行给付金钱义务，应当依照《民事诉讼法》第二百五十六条之规定，加倍支付迟延履行期间的债务利息。案件受理费1139441元、财产保全费5000元，合计1144441元，均由HD房地产有限公司、ST公司、LQ、RDQ负担。

二审法院维持了一审判决，再审法院维持了二审判决。

五、法律风险和法律建议

（一）利息约定风险和法律建议

本案中主要争议焦点在于利息和罚息的计算。对于投融资双方而言，利息的约定和执行非常重要。如果利息理解不清晰，尤其是复利的计算方法不清楚，将会为企业带来沉重的债务负担，甚至可能会导致破产。此外，对投融资双方来说还要关注约定的利息、罚息和复利计算方法是否符合国家法律、法规和规章等法律规定。因此，在签订此类重大投融资合同时，银行和开发商都应该聘请专业服务机构或人士进行专项服务，做好设计和谈判，把控风险。

（二）重复融资风险

在房地产开发贷中，重复融资也是常见风险。银监会明确要求不同的商业银行不得针对企业的同一个项目进行重复融资。重复融资导致企业贷款资金无法做到专款专用，同时也加大商业银行的信贷资金安全。但是在实际操作过程中，商业银行并没有官方的渠道得知企业项目是否已在他行贷款。同时，并非所有商业银行都要求企业使用贷款项目土地作为抵押物，最终导致商业银行只能通过企业口述了解项目的贷款的实际情况。加之商业银行业绩导向的经营理念，故商业银行的项目重复融资情况出现的频率较高。因此，在放贷之前，银行应聘请专业服务机构对贷款对象和放贷项目进行法律尽职调查。

（三）非项目土地及在建工程抵押风险

本案例中的银行要求房地产开发贷款以项目对应的土地及在建工程抵押是正确的做法。但有些房地产企业会涉及一些特殊情况，如同一个土地证上建设多个项目。由于一个土地证只能抵押一次，故此类房地产企业无法为每个项目提供对应的土地抵押。此时商业银行只能接受非项目土地及在建工程抵押，如其他房产抵押等。在该种情况下可能会引发同一项目重复融资的风险，也降低了商业银行对项目本身的控制力度，增加了商业银行的贷款坏账风险。因此，商业银行最好坚持接受用本次贷款对应的标的作为抵押物，如果用其他标的作为抵押物，需要做好相关标的的尽职调查，规避法律和财务风险。

第四节　私募基金

LQ公司私募增资扩股案例

LQ公司下属的四个子公司在建设阶段出现资金缺口，拟采用私募基金的方式增资扩股。其与YA合作发展基金（有限合伙）、HN投资管理有限公司签订《合作协议》；拟与HW投资基金（有限合伙）一起分别与LQ公司下属的四个子公司签订了四份《增资扩股合同》。该案例投融资模式为典型的房地产私募基金，即由投资管理公司作为管理的专业人员负责运营管理、专门定向投资，用于房地产开发与运营的私募基金，投资于房地产开发的建设阶段。

一、案例投融资模式

YA基金与LQ公司共同入伙广东HW投资基金（有限合伙）或者新设有限合伙企业（以下简称HW合伙企业），广东HN投资管理有限公司为普通合伙人（GP），YA基金为有限合伙人（LP）认缴出资不超过36.76亿元，LQ公司为有限合伙人（LP）认缴出资不超过36.77亿元。YA基金和LQ公司入伙后，YA基金根据项目公司的实际用款需求及GP的出资通知书分期实缴出资。HW合伙企业分别增资LQ公司所属项目公司，投资资金用于子公司房地产建设项目。HW合伙企业投资每一个项目时，都与LQ公司签订《股权收购协议》，约定LQ公司远期收购HW合伙企业所持该项目公司股权，并每半年向HW合伙企业支付部分股权收购溢价款（按照HW合伙企业增资项目公司的金额、期限及4.28%/年基准计算溢价），在YA基金投资期满时一次性向HW合伙企业支付股权收购基准价款（等于HW合伙企业增资该项目公司的实缴出资金额）。完成上述收购后，LQ公司将持有项目公司全部股权。YA基金、HN公司通过HW合伙企业的分配实现投资收益及退出。

二、交易架构

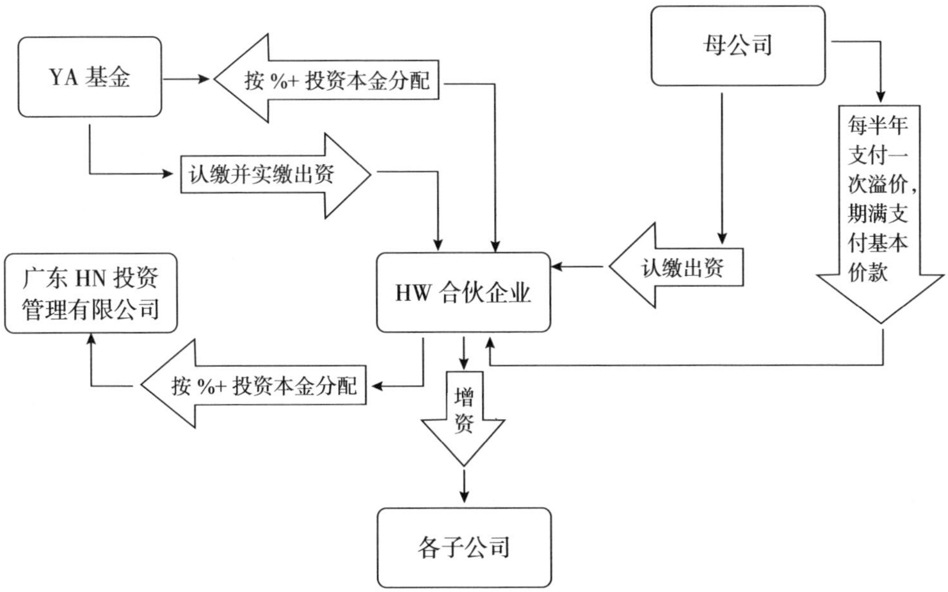

图 8-6　交易架构

具体交易流程：

1. HW合伙企业要素

（1）名称：广东HW投资基金（有限合伙）。

（2）注册地：×××××。

（3）规模：总规模73.52亿元。

（4）出资人：广东HN投资管理有限公司（简称HN公司）认缴出资100万元，YA基金作为有限合伙人认缴出资不超过36.76亿元，LQ公司作为有限合伙人认缴出资不超过36.77亿元，LP不分级。GP为执行事务合伙人。

（5）存续期：7年（经全体合伙人一致同意，可延长至10年）。

（6）出资模式：承诺制出资。YA基金、LQ公司根据项目用款情况及GP发出的缴款通知书要求实缴出资（LQ公司正常支付股权收购价款后，可不实缴出资）。

（7）资金用途：通过股权投资方式投资具体项目公司，用于房地产建设项目。

2. YA基金预期投资收益：4.28%/年。

3. YA基金投资期限：计划为7年。投资期满3年时，如YA基金就本项目提出退出要求，YA基金可提前退出（LQ公司提前收购HW合伙企业所持项目公司股权）。

4.对项目公司的后续管理：HW合伙企业不参与项目公司的日常管理，可以向具体投资的项目公司派出监事。除个别事项外，HW合伙企业将股东权利委托LQ公司行使。

5. YA基金收益及投资退出安排：LQ公司收购HW合伙企业所持项目公司股权，并支付股权收购价款。

6.投资收益支付方式

LQ公司与YA基金签署《股权收购协议》，约定LQ公司按照每年6月20日、12月20日分别向HW合伙企业支付股权收购溢价款；如果YA基金提前退出的，溢价款可相应下调。

7.投资退出安排

YA基金投资期满（含提前）时，LQ公司按照HW合伙企业在项目公司的实缴出资金额，向其支付股权收购基准价款。支付完毕后，LQ公司持有项目公司的所有股权，HW合伙企业向YA基金分配财产，YA基金实现退出。

若LQ公司没有按期或及时足额支付股权收购款项（溢价款+基准价款），GP可以通知LQ公司实缴出资，YA基金将以合伙企业减资方式提前退出。

8. HN公司的投资收益与退出：通过HW合伙企业财产分配实现。

9.其他事项

HW合伙企业不对外举债，不对外担保，LQ公司所持LP份额不得对外转让、质押。

三、法律分析

（一）关于私募基金主体的合法性

LQ公司注册资本为909552万元，注册成立于1994年6月16日，是一家国有企业，其经营范围为房地产项目及其配套设施的投资、建设、经营、管理。其股东分别为JTJT有限公司、YCTZ控股有限公司。YA合作发展基金（有限合伙）注册成立于2018年6月4日，其经营范围为合伙协议记载的经营范围：股权投资、其他投资经营、投资管理及咨询。基金管理人为YA合作发展基金管理有限公司，基金编号为：SY××××。HN投资管理有限公司注册成立于2014年6月4日，其经营范围为投资管理、投资咨询（以上均不含限制项目）；受托资产管理；受托管理股权投资基金；股权投资。

根据《私募投资基金监督管理暂行办法》第十一条的规定，私募基金应当向合格投资者募集，单只私募基金的投资者人数累计不得超过《证券投资基金法》《公司法》《合伙企业法》等法律规定的特定数量。投资者转让基金份额的，受让人应当为合格投资者且基金份额受让后投资者人数应当符合前款规定。本法第十二条规定，私募基金的合格投资者是指具备相应风险识别能力和风险承担能力，投资于单只私募基金的金额不低于100万元且符合下列相关标准的单位和个人：（一）净资产不低于1000万元的单位；（二）金融资产不低于300万元或者最近三年个人年均收入不低于50万元的个人。前款所称金融资产包括银行存款、股票、债券、基金份额、资产管理计划、银行理财产品、信托计划、保险产品、期货权益等。

又根据《私募投资基金监督管理暂行办法》第七条规定，各类私募基金管理人应当根据基金业协会的规定，向基金业协会申请登记，报送以下基本信息：（一）工商登记和营业执照正副本复印件；（二）公司章程或者合伙协议；（三）主要股东或者合伙人名单；（四）高级管理人员的基本信息；（五）基金业协会规定的其他信息。基金业协会应当在私募基金管理人登记材料齐备后的20个工作日内，通过网站公告私募基金管理人名单及其基本情况的方式，为私募基金管理人办结登记手续。根据《广东HW投资基金（有限合伙）合伙协议》的规定，本合伙企业的管理人为广东YA合作发展基金管理有限公司，其在中国证券投资基金业协会上有公示信息，登记编号为P1066195，作为本合作协议基金管理人具有合法性。

因此，此私募主体符合上述法律法规的规定。

（二）法律风险

私募股权基金一般是指从事私人股权（非上市公司股权）投资的基金。私募股权投资基金的法律风险，是指私募股权投融资操作过程中相关主体不依据法律规则、疏于法律审查、逃避法律监管所造成的经济纠纷和涉诉给企业带来的潜在或已发生的重大经济损失，因此私募股权投资基金募集者要有清晰的法律风险意识。如未依法设立和依法报批；代持股中投资者人数超过《公司法》《合伙企业法》及《创业投资基金管理暂行办法》规定的上限；应承诺固定收益，向不特定对象公开宣传。

1.私募基金监管风险

本案例中的四个子公司的增资扩股表面上是股权投资，实际是双方通过协议写明仅持有股份、分享收益，但实质并不参与管理。同时在协议中注明在特定时间内，另一方需无条件按约定价格或条件，转让或回购这部分股权。

为了吸引客户，私募基金对客户有私下承诺，如保证本金安全、保证年终收益等，这种既非合伙又非投资的合同本质上类似非法集资，根据《私募投资基金监督管理暂行办法》第十五条的规定，私募基金管理人、私募基金销售机构不得向投资者承诺投资本金不受损失或者承诺最低收益。在这种情况下，即使有书面的合同，也无法得到法律的保障。

2.退出机制的法律风险

所谓私募股权退出，是指在私募股权投资基金在其所投资的企业实现增值之后，把之前所持有的投资企业的股份部分或者完全减退从而转化为资金，即股权的变现的过程。在这一过程中，会涉及退出场所和退出方式等相关的配套制度安排。私募股权运作的基本特性是“以退为进，为卖而买”，资产的流动性对基金的运营至关重要。

退市方式包括IPO退市、股权转让、企业兼并、股权回购、清算等。子公司拟通过私募股权基金进行增资扩股是为了弥补资本金不足，故采用股权回购及控股股东回购的可能性较大，即投资协议届满时，由LQ公司筹集资金购买私募股权基金持有的子公司股权。

我国《公司法》对于公司收购本公司股权进行严格的限制，只规定了两种例外情形，即减少注册资本或者与持有本公司股权的公司合并。因此，公司回购私募股权基金的股权时，就要相应地减少公司的注册资本，需要履行召开股东大会、变更注册登记等程序，还要处理债务或者担保等复杂问题。

3.资金流的法律风险

本次融资虽然是以股权形式入账，但是在通常情况下企业与投资方都会签订回购或类似形式的协议以保证投资方能够在投资期结束时收回本金，也就是说，融资方除了每年要负担账面上已经记载的巨额债务本息之外，还要偿还一部分作为股权入账的“债务”。

假如LQ公司现金流充裕，此类“回购”不会影响到正常经营，可是一旦出现资金短缺等经营困难的情况，该类“股权”又会以债权人的身份连同其他普通债权人向LQ公司申请提前偿付，在此基础上LQ公司还要偿付即将到期的正常债务合约，实则起到了放大危机的作用。

（三）风险控制建议

1.私募股权投资管理人方面风险控制

一是要依法设立和依法报批和备案。私募股权基金必须依《公司法》《合伙企业法》及其他部门规章、地方法规等相关规定的条件及程序设立。募集资金需要相关部门登记或审批备案。只有依法设立的企业才有募集的主体资格，只有经过批准的经营范围，才有从事股权私募的权限。

二是投资者人数不得超过《公司法》《合伙企业法》《创投办法》规定的上限。股份公司形式的公司“投资者不得超过200人；有限公司形式投资者人数不得超过50人；合伙企业形式的投资者亦不要超过50人。

三是在募集过程中防范非法集资。在募集过程中，一定要杜绝“代持股”或其他形式的投资者实际超出规定人数现象的发生。但目前私募领域涉嫌非法集资犯罪中的代持股现象较为普遍。实践中，一些私募发起人为了获取注册，安排或者默许一些投资能力不足的单个投资者，采取代持股的方式进入企业股东，而代持人可能持有数十甚至数百名投资者的资金。这种行为给私募企业的运营带来了巨大的法律风险。一旦超过投资人数上限，就容易涉嫌向不特定对象募集资金，从而具备构成非法吸收公众存款罪的可能。

四是投资者要具有识别风险及抗风险能力，如单个投资者对创投企业的投资不得低于100万元。

五是要对投资者进行风险提示。资金的募集方式不能通过媒体、推介会、传单、手机短信等途径向社会公开宣传，需向特定的有投资风险辨别能力及承受风险能力的人募集，且在募集过程中要将风险充分提示。

六是不承诺保本付息及固定收益。是否承诺固定收益或签订了保本付息条款是认定行为是否构成非法集资的主要认定标准。承诺给付固定回报是构成非法吸收公众存款罪的条件之一。变相地实施“承诺给付固定回报”，存在触犯非法吸收公众存款罪的风险。

2.协议风险防范

投资协议一般包括：投资金额和时机、投资形式和条件、股权的出售和购买、记名权、优先购股权和优先取舍权、股票总量、回购权、退出等内容。

投资协议的一般性条款包括交易各方的名称、投资额、投入时间、所占股比、资金使用方向及支付时间、经营管理等内容。为了避免发生争议，在投资交易之初应当对优先出让股权、重大事项决策权、优先分取剩余财产等双方权利义务进行约定。

3.股权回购风险防范

首先，对于子公司这种绝大多数股份由少数股东控制的企业而言，要求控股股东回购是比较有可操作性的回购退出方式。控股股东可以通过将其持有的股份进行质押的方式融资，回购款来源可以保证。

其次，融资渠道方面，回购股权需要大笔的资金，常用的融资渠道为银行借贷方式，需要控股股东将其所持有公司股份质押给银行，以换取银行的贷款，这种渠道的融资成本比较低。

（四）结论性意见和建议

综上，LQ公司与YA合作发展基金（有限合伙）、HN投资管理有限公司签订的《合作协议》及私募股权交易架构等在满足上述所有主体条件、程序条件的基础上，是合法有效的，但存在前述分析的法律风险。

第五节 信托

房地产信托融资案例——ZN信托之CG房地产财产权信托项目单一信托计划

一、基本情况

CG集团是一家房地产集团公司。CG地产是CG集团投资设立的项目公司，主要用于JX产业园项目的开发建设。该项目在即将进入预售阶段时，前期在银行申请的开发贷款即将进入还款期，于是CG集团有望开展信托融资解决项目资金问题。本信托计划基本情况如下：

信托资金运用方式：优先级信托资金部分用于归还即将到期的银行开发贷款，其中1亿元用于后续项目支付，剩余款项由CG集团自由处分。

还款来源及退出方式：本项目的销售收入预计可覆盖融资本息，在优先级投资者退出后，剩余信托财产在扣除相关费用后分配给CG地产（次级投资者）。

增信措施包括：1.保证担保：CG集团及其实际控制人为信托计划提供连带责任保证担保。2.在建工程抵押：CG地产以其持有的某在建工程抵押给信托计划。3.销售款监管：为保证优先级投资者能按时足额实现预期收益，CG地产保证并承诺信托资金监管账户内最低现金余额，若余额不足，则CG地产必须限期补足，否则构成了重大违约。4.办理强制执行公证：信托公司与合同相关方就主要协议向公证处申请办理了具有强制执行效力的公证书。

在本信托产品中，信托公司除了收取信托报酬之外，还与CG地产另行签署了一份《财务顾问合同》，以此收取2000万元的财务顾问费。

二、本信托产品模式和交易结构

本信托产品的模式：以特定资产收益权设立信托财产。

本信托产品的交易结构如下图所示。

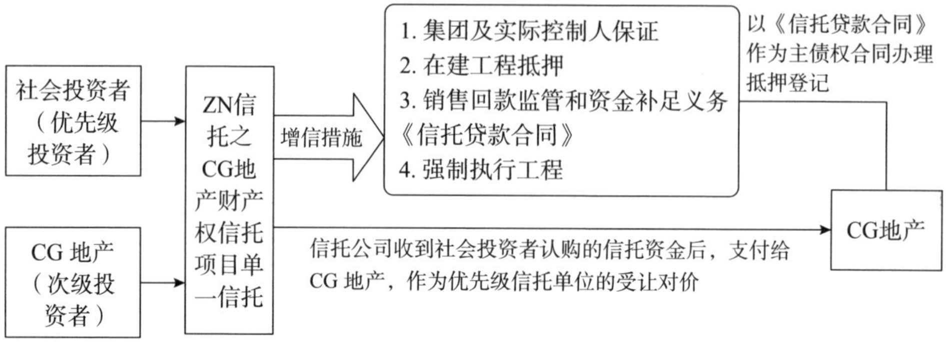

图 8-7　本信托产品的交易结构

从交易架构可以看出，信托公司与CG公司存在两份不同基础法律关系的合同，一份是《财产权信托合同》，另一份是《信托贷款合同》。因当地抵押登记机关不接受以《财产权信托合同》为主债权办理在建工程的抵押登记，于是信托公司以未实际履行的《信托贷款合同》作为主债权合同。因此，双方其实是属于通过信托受益权的结构化设计由社会投资者受让优先级信托单位的信托法律关系，而不是信托贷款法律关系。

三、本信托产品法律风险

（一）关于阴阳合同的问题

1.在《财产权信托合同》的履行过程中，CG地产违反关于信托财产补足的约定，经信托公司多次催讨无果，后信托公司按合同约定宣布融资提前到期，要求CG地产提前还款，并起诉主张：双方为金融借贷关系，要求判决CG地产按《信托贷款合同》的约定支付本息，如不履行，行使抵押权，变卖在建工程及相关土地等抵押物。而CG地产则主张：双方为信托法律关系，以贷款未实际发放为由否定贷款关系，进而否定抵押权的效力，信托公司无权行使抵押权。

法院判决：一是双方法律关系为信托关系而非金融借贷关系，《信托贷款合同》为形式上的合同，应按《财产权信托合同》确定双方权利义务。二是以《信托贷款合同》为主债权的抵押合同有效，但不支持贷款合同过高的罚息、复利及违约金。

2.本案例分析

（1）法院的判案逻辑：法院更注重“法律效果与社会效果相统一”。首先，法院承认了《财产权信托合同》的效力，但为了肯定抵押权的效力，又肯定《信托贷款合同》

为形式上的合同存在。其次，法院在遵守法律规定的同时，又维护社会投资者的集体利益，并体现了法院更注意保护集体利益、追求社会稳定的判案逻辑。

（2）信托公司最好不要为规避监管和行政要求，采用阴阳合同。因《财产权信托合同》过于复杂，抵押登记部门不接受其作为主债权合同。因此，建议信托公司和委托人可考虑另行起草一份权利义务关系简单，与《财产权信托合同》不矛盾且配套的协议作为抵押登记的主合同，以此避免出现阴阳合同。例如，将CG地产的资金补足义务或向社会投资者分配受益权的义务单拎出来，形成一份《支付协议》作为主债权合同等。

（二）关于强制公证的问题

信托公司起诉后，CG地产答辩称：根据《最高人民法院关于当事人对具有强制执行效力的公证债权文书的内容有争议提起诉讼人民法院是否受理问题的批复》的规定，债权人或者债务人对该债权文书的内容有争议直接向人民法院提起民事诉讼的，人民法院不予受理。但公证债权文书内容确有错误，人民法院裁定不予执行的，当事人、公证事项的利害关系人可以就争议内容向人民法院提起民事诉讼。本案中，公证机关并没有向信托公司出具《执行证书》，法院无法对《执行证书》进行审核，自然无法通过裁定不予执行赋予信托公司诉讼的权利，所以，信托公司无权就债权文书提起诉讼，法院应当裁定驳回其起诉。虽然法院最后未采纳CG地产的答辩意见，但如果万一CG地产的答辩意见成立，则信托公司的救济途径将被完全限制。

为最大限度控制前述风险，可考虑在信托合同和融资合同中设置如下类似条款：一旦对方违约，债权人可以自由选择行使强制执行公证和诉讼两种救济途径的权利。

（三）关于财务顾问费的问题

信托公司起诉后，CG地产反诉主张：信托公司收取了财务顾问费，但并未提供任何财务顾问服务，且该费用未在《财产权信托合同》中明确披露，该行为属于利用受托人地位谋取不当利益，应将已收取的财务顾问费全额退还。法院判决：此部分费用虽未在信托合同中约定，但信托公司确实通过向案外投资者募集信托资金，为CG地产完成了融资义务，故信托公司收取该费用并无不当。但细读判决书，会发现法院为了支持顾问费，在论证时存在逻辑错误，其将财务顾问服务等同于资金募集服务，但《财务顾问合同》约定的财务顾问费的对价主要为咨询服务，而不是募集服务。

法院肯定财务顾问费的前提是基于本案特殊的交易结构，在一般情况下，受托人在信托报酬外再收取财务顾问费，可能涉及违背《信托法》的规定，可能不会得到法院的支持，信托公司在收取财务顾问费时应谨慎考虑。

综上所述，根据《中国银监会办公厅关于加强信托公司房地产信托业务监管有关问题的通知》第六条的规定，各银监局要加强对既有监管规定的执行力度，强化对房地产信托融资的监管，按照实质重于形式的原则杜绝信托公司以各种方式规避监管的行为。现各监管部门对信托融资的合规性监管越来越严格，信托产品为规避监管设计和安排交易模式和交易结构时，应高度重视并评估由此产生的衍生法律风险。

第六节　上市

房地产企业境外上市案例——ZSDC境外借壳上市案例

一、基本情况

根据ZSDC公司在其官网发布的《关于境外子公司收购香港上市公司控股权的公告》显示：

买壳：ZSDC控股子公司RJ公司所属的全资子公司CH（购买方）分别从HN公司（出售方一）以及Greatest Mark Limited（出售方二）处购买其分别持有的DL公司66.18%以及4.00%的股份，并达成股权转让协议。

交易标的：DL公司注册成立于开曼群岛，其股份在香港联交所主板上市，主要从事消费电子产品的制造及贸易业务。由于被收购公司标的金额较小，对ZSDC的总资产、净资产、净利润和负债率等关键财务指标均不会有重大影响。

本次借壳上市对ZSDC公司的影响：在当时国家房地产宏观调控政策严管的背景下，加之内地房地产企业基本很难在内地证券交易所上市、再融资，ZSDC公司通过其控股子公司收购香港上市公司（壳公司）的实际控股权，并进行资产重组后，实现新上市，其仅以不到2亿港元的对价，就为公司获得了一个海外资本平台，拓宽了公司国际化管理与运作的视野，对公司的未来发展起到促进作用，同时，也为公司积累了一定的收购兼并经验。

二、本项目交易结构

1. 股权收购

CH公司分别与DL公司的两个原股东签订股权转让协议，最终购买DL公司全部已发行股份的70.18%。而前述两个原股东则继续持有其各自DL公司的余下权益，根据股权转让协议的约定，两原股东后续仍然拥有继续出售其各自持有余下股份的权利。

2. 资产重组

根据ZSDC公司发布的相关公告显示：

资产重组交易概况：ZSDC公司第七届董事会第七次会议审议通过了《关于RJ公司与DL公司资产内部重组交易》的议案，ZSDC公司全资子公司RJ公司与ZSDC公司控股子公司DL公司签订转让协议，约定RJ公司拟将其持有的部分子公司（以下简称标的公司）股权及相关债权，包括标的公司于中国内地运营的部分控股子公司及该等控股子公司拥有并经营的房地产项目，全部转让给DL公司。根据当时的《深圳证券交易所股票上市规则》，此次交易不构成ZSDC公司的关联交易，也不属于《上市公司重大资产重组管理办法（2011年修订）》规定的重大资产重组。

后因前述交易的基准日及交易价格等发生变化，ZSDC公司第七届董事会第五次临时会议审议通过了《关于控股子公司资产重组交易签署补充协议的议案》，并双方签订了《补充协议》。《补充协议》约定DL公司支付的对价方式为：DL公司将通过特别股东大会授权发行大量新股，作为收购RJ公司投资转让的子公司股权及相关债权的全部对价，并保持公众持股比例不低于25%。DL公司按本次交易购入资产折算发行大量新股，其中，向CH公司发行股份作为交易对价及向其他投资者进行配售股份。发行价格不低于一定数额的港币，向CH公司发行不超过一定股数，向机构投资者发行不少于一定股数。DL公司首先以股份作为对RJ公司的支付对价，若有差额，则DL公司以向其他投资者配售股份募集的资金支付。

本次交易对上市的影响：本次交易的转让方与受让方均为ZSDC公司的控股子公司，因此交易对ZSDC公司经营成果无重大影响。但DL收购标的公司的资产，大大提升了DL公司未来的经营业绩，进而为其成为ZSDC公司境外发展平台奠定了重要的基础。

3. 借壳完成

DL公司召开了特别股东大会，并审议通过了《有关收购的决议案》《有关授出特定授权以配发及发行代价股份及配售股份的决议案》等议案。DL公司向CH公司发行股份，最终，RJ公司对DL公司的持股比例由70.18%增加至74.35%。后DL公司公告称，公司的新上市申请，已获香港联交所上市委员会“原则上批准”，因控股股东ZSDC公司在收购DL公司两年内向其注资，触发反向收购，被视为首次上市，需重走上市审批程序。至此，RJ公司和DL公司的资产重组交易已完成，DL公司完成了反向收购，实现了新上市。

三、相关法律问题

1. 关于反收购行动的问题

根据香港联交所《主板上市规则》的规定：“反收购行动指上市发行人的某项资产

收购或某连串资产收购，而有关收购按联交所的意见构成一项交易或安排（或一连串交易或安排的其中一部分），或者属于一项交易或安排（或一连串交易或安排的其中一部分）；而该等交易或安排具有达致将拟收购的资产上市的意图，同时亦构成规避上市规则第八章所载有关新申请人规定的一种方法。”联交所执行有关反收购行动规定的《香港交易所指引信》，将此项定义称为“原则为本测试”。此项测试赋予联交所较大的自由裁量权，可以根据某项交易的实质而非形式判断是否构成反收购行动，且无须理会此项交易是否达到特定规模以及是否存在上市公司的控制权变更。

《主板上市规则》还规定，反收购行动通常指：1）构成非常重大的收购事项的一项资产收购或一连串资产收购，而当上市发行人进行有关收购之同时，上市发行人（不包括其附属公司）的控制权出现变动；或有关收购将导致上市发行人（不包括其附属公司）的控制权有所改变；2）属以下情况的资产收购：在上市发行人（不包括其附属公司）的控制权转手后的24个月内（有关控制权变动并未有被视为反收购），上市发行人根据一项协议、安排或谅解文件，向一名（或一组）取得控制权的人士（或上述人士的联系人）收购资产，而有关资产收购或一连串资产收购（以个别或总体而言）构成非常重大的收购事项。《指引信》将此项定义称为“明确测试”。

ZSDC公司在借壳DL公司后不足24个月，即让其两个控股子公司进行资产重组交易，且构成了非常重大的收购事项，因此符合香港联交所《主板上市规则》规定的反向收购条款，故RJ公司与DL公司的资产重组交易不仅需要DL公司股东大会批准，还需要香港联交所审批核准。

反收购行动并非被香港联交所禁止，但实践中许多拟上市公司在取得香港上市公司（壳公司）的控制权的同时或之后，均关注如何将不满足新上市条件的资产注入该壳公司，而为了避免不符合上市规则所要求的上市条件的公司或资产通过借壳来达到上市的目的，香港联交所会重点监管并防范此交易类型。因此，拟上市企业应除准确理解和适用反收购行动的认定标准外，还需要关注拟注入资产与壳公司自身业务的契合程度以及对自身业务发展的促进作用，如是否在通常经营范围之内、合理的上下游业务扩展、为获得运营所需必要的证照等。

2.关于同业竞争的问题

根据相关公告显示：因注入DL公司的项目公司，分别位于广州市、重庆市、佛山市及南京市，这四家项目公司持有多个地产项目股权和地产楼盘。为减少实际和潜在的竞争，于是，DL公司与ZSDC公司签署了不竞争契约，约定ZSDC公司将不会与DL公司于前述四个城市竞争，不会在前述四个城市开展房地产业务，而DL公司将拥有于任何双方均未有进入的新城市展开房地产业务的优先选择权。

ZSDC公司将继续在其他的城市从事房地产业务，该等城市主要包括多个中国一线城市及二线城市。最终，ZSDC公司冀望将DL公司打造为唯一海外上市平台，可接触国际资本市场，独立于ZSDC公司集团运作。

第七节 ABS

PP证券-WW供应链金融N号资产支持专项计划资产支持证券案例

（一）项目概况

2017年5月，“PP证券-WW供应链金融N号资产支持专项计划资产支持证券”（以下简称本专项计划）于深交所发行正式，发行规模为12.8亿元，预期收益率5.20%，计息方式为固定利率，预期到款日为2018年5月。

将WW企业股份有限公司（以下简称WW股份）上游供应商对其企业下属各区域项目公司的应收账款归集后，由WW股份作为核心企业发行反向保理ABS，YF商业保理有限公司（以下简称YF保理）基于《基础资产买卖协议》约定所出售予本专项计划并交割完成的应收账款债权，作为本专项计划的基础资产。

基础资产对应的应收账款约为13.5亿元，基准日为2017年5月。本专项计划仅分优先A级，信用评级AAA，无劣后级，期限为1年。

（二）参与主体

1.原始权益人/资产服务机构：YF商业保理有限公司（以下简称YF保理）；

2.计划基金管理人/销售机构：PP证券股份有限公司（以下简称PP证券）；

3.托管机构：ZS银行股份有限公司深圳分行（以下简称ZS银行）；

4.登记托管机构：中国证券登记结算有限公司深圳分公司（以下简称中证登深圳分公司）；

5.评级机构：ZC信证券评估有限公司。

（三）交易结构

本专项计划的交易结构如下图所示。

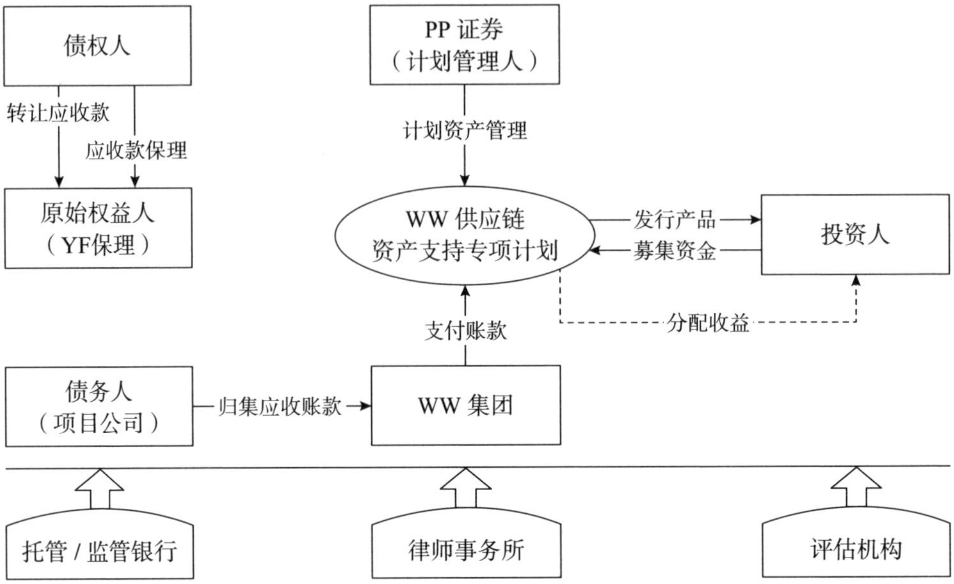

图 8-8　本专项计划的交易结构

（四）本专项计划流程解析

债权人WW股份上游供应商因向债务人WW股份下属各区域项目公司提供货物买卖或境内工程承包/分包服务等基础交易，而对WW下属项目公司享有未到期应收账款债权。

多数债权人与原始权益人YF保理签署《公开型无追索权国内保理合同》（以下简称《保理合同》）、《应收账款转让登记协议》以及其他相关法律文件，将其享有的应收账款债权转让至原始权益人，以获得相应的对价。WW股份通过出具付款确认书的方式作出到期付款承诺并债务加入与WW股份下属项目公司成为共同债务人。

计划管理人PP证券与原始权益人签署《基础资产买卖协议》，并通过设立专项计划以募集资金购买原始权益人其享有的前述未到期应收账款债权并完成交割。为专项计划之目的，原始权益人将其对债权人享有的履行争议应收账款债权回购义务的请求权也一并转让予本专项计划，作为基础资产。计划管理人按照专项计划文件的约定对本专项计划的基础资产进行管理、运用和处分。

计划管理人与原始权益人签订《服务协议》，委托原始权益人作为资产服务机构，为专项计划提供基础资产管理服务，包括但不限于基础资产筛选，基础资产文件保管，敦促原始权益人自行或代表原始权益人向债务人履行债权转让通知义务，基础资产池监控，基础资产债权清算，基础资产回收资金归集等。

计划管理人与托管人ZS银行签订《托管协议》，聘请ZS银行作为专项计划的托管银行，在托管银行开立专项计划账户，对专项计划资金进行保管，接受WW股份的扣款授权，于付款确认书指定付款日代表本专项计划直接从WW股份授权扣款账户中划扣等额于应收账款债权本金的资金并用于履行债务人到期付款义务。

本专项计划设立后，资产支持证券在中国深圳分公司登记和托管。在本专项计划存续期内，资产支持证券可以在深交所综合协议交易平台上进行转让和交易。

债务人到期按时偿还到期应付款项后，计划管理人根据计划说明书、标准条款、《托管协议》及相关文件的约定，向托管人发出分配指令；托管人根据计划管理人发出的分配指令，将本专项计划资产扣除专项计划费用和专项计划税费等可扣除费用后的剩余资金划拨至登记托管机构的指定账户，用于支付资产支持证券持有人的投资收益。

（五）增信措施或有效保障

1.核心企业的主体信用极好，加入作为共同债务人

在本专项计划中，WW股份通过出具付款确认书对其下属项目公司的债务进行确认，并通过债务加入的形式成为各笔入池应收账款债权的共同债务人，债权人可以选择向WW股份或者向原始债务人直接要求还款。此外，WW股份作为我国房地产行业的龙头企业，品牌竞争力强、财务政策稳健、资产状况稳定良好并且信用质量极好，缓解本专项计划中债务人行业单一的风险，为本资产支持证券产品提供了主体信用。

2.原始权益人承担对不合格资产的赎回义务

根据《基础资产买卖协议》的约定，本专项计划设置了争议应收账款债权回购机制和基础资产赎回机制。在本专项计划存续期间内，如触发赎回事件，计划管理人有权向原始权益人发出的书面赎回通知，原始权益人有义务向计划管理人赎回该笔基础资产。本专项计划的赎回事件具体如下：

（1）基础资产在专项计划设立日或购买日不符合《基础资产买卖协议》约定的任一入池标准；

（2）基础资产在专项计划存续期间发生变化导致其不符《基础资产买卖协议》约定的任一入池标准；

（3）出现以下任一情形

①任一债务人发生任一丧失履约能力事件，或因任何原因未能在应收账款债权到

期日足额支付等额于应收账款债权本金账面价值的资金（包括但不限于债务人以其对债权人享有的商业纠纷抗辩权拒绝履行债务或对入池应收账款债权提出反诉、抵消等抗辩主张），或出现其他计划管理人认为可能对专项计划资金回收产生重大影响的事项；

②原始权益人在本协议中所作出的任何陈述和保证在本协议签署之日、专项计划设立日及在专项计划存续期间不真实、不完整或不准确，或出现其他计划管理人认为可能对专项计划资金回收产生重大影响的事项。

3. 债权人对有争议的应收账款承担回购义务

在专项计划存续期间，如资产服务机构或计划管理人发现基础资产池中出现争议应收账款债权的，资产服务机构应当以书面形式立即通知计划管理人，计划管理人有权就争议应收账款债权向债权人发出书面回购通知，债权人有义务对有争议的应收账款承担回购义务。本专项计划中的债权人的回购义务是基于《保理合同》以及专项计划文件等法律文书的约定而产生的，这样的回购机制设置，目的是避免由原始权益人独自承担对不合格基础资产和有争议应收账款债的赎回和回购义务，同时也能起到避免原始权益人履约不能甚至违约的风险，是对资产支持证券投资者的一项重要保障措施。

4. 托管人丰富的托管经验提供可靠保障

ZS银行制定了完善的业务管理制度和方法，建立了健全的托管业务规章制度体系，且具有强大的信息化业务系统。同时，ZS银行拥有很强的财务实力，托管业务经验丰富，可为本专项计划提供优质的托管服务，是本专项计划能够顺利运行的有效保障之一。

5. 合理设置到期付款通知日及付款保证

本专项计划通过设置了到期付款通知日（R4—8日前），资产服务机构应在应收款债权到期日前一个月、10天、5天分别采取电话、函件、上门等多种方式向债务人提示各笔应收账款债权的到期付款时间，通知其于WW股份授权扣款账户中提前预留足够的资金；应收账款到期日（R—1日前）。托管人可以根据WW股份出具的付款确认书，自WW股份授权扣款账户直接划扣等额于入池应收账款债权账面本金价值之和的资金并付至专项计划账户作为基础资产回收资金。

（六）案例分析

笔者结合本专项计划的情况，就其法律架构、法律风险进行简单的分析。

1. 法律架构

本专项计划的交易架构：债权首次转让→核心企业债务加入→合同变更→债权再次

转让。

（1）债权首次转让：WW股份上游供应商向保理商转让其对核心企业下属项目公司的应收账款债权。根据当时有效的《合同法》第八十条的规定，债权人转让权利的，应当通知债务人。未经通知，该转让对债务人不发生效力。债权人转让权利的通知不得撤销，但经受让人同意的除外。债权人转让债权的，应当通知债务人，但需注意的是，债权人未通知转让的，只是对债务人不发生效力，并非转让行为无效。未经通知转让的债权，债务人有权继续向原债权人履行合同义务。因此，本专项计划的合规审查文件之一为供应商转让债权后向债务人WW股份及其下属项目公司出具的通知文件。

债务人依法享有的抗辩权，是不随债权的转让而消灭，它的依据是当时有效的《合同法》第八十二条“债务人接到债权转让通知后，债务人对让与人的抗辩，可以向受让人主张”之规定。而反向保理ABS中要求债权人对于入池的应收债款债权是债务人不享有商业纠纷的抗辩权。因此，本专项计划的合规审查文件包括证明债务人已经确认对基础交易合同项下应付债款负有到期义务，且不享有商业纠纷抗辩权的资料。

（2）核心企业债务加入：实际上，在债权首次转让的过程中，核心企业便以通过对每一笔入池应收账款向供应商出具付款确认书的形式加入债务中来，即债务加入。发行本专项计划时，法律法规对债权加入的法律要件没有明确的规定，但在司法实践中，WW股份对债权人单方出具的付款确认书具有债务加入的法律效力，而无须得到债务人的明确认可。《民法典》生效后，债务加入有法可依。根据《民法典》第五百五十二条的规定，第三人与债务人约定加入债务并通知债权人，或者第三人向债权人表示愿意加入债务，债权人未在合理期限内明确拒绝的，债权人可以请求第三人在其愿意承担的债务范围内和债务人承担连带债务。核心企业的加入可以由第三人单方表示，若债权人未在合理期限内明确拒绝的，该债务加入合法有效。民法典对债务加入的生效要件与本专项计划中的债务加入生效要件一致。

（3）合同变更：一般而言，在债权首次转让的过程中，供应商会在应收账款通知书上变更原定的应付款时间，而核心企业加入以付款确认书的形式，对于变更后的付款时间进行确认。如在本专项计划中，核心企业原负担的三、六、九个月的应付账款账期统一拉长到一年，与该资产支持证券产品的期限一致。这里所指的合同变更是合同各方对已生效合同条款的内容达成修改或者补充的合意，而不是合同主体的变更。

（4）债权再次转让：该步骤中的转让，是指原始权益人将应收账款权益转让给专项计划并完成交割，专项计划作为最终债权人的过程。该过程发生的债权转让法律关系实际上与债权首次转让相差不大，本专项计划的合规审查文件之一为原债权人YF保理转让债权后向债务人WW股份及其下属项目公司出具的通知文件。

2. 法律风险

（1）出现不合格资产或有争议应收账款，触发回购/赎回机制

目前，在我国房地产行业、建筑行业有大量的违法分包、转包行为，存在很多的无效合同。本专项计划以房地产交易中的应收账款作为基础资产，则需要重点关注相关交易行为以及应收账款合同的真实合法性。

同时，本专项计划中的应收账款的转让效力也是其作为基础资产的必备前提。根据《深圳证券交易所企业应收账款资产支持证券挂牌条件确认指南》第四条的规定，基础资产应当具有可转让性。基础资产的转让应当合法、有效，转让对价应当公允。存在附属担保权益的，应当一并转让。应收账款应当是属于可转让的，即本专项计划必须是没有《合同法》第七十九条[①]中规定的三种不能转让的合同类型的应收账款。

谨慎选择基础资产，是避免出现不合格资产或有争议应收账款，防止触发回购/赎回机制的必然要求。本专项计划发行前，WW股份委托律师事务所对基础资产的交易真实性、应收账款转让效力进行审查，并在法律意见书进行信息披露及出具独立意见。

（2）发生供应链反向保理ABS的虚假融资问题

在供应链反向保理ABS产品的整体交易架构中，债务人为核心企业的下属企业，而债务人一般为其长期合作的供应商，核心企业对产品的发起、推进起着主导作用。因此，若不加以监管和约束，极容易发生虚假融资、重复融资的问题。

虚假融资第一大表现是基础交易的不真实性，违反了《深圳证券交易所企业应收账款资产支持证券挂牌条件确认指南》（以下简称《挂牌条件确认指南》）对基础资产所涉应收账款基于“真实、合法交易活动产生”的必要条件，同时，也不符合供应商ABS降低中小型企业供应商的融资成本的初衷。因此，本专项计划在产品设计阶段，已通过对基础资产分散度/集中度、关联交易比例限制等进行合理设计，遵循《挂牌条件确认指南》的相关规定，把控法律风险。比如：

①基础资产分散度/集中度的控制。根据《挂牌条件确认指南》的要求，该条款对债权人（供应商）集中度进行了一定程度的限制，需满足：资产池包括至少10个相互之间不存在关联关系的债权人且债务人资信状况良好。

②关联资产比例控制。需要具体到某个企业，也需要结合企业自身的具体情况、企

① 现为《民法典》合同编第五百四十五条。

业内部管理及控制的规范程度、关联交易的公允性等因素综合考虑，确定关联关系比例。

（3）因基础资产存在瑕疵引发退款风险

在本专项计划中，基础资产为供应商对WW股份的项目子公司的应收债权，如果商品/工程存在质量问题，债务人要求退货退款的，债务人还能否得到该笔应收账款的偿还，这是个值得探讨的问题。

按照交易原则，一旦应收账款入池，就应当与之前的基础交易实现隔离。因此，在应收账款资产证券化业务过程中，通常会要求纳入资产池的基础资产项下买受人不存在要求减少应收账款或者换货等抗辩权，出卖人已经履行并遵守了基础资产所对应的任一份基础合同项下其所应当履行的义务，即债务人履行其付款义务不存在抗辩事由和抵销情形。并要求原始权益人在《基础资产买卖协议》中承诺基础资产符合入池资产标准，对于不合格基础资产负有赎回义务。因此，在对应收账款相关合同进行查阅时，需要重点关注，合同有无关于退货等限制性条款及核查了解历史退货情况和应收账款冲销情况等手段核查有无上述抗辩权。一般应当核查应收账款对应的销售合同、出库单、运输单、验收单、回款单以及相关审批记录，确认货物或服务已经按照合同约定供应完毕且不存在质量问题等合同约定的可能导致抗辩的情形，即债权人在合同项下的义务均已履行完毕。

第八节　CMBS

ZS证券–ZCCD长租公寓第N期资产支持专项计划产品案例

（一）项目概况

2017年是长租公寓的风口，多家长租公寓运营商在开发、探索资产证券化的融资道路。2017年底，住房租赁类资产证券化产品—“ZS证券–ZCCD长租公寓第N期资产支持专项计划产品”通过了深交所审议，并于2018年初正式于深交所发行。

该长租公寓CMBS产品（以下简称“本专项计划产品”），是以信托受益权作为基础资产，为ZCAB公司持有的并且对外进行出租的优质商业公寓（即标的物业）。标的物业是由ZCAB公司旗下的物业管理公司统一管理、提供一站式服务管理的商业公寓，出租对象主要有企事业单位的内部员工，租户与商业公寓的租赁合同均为一年期合同，每一年度将根据市场价格而调整商业公寓的租金水平。

该CMBS产品的储架融资规模为60亿元，分期发行。第一期的发行规模为20亿元，期限为18年。其中，优先级19.9亿元，评级AAA，发行利率5.7%。劣后级为0.1亿元。

（二）参与主体

1.非特定原始权益人：深圳市ZCZD投资有限公司（以下简称ZCZD公司）；

2.借款人1/资产服务机构/还款补足义务人：深圳市ZCAB有限公司（以下简称ZCAB公司）；

3.借款人2/售后承诺人/差额补足义务人：ZCCD控股股份有限公司（以下简称ZCCD公司）；

4.计划管理人：ZC资产管理有限公司（以下简称ZC资管）；

5.信托受托人：JX信托有限责任公司（以下简称JX信托）；

6.监管银行：中国NY银行股份有限公司NS支行（以下简称NY银行NS支行）；

7.托管银行：中国NY银行股份有限公司SZ分行（以下简称NY银行SZ分行）；

8.登记托管机构：中国证券登记结算有限公司深圳分公司（以下简称中证登深圳分

公司）。

（三）交易结构

ZS证券-ZCCD长租公寓第N期资产支持专项计划产品交易结构图如下：

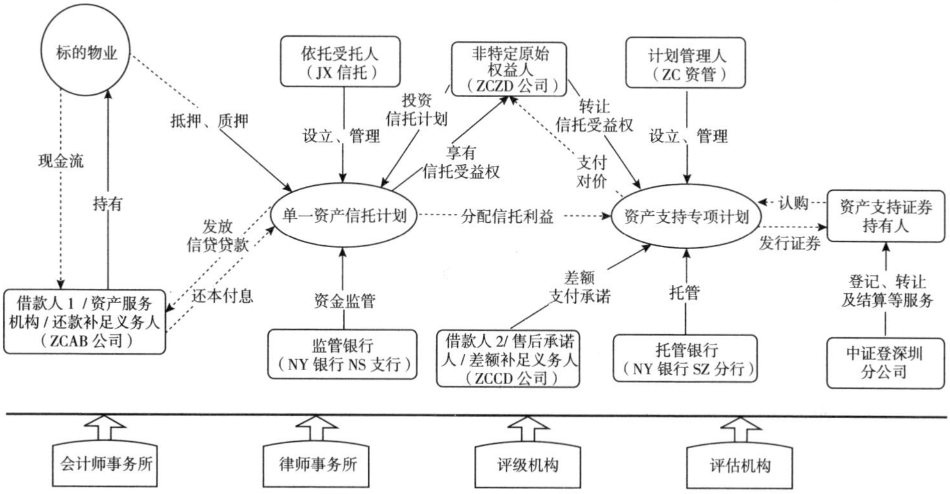

图8-9 ZS证券-ZCCD长租公寓第N期资产支持专项计划产品交易结构

（四）本专项计划流程解析

1.非特定原始权益人ZCZD公司委托受托人JX信托设立、管理单一资金信托计划，JX信托如期依约向借款人ZCAB公司发放信托贷款资金20亿元，非特定原始权益人ZCZD公司是享有信托受益权的唯一主体。

2. ZCAB公司与JX信托签订《质押合同》《抵押合同》，约定将ZCAB公司将标的物业在信托贷款存续期间的租金收入质押给JX信托（于贷款发放后办理质押登记），同时，将标的物业的房屋所有权及土地使用权抵押给JX信托（于贷款发放后6个月内到办理完毕抵押登记）。

3.投资人与管理人ZC资管公司签署《认购协议及风险揭示书》，认购资金以资产支持专项计划的方式全权委托给ZC资管提供管理服务。ZC资管设立、管理资产支持专项计划，投资人通过认购取得资产支持证券，成为资产支持证券持有人。

4. ZC资管与ZCZD公司签署《信托受益权转让合同》，ZCZD公司向资产支持专项计划转让基础资产，基础资产为信托受益权，ZCZD公司获得对价。交易完成后，资产支持专项计划承接ZCZD公司与JX信托的信托关系，成为信托受益人。

5. ZC资管与ZCAB公司双方就ZCAB公司作为资产服务机构，负责与基础资产及其回收有关的管理服务及其他服务之事宜签订《运营管理协议》。

6. JX信托、ZC资管、NY银行NS支行和ZCCD公司四方就质押租金收入的监管和归集，约定授权JX信托依约对监管账户进行监管之事宜签订《监管协议》。

（五）增信措施或有效保障

1. 优先/次级分层机制。优先级证券持有人对分配预期收益和本金享有优先受偿权，通过优先/次级分层机制的设置提升了内部信用，次级资产支持证券为优先级资产支持债券提供了信用支持。

2. 现金流超额覆盖。资产支持专项计划的存续期间，基础物业资产产生的现金流（预期收入）超额覆盖优先级资产支持证券本金及预期收益。

3. 差额补足机制。ZCCD公司作为专项计划中的差额补足义务人和售后承诺人，若差额补足通知日时专项计划账户内资金不足以支付优先级资产支持证券预期支付额，启动资金差额补足。该机制的设置较大程度上保障优先级资产支持证券本息的按时足额兑付，同时ZCCD公司承诺售回和赎回义务，满足了优先级资产支持证券投资者的售后需求。

4. 信托计划的增信。还款承诺义务人ZCAB公司提供运营还款补足、物业资产抵押担保、租金收入质押和租金收入监管。

（六）合规审查意见

1.《负面清单》的有关限制性规定审查

中国证券投资基金业协会2014年发布的《资产证券化业务基础资产负面清单指引》（以下简称《负面清单》）中有关不动产相关规定："四、有下列情形之一的与不动产相关的基础资产：1.因空置等原因不能产生稳定现金流的不动产租金债权；2.待开发或在建占比超过10%的基础设施、商业物业、居民住宅等不动产或相关不动产收益权。当地政府证明已列入国家保障房计划并已开工建设的项目除外。五、不能直接产生现金流、仅依托处置资产才能产生现金流的基础资产。如提单、仓单、产权证书等具有物权属性的权利凭证。"已明确了与不动产相关的基础资产的限制性规定。本专项计划涉及长租公寓，在证券发行前的尽调审查时，需要特别注意是否存在违反《负面清单》限制性规定的问题。

根据ZS证券-ZCCD长租公寓第N期资产支持专项计划说明书披露，本专项计划的基础资产为非特定原始权益人依据《信托合同》对单一资金信托享有的信托受益权，JX信托以信托资产向借款人发放信托贷款，交易流程真实、合法合规，信托受益权具有真实性、合法性和有效性。经本专项计划项目组与项目负责律师核查确认，标的物业/底层物业均为在租长租公寓，不涉及在建物业，且经外部评估机构出具的评估报告可知目前小区出租率高达94%，续租率能达80%以上，因此不属于《负面清单》第四条、第五条所列举的限制性资产。

2.《委贷管理办法》有关限制性规定审查

银监会2018年1月出台的《商业银行委托贷款管理办法》（以下简称《委贷管理办法》），涉及不少资产支持证券产品。《委贷管理办法》对委托贷款的委托人、委托资金来源等方面做出限制，特别是私募基金在此规定的影响下难以再通过银行委贷的方式向项目公司或SPV发放贷款，因此，以私募基金作为核心环节的类REITs受到了极大影响。

本专项计划是以非特定原始权益人ZCZD公司通过信托公司成立信托计划，向借款人ZCAB公司和ZCCD公司发放信托贷款而形成“单一资金信托计划+专项计划”的双SPV结构，信托贷款资金来源于ZCZD公司。根据《委贷管理办法》的要求，以信托方式发放贷款，该资金来源不能是募集资金，而需要是非金融机构的自有资金。但CMBS产品中如果原始权益人为融资方/借款人股东的，通过信托放款亦不违反《委贷管理办法》之规定。综上，本专项计划产品通过设立单一资金信托计划进行委托放款并未违反《委贷管理办法》之规定，受到《委贷管理办法》影响波及较小。

第九节　短融中期票据

ZY企业发展集团有限公司2022年年度第二期绿色中期票据

一、项目简介

2022年2月，ZY企业发展集团有限公司（以下简称ZY集团）发布公告称，ZY集团拟发行10亿元绿色中期票据，发行期限为5年。根据公告，ZY集团本期募集到的资金将全部用于项目建设。同时募集说明书还提到，本期绿色中期票据募集资金专项用于节能环保、污染防治、资源节约与循环利用等绿色项目。2022年2月24日，ZY集团宣布，该票据已经成功发行，发行利率为3.22%。本期绿色中期票据发行拟募集资金10亿元，全部用于项目建设。

债券名称：ZY企业发展集团有限公司2022年年度第二期绿色中期票据，发行人ZY集团主体信用等级：AAA，本期绿色中期票据信用等级：AAA。

二、参与主体

发行人：ZY企业发展集团有限公司（以下简称ZY集团）

主承销商：PD发展银行股份有限公司（以下简称PD银行）

联席主承销商：NY银行股份有限公司（以下简称NY银行）

登记托管机构：银行间市场清算所股份有限公司（以下简称上海清算所）

注：根据募集说明书披露信息得知，发行人就本次注册无受托管理人。

三、交易结构

本期中期票据的交易结构如下图所示：

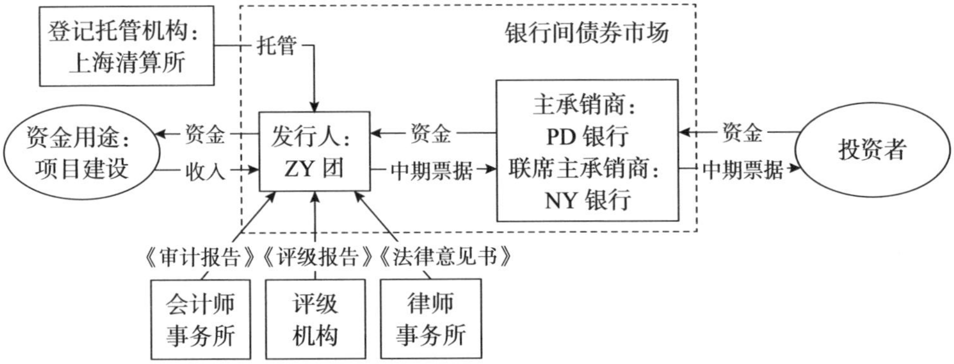

图8-10 本期中期票据的交易结构

1. 发行人履行内部决议与授权

ZY集团就发行本期绿色中期票据召开了董事会会议并形成了《ZY企业发展集团有限公司董事会决议》，全体董事审议一致同意通过《关于公司向中国银行间交易市场交易商协会分次申请注册额度不超过100亿元的中期票据的议案》。并由其唯一股东/投资人ZY兴业向发行人出具了《ZY企业发展集团有限公司股东决定》，同意发行人向中国银行间市场交易商协会（以下简称交易商协会）分次申请注册额度不超过100亿元的中期票据，并授权ZY集团公司法定代表人或其授权的管理层在决定范围内全权办理与本期绿色中期票据相关的事宜，以及签署相关发行文件。

2. 委托各机构开展尽职调查并备齐关于本次发行的必备文件

ZY集团与PD银行、NY银行签订《承销协议》，承销机构组成尽职调查项目小组。尽调方式包括但不限于对公司管理层进行访谈、对公司提供材料进行审阅等。由ZY集团编制募集说明书、评级机构出具《信用评级报告》、会计师事务所出具《审计报告》、律师事务所出具法律意见书、债券评估机构出具《绿色评估认证报告》。

3. 发行人与主承销商共同确定发行方案

ZY集团与PD银行、NY银行通过面谈及电话会议的方式充分进行沟通后，比较了集中簿记建档发行与招标发行方式的利与弊，并参考债务融资工具市场普遍采纳的发行方式，最终确定本期绿色中期票据拟采取集中簿记建档的发行方式，三方共同出具发行方案及承诺函。

4. 中国银行间市场交易商协会注册及备案手续

ZY集团于在交易商协会取得接受注册通知书，有效期为2年，尚需就本次发行在交易商协会办理备案手续。

5. 集中簿记建档安排及分销安排

本期承销团成员须在发行日，通过集中簿记建档系统向簿记管理人PF银行提交《ZY企业发展集团有限公司2022年年度第二期绿色中期票据申购要约》(以下简称《申购要约》)，申购时间以在集中簿记建档系统中将《申购要约》提交至簿记管理人的时间为准。境内合格机构投资者可以认购。

6. 登记托管安排

本期绿色中期票据以实名记账方式发行，在上海清算所进行登记托管。上海清算所为本期绿色中期票据的法定债权登记人，在发行结束后负责对本期绿色中期票据进行债权管理，权益监护和代理兑付，并负责向投资者提供有关信息服务。

7. 上市流通安排

本期绿色中期票据在债权登记日的次一工作日即可在全国银行间债券市场流通转让，其上市流通将按照全国银行间同业拆借中心颁布的相关规定进行。

8. 发行工作结束后的信息披露等后续工作

在本期绿色中期票据存续期间，ZY集团应通过中国货币网定期进行信息披露，包括但不限于：年度报告、审计报告、资产负债表、利润表、现金流量表、企业发生可能影响其偿债能力的重大事项和公布本金兑付、付息事项。其中，因ZY集团为香港联交所上市公司，可向交易商协会申请豁免定期披露财务信息，但需按其上市地监管机构的有关要求进行披露，同时在中国货币网和中国债券信息网上披露信息网页链接或用文字注明其披露途径。

9. 到期按时还本付息

ZY集团应当在本期绿色中期票据本息兑付日5个工作日前，通过中国货币网和中国债券信息网公布本金兑付和付息事项，并按照规定的程序和期限，将兑付资金及时足额划入上海清算所指定的资金账户，由上海清算所向短期融资券和中期票据投资人支付本息。

四、增信措施或有效保障

1. 持有人会议机制

本期绿色中期票据在“持有人会议机制”中设置了对投资者实体权利影响较大的特别议案，按照募集说明书约定可知，特别议案的决议生效条件为持有本期绿色中期票据表决权超过总表决权数额90%的持有人同意。“持有人会议机制”的设置以维护投资人的共同利益，表达投资人的集体意志为目的。

2.违约、风险情形及处置

本期绿色中期票据设置了“违约、风险情形及处置”方案，即当发行人ZY集团发生风险或违约事件后，ZY集团可以与投资人协商采取以下风险及违约处置措施：重组并变更登记要素或重组并以其他方式偿付。

如果发生募集说明书中所载的ZY集团违约事件，ZY集团应当依法承担违约责任，投资人有权按照法律法规及募集说明书约定向ZY集团追偿本金、利息以及违约金。

3.投资人保护条款

本期绿色中期票据无担保。在“投资人保护条款”章节中设置了交叉保护条款、事先约束条款和事先承诺条款。

本期绿色中期票据无担保。但为保证ZY集团能够按期足额偿付，故发行中依法设置了违约风险情形及处理、持有人会议机制、投资人保护条款，前述投资人保护的相关内容，合法有效、符合法律法规、规范性文件及监管规则的相关规定。

五、案例分析

结合本期绿色中期票据产品的特色以及中期票据这一类债务融资工具的特征，笔者从法律实务角度出发进行如下分析：

1.房地产企业可以发行绿色中期票据的可行性

按照《绿色债券支持项目目录》（2021年版）第五条“基础设施绿色升级5.2.1建筑节能与绿色建筑—5.2.1.1超低能耗建筑建设—5.2.1.2绿色建筑”之规定，以及《绿色产业指导目录》（2019年版）“5.基础设施绿色升级—5.1建筑节能与绿色建筑—5.1.1超低能耗建筑建设—5.1.2绿色建筑”之规定，以及对照国际资本市场协会（ICMA）制定的《绿色债券原则》（GBP）（2021年6月版）之相关规定，因本次募集项目涉及的是绿色建筑项目，项目符合项目属于“符合地区、国家或国际认可标准或认证的绿色建筑”，属于绿色债券支持项目。

2.本期绿色中期票据所募集资金的用途

本期发行的绿色中期票据所募集的资金，仅能用于符合国家法律法规及相关产业政策要求的企业生产经营活动，且仅限于募集说明书披露的用途，不得挪用，不得用于支付土地款，不得用于并购或收购资产，不得用于对外委托贷款等资金拆借业务，不得用于土地一级开发，不得用于项目资本金，不得用于“地王”相关项目，不得用于三四线地产项目建设。同时，ZY集团也已承诺，地产项目建设不重复融资，不存在隐性强制分红情况。

3.本期绿色中期票据发行工作的关注重点及法律意见书主要披露内容

本期绿色中期票据的发行，律师事务所出具的法律意见书是发行的必备材料之一。律师在接受委托后，就发行人提供能够反映企业基本情况和经营情况的纸质材料进行核查，材料包括但不限于：募集说明书、《发行方案》《会计报告》《审计报告》《信用评级报告》和发行企业的工商资料、在建工程、项目相关材料、涉诉材料及行政处罚等相关材料。

本期绿色中期票据所附法律意见书披露的主要内容包括：

- 关于发行人是否具备发行的主体资格的审核意见；
- 关于发行程序是否合规，是否已经完成公司内部决议、授权的审核意见；
- 关于发行文件的内容及其发行有关机构资质的合规审查结果；
- 关于调查并披露发行人公司及其合并报表范围重大法律事项和潜在法律风险；
- 关于投资者保护机制的内容的合法性审查情况；
- 对本次发行的中期票据出具明确的结论性意见。

结合法律意见书的披露，本期绿色中期票据的发行人具备发行主体资格，本次发行已经取得了必要的授权和批注，尚需在交易商协会备案；本次参与发行的中介主体如主承销商、评级机构、会计师事务所、律师事务所均具备法定资质，所出具的募集说明书等发行文件均符合《银行间债券市场非金融企业债务融资工具管理办法》《银行间债券市场非金融企业中期票据业务指引》等有关规则及指引的要求；发行人不存在对本期中期票据发行构成实质性不利影响重大法律事项及其他潜在重大法律风险。

第十节　融资租赁

DT公司福费廷[①]融资租赁案例

DT公司是一家位于珠三角的政府全资的大型国有企业，经营范围涵盖房地产开发等多个领域。近年来由于业务扩张，资金面临短缺，持续的融资需求推动公司负债总额迅速扩大，截至2021年3月末，公司总负债合计2417.90亿元。DT公司流动负债主要由短期借款、一年内到期的非流动负债和其他流动负债构成。LG公司是一家专门从事融资租赁业务的国有企业。LG融资租赁公司准备做一笔与DT公司的通道项目，拟以售后回租+信用证卖断形式向DT公司融资。

一、投融资模式

本案例是融资租赁通道业务中的一种。DT公司以自有房地产项目作为租赁物，以售后回租的形式与LG公司展开业务，由LG公司向DT公司进行现金投放，放款后DT公司通过ZS银行向LG公司开具信用证。ZS银行以国内无追索福费廷的形式将DT公司通过招商银行向LG公司开具的信用证买断，同时支付对价给LG公司。

融资租赁福费廷业务是近年比较流行的一种融资租赁业务。该模式包括两部分，即融资租赁部分及信用证卖断部分。国内信用证福费廷是银行根据客户（信用证受益人）要求，在承兑银行对延期付款、议付国内信用证项下应收款承兑后，对该应收款进行无追索权的贴现。本项目由DT公司向银行申请信用证，再由银行向B公司在银行对延期付款、国内信用证议付项下应收款承兑后，对该应收款进行无追索权的贴现。该部分系DT公司偿还LG公司的租金及租息的方式，是信用证使用的方式之一。

根据《融资租赁公司监督管理暂行办法》第五条的规定，融资租赁公司的业务范围包括融资租赁业务；租赁业务；与融资租赁和经营租赁业务相关的租赁物购买、残值处

① 福费廷：根据《福费廷统一规则》（URF800），福费廷是指当事人双方订立协议，无追索权地买卖特定付款请求的交易。福费廷项下的基础金融工具包括本票、汇票、信用证项下经银行承兑的远期或延期付款单据等。

理与维修、租赁交易咨询、接受租赁保证金；转让与受让融资租赁资产；固定收益类证券投资业务。LG公司本项目在交易结构上并不违反强制性法律法规，开展福费廷模式的融资租赁业务合法有效。

二、交易架构

表 8–1　融资租赁交易架构

承租人	DT 集团有限公司（AAA）
租赁物	构筑物
租赁方式	售后回租
租赁物评估值	单笔业务金额为 1.50 亿元—2 亿元 单笔业务租赁物不低于 1.5 亿元—2 亿元
租赁物评估机构	—
租赁金额	总授信额度为 100 亿元 单笔业务金额为 1.5 亿元—2 亿元
租赁期限	1 年
通道模式	—
租赁利率	见实际业务情况
保证金	0
是否需要垫资	需要垫资操作，在与 DT 签订售后回租合同后，LG 公司垫资支付对价给 DT，售后回租合同生效 垫资时间：2—4 天（依据银行额度情况）
LG 公司收益及相关成本说明	通道费：0.9‰ 成本：评估费及企业所得税 增值税：计划 LG 公司开给 DT 公司的利息发票使用银行开给 LG 公司的贷款利息发票进行冲抵
担保方	—
抵押物	无
质押物	无
资金用途	补充流动资金

续表

还租来源	正常营业收入
IRR	—
XIRR	—

具体交易流程如下：

第一，DT公司与LG公司签订售后回租合同。在LG公司需要垫资向DT公司支付租赁物对价后，融资租赁合同生效。

第二，银行为DT公司核定国内信用证业务授信额度，并签署《国内信用证开证合同》，DT公司向LG公司支付信用证作为未来支付租金的保证。

第三，DT公司在银行申请开立国内信用证，信用证的受益人为LG公司。

第四，LG公司按信用证项下要求提供相关单据资料，融资租赁公司向银行进行议付或福费廷。

第五，银行支付信用证议付或福费廷价款给LG公司。

第六，信用证到期后，DT公司支付银行信用证项下款项，结清该笔业务。

三、法律问题和法律分析

本业务涉及融资租赁下的福费廷模式，除了关注基础交易中的标的物是否符合法律规定之外，还需重点审查开证银行的资信情况，关注还款来源，即一些特别的法律风险问题。

（一）关于基础交易中租赁物的合规性问题

根据《融资租赁公司监督管理暂行办法》第七条的规定，融资租赁公司开展融资租赁业务应当以权属清晰、真实存在且能够产生收益的租赁物为载体，本项目以合法的租赁物为前提。

融资租赁福费廷业务，一定要关注基础交易中的标的物是否符合相关规定。一旦标的物出现瑕疵，易被法院认定不存在融资租赁法律关系，如出现业务风险，不利于后续业务追偿。

为确保租赁物权属清晰、真实存在，承租人须出具租赁物权属证明和评估报告，并落实融资租赁交易登记。在公示系统中对租赁物办理融资租赁登记，具有公示作用，在一定程度上起到对抗善意第三人的效力。

首先，本项目已没有剩余可用于租赁物的资产，需要等到2021年8月3笔通道业务到期释放出租赁物。其次，租赁物价值采用的财务决算报告中的租赁物价值，合计12.1亿元。最后，租赁物需在中登网上登记。

（二）关于开证行资信情况

福费廷毕竟是基于开证行信用的融资，开证行的兑付才是最重要的付款保障。资信良好的开证行，即使租赁公司无力支付，它仍会为了维护自身信誉并利用自身强大的资金实力按期兑付信用证。因此，要时刻关注开证行的信用评级及重大风险事件，尤其是曾经有拒付信用证记录的开证行，务必审慎办理。应尽量选择信用评级较高的开证行，确保能够按时兑付。

（三）关于租赁物是否属于公益性资产的法律分析

根据《国务院关于加强地方政府融资平台公司管理有关问题的通知》的要求，地方政府设立融资平台公司的，必须严格依照有关法律法规办理，足额注入资本金，学校、医院、公园等公益性资产不得作为资本注入融资平台公司。如本业务中的租赁物被认定为公益性财产的，亦存在违反强制性规定导致合同无效的风险。根据《国家发展改革委办公厅关于进一步规范地方政府投融资平台公司发行债券行为有关问题的通知》的规定，“公益性资产”是指主要为社会公共利益服务，且依据国家有关法律法规不得或不宜变现的资产，具体列举的为公立学校、公立医院、公园、事业单位资产等公益性资产。

根据核查，DT为有限责任公司（国有独资），注册资本：5842539.673700万元，股东为XX市人民政府，属于地方政府融资平台公司，但此次租赁物不属于公益性资产。

（四）关注第一还款来源

融资租赁租金支付项下福费廷的还款来源是承租人，要注重审核承租人的经营状况及资金周转能力。虽然福费廷有国内信用开证行的付款承诺作为还款保障，但福费廷的最终还款来源及信用风险源头为开证申请人及承租人。

银行虽然可以通过租赁物的处置用于还款，但存在以下三个问题：

第一，处置租赁物类似资产保全措施，不属于正常的还款来源。

第二，处置租赁物周期长、成本高。

第三，拥有租赁物所有权的租赁公司才有权利处置租赁物，但在租金结算项下，租赁公司已经无追索权卖断租金收益权，也没有处置能力。

因此，此类融资租赁通道项目，虽然已有银行对该承租人的授信，但如果出现承租人在合同期间发生重大经营问题，导致公开违约，或出现法院发出止付令等极端情况，LG公司还是要配合银行、相关机构追回款项。故LG公司须时刻关注承租人的经营情况，负面预警信息。

（五）关于“无追索权”福费廷合同条款的确定

国内信用证项下的福费廷融资，无追索权并不是绝对的。根据《民法典》的规定，债权转让人需对转让的债权负瑕疵担保责任，法律规定或协议约定在某些情形下银行可以突破无追索权限制向其前手追回融资款，此为无追索权的“相对性”制度。

LG公司需额外关注通道业务合同中的“无追索权例外”条款以及相关法律规定，避免无追索权例外情形的出现。

另外，根据目前业务法律关系搭建及提供的合同，虽然显示为“无追索权”的福费廷方案，但LG公司的合同条款还需认真审核，其中还包含了LG公司的回购义务。

（六）关于通道业务合规性

2020年6月9日，为进一步加强融资租赁公司监督管理，规范经营行为，防范化解风险，促进融资租赁行业规范有序发展，中国银保监会正式印发了《融资租赁公司监督管理暂行办法》（以下简称新《办法》）。相较于2013年出台的《融资租赁企业监督管理办法》（以下简称旧《办法》），新《办法》作了更加细致也更加严格的规定，对融资租赁公司合规经营也提出了更高的要求。其中，新《办法》删除了旧《办法》第九条中“向第三方机构转让应收账款”，且没有2015年发布的《国务院办公厅关于加快融资租赁业务发展的指导意见》第四项规定的“允许融资租赁公司兼营与主营业务有关的商业保理业务”的表述。就融资租赁公司是否可以兼营商业保理业务，银保监会于2019年10月发布的《关于加强商业保理企业监督管理的通知》并无“融资租赁公司”兼营商业保理业务的任何表述，且新《办法》并不存在类似旧《办法》中“经审批部门批准的其他业务”这样的兜底性条款。

因此，未来特别是三年过渡期后，融资租赁公司开展或经营“向第三方转让应收账款”“与主营业务有关的商业保理业务”将面临法律合规风险。但目前，地方政府尚未出台依据新《办法》制定本辖区监督管理实施细则，则上述业务还可继续开展的前提下，应根据转让的究竟是租赁资产还是收益权或应收账款来分别看待，如果是转让租赁资产，则既转让债权又转让物权；如果是转让收益权和应收账款，则只涉及债权转让。

（七）法律建议

第一，建议LG公司要求DT公司提供权属清晰、真实存在且能够产生收益的租赁物。LG公司受让的租赁资产应办理过户登记，且该业务须登记在LG公司人行征信记录中。

第二，鉴于信用证、无追索权票据贴现是主要的还款支撑，银行国内信用证、无追索权票据贴现的开具及与LG公司的售后回租业务的衔接极其关键，对此LG公司应当在交易模式及时间上注意衔接。

第三，LG公司需明确与银行之间签订的国内信用证福费廷业务为无追索权福费廷，LG公司无须承担任何的回购责任。

第四，建议要求DT公司出具一份关于租赁物不属于公益性资产的声明。

第五，放款前要求DT公司出具近三个月的银行征信报告。

第六，严格按照约定履行合同，以保证不出现可被追索的情况。

第七，时刻关注行业监管政策。

第八，时刻关注承租人的经营信息、负面信息、债券兑付的情况。

附件　基础设施投融资九大法律文书、房地产投融资九大法律文书

基础设施投融资九大法律文书和房地产投融资九大法律文书具体如下：

表 1–1　基础设施投融资九大法律文书

序号	文书名称	查阅路径
1	REITs 申请募集注册法律意见书	https://gdhrx.com/news/index/id/7.html
2	地方政府专项债券发行法律意见	
3	片区开发协议	
4	ABO 协议	
5	某乡村振兴（一期）人居环境整治及绿色产业发展EOD 项目合同	
6	建设工程项目 F+EPC 合同	
7	政府产业基金协议书	
8	某 GZNS 新区 MZW 区起步区 LS 区域城市开发与建设项目投资建设与施工总承包合同	
9	政府和社会资本合作（PPP）项目合同	

表 1–2　房地产投融资九大法律文书

序号	文书名称	查阅路径
1	借款合同	https://gdhrx.com/news/index/id/7.html
2	房地产股权投资协议书	
3	银行贷款合同	
4	私募股权投资协议	
5	房地产股权投资类信托合同	
6	中资美元债法律文书	
7	ABS 专项计划合同	
8	短融中期票据法律意见书	
9	融资租赁合同	

跋

自进入律师行业以来，本人一直专注于非诉业务。非诉业务对于律师来说，除了扎实的法律功底之外，对政策的敏感性亦是不可或缺的，华瑞兴的工程地产非诉法律服务主线也是紧跟国家和地区的主旋律，无论是早期的一二级联动开发、政府平台公司投融资、PPP、特色小镇业务、房地产开发建设，还是当下热门的基础设施REITs、片区开发、乡村振兴及城市更新。华瑞兴作为工程地产的专业所，早在律师事务所设立之初就坚定工程地产业务领域，并且兢兢业业于工程地产法律服务20周年，积累了丰富的工程地产法律服务经验，见证了一栋栋高楼拔地而起，城市风貌焕然一新，见证了铁路、机场、高速公路、市政、水利、能源、保障性租赁住房等基础设施和公共事业的落地。华瑞兴亦于2018年9月2日成立了工程地产公司金融中心，进一步加强华瑞兴工程地产法律服务团队和服务质量，形成以魏济民主任为带头人的工程地产公司金融全流程法律服务的超10人的专业律师团队，涉工程地产政策研究、工程地产全流程法律服务、工程地产财税分析、工程地产法律服务产品标准化等。

言归正传，本书籍的编制其实早在2019年年初就已经有规划，当时是想针对某一具体领域即地方政府专项债券发行法律实务与案例分析，并着手研究提纲，考虑到华瑞兴在工程地产20周年丰富的项目经验，团队研究决定调整书籍结构，以工程地产当下主流投融资模式为本书籍研究对象。本书的诞生是对华瑞兴这20周年劳动果实的采摘、萃取与存储。本书体系健全、跨度大、涵盖面广，包括基础设施和房地产两个领域的投融资法律实务与案例解析，分别从概述、法律实务、投融资模式、案例解析、法律文书范式五个方面展开。本书是一本工具书。“工欲善其事，必先利其器”，本书籍无论是对想要踏入“工程地产”的新生，还是长期征战在工程地产的“投融资儿”，都是一个好帮手。

最后，本书的撰写离不开华瑞兴团队的每一位成员，撰写、思考、搜集、整理、演绎、讨论、修改、完善、检查，每一个步骤都是这本书亮丽的点缀，每一位参与本书编辑的成员都是这本书的“主编”。当然还有为本书锦上添花的行业大咖们，你们的作序与点评不仅是对本书的支持，更是对本书的指导，在此十分感谢，正是因为你们的付出，本书才如期而至。本书籍因成稿仓促及受能力、眼界、学识等诸多因素的限制，尚存在一些不足，望读者多多斧正，其中所涉所有观点仅代表华瑞兴团队研究观点，不作为任何直接的法律意见或建议。

华瑞兴律师事务所

副主任 / 专业合伙人

周礼仙

2022 年 6 月 18 日

图书在版编目(CIP)数据

基础设施和房地产投融资法律实务与案例解析/ 魏济民主编；周礼仙副主编. — 北京：中国法制出版社，2022.9

ISBN 978-7-5216-2731-2

Ⅰ.①基… Ⅱ.①魏… ②周… Ⅲ.①基础设施—基本建设投资—法律—案例—中国②房地产投资—金融法—案例—中国③房地产—融资—金融法—案例—中国 Ⅳ.①D922.297②D922.280.5

中国版本图书馆CIP数据核字（2022）第109088号

策划编辑/责任编辑：刘　悦（editor_liuyue@163.com）　　封面设计：李　宁

基础设施和房地产投融资法律实务与案例解析

JICHU SHESHI HE FANGDECHAN TOURONGZI FALÜ SHIWU YU ANLI JIEXI

主编/魏济民

副主编/周礼仙

经销/新华书店

印刷/三河市紫恒印装有限公司

开本/730毫米×1030毫米　16开　　印张/19.5　字数/366千

版次/2022年9月第1版　　2022年9月第1次印刷

中国法制出版社出版

书号ISBN 978-7-5216-2731-2　　定价：68.00元

北京市西城区西便门西里甲16号西便门办公区

邮政编码：100053　　传真：010-63141600

网址：http://www.zgfzs.com　　**编辑部电话：010-63141819**

市场营销部电话：010-63141612　　**印务部电话：010-63141606**

（如有印装质量问题，请与本社印务部联系。）